短视频与直播运营

主　审　李　俊
主　编　卢婵娟　肖成英
副主编　薛千万　徐　锦　韩华明
参　编　谢雨珊　高　宇　秦　瑶　刘钰玲　杨　静
　　　　赵宇明　葛　鹏　朱洪艳　戴敏华

重庆大学出版社

内容简介

本书基于主流平台对短视频、直播运营人员职业能力的分析，全面系统地介绍了短视频与直播运营的基础理论与操作实务，注重培养学生的实践能力。

本书内容分为短视频运营篇与直播运营篇两大板块，包括新手入门、内容定位、拍摄制作、内容策划、内容输出、运营推广、数据复盘、流量变现、账号创建、设备配置、直播选品、脚本策划、直播预热、实施执行、复盘优化。每个学习任务中，结合实训任务驱动为主的教学方法，以任务介绍—思政园地—知识点学习—任务实施（工作计划、工作实施）—评价反馈—课后测试的体例进行编写。

图书在版编目（CIP）数据

短视频与直播运营 / 卢婵娟，肖成英主编 . -- 重庆：
重庆大学出版社，2023.8
ISBN 978-7-5689-3755-9

Ⅰ . ①短… Ⅱ . ①卢… ②肖… Ⅲ . ①网络营销
Ⅳ . ① F713.365.2

中国国家版本馆 CIP 数据核字（2023）第 036411 号

短视频与直播运营

DUANSHIPIN YU ZHIBO YUNYING

主 编 卢婵娟 肖成英
副主编 薛千万 徐 锦 韩华明
策划编辑：尚东亮
责任编辑：陈亚莉 尚东亮 版式设计：尚东亮
责任校对：刘志刚 责任印制：张 策

*

重庆大学出版社出版发行
出版人：陈晓阳
社址：重庆市沙坪坝区大学城西路21号
邮编：401331
电话：（023）88617190 88617185（中小学）
传真：（023）88617186 88617166
网址：http://www.cqup.com.cn
邮箱：fxk@cqup.com.cn（营销中心）
全国新华书店经销
重庆愚人科技有限公司印刷

*

开本：787mm×1092mm 1/16 印张：22.75 字数：474千
2023年8月第1版 2023年8月第1次印刷
印数：1—2 000
ISBN 978-7-5689-3755-9 定价：79.00元

本书编写遵循以职业能力培养为核心，围绕短视频与直播运营运作方式，以主流短视频平台、电商平台的应用操作为知识载体，采用"教、学、训"一体的教学模式，结合实训任务驱动为主的教学方法，配置知识点测试，在每个项目中新增课后习题，以便更好地帮助学习者巩固项目技能点。

本书内容以典型企业的案例为载体，采用项目教学的方式组织教材的内容，注重对学生分析问题、解决问题能力的培养。根据与社会就业岗位群对应的职业能力需求，将内容分为两大模块，16个任务，内容设计添加灵活多样的教学方法和教学手段，内设案例分析、多媒体资源拓展、知识点梳理、任务拓展等栏目，内容丰富、紧贴实际。参考总学时数为60学时，建议采用理论与实践一体化的教学模式。

教材适用专业：新媒体营销、电子商务等专业。

本书编写特色：

（1）活页式结构设计，任务独立完整。学习者可以通过任务知识点系统地学习，亦可通过任务实施做中学、学中做。

（2）用法灵活，强化应用。教材按照"以学生为中心、以学习成果为导向、促进自主学习"的思路进行教材开发设计，强化动手操作的能力。

（3）案例丰富，资源灵活。书中配套立体化学习资源，学习者使用手机扫描二维码，即可观看微课视频、教学课件等，简单直观，内容丰富。

本书由李俊担任主审，卢婵娟、肖成英担任主编，薛千万、徐锦、韩华明担任副主编，编写团队有谢雨珊、高宇、秦瑶、刘钰玲、杨静、赵宇明、葛鹏、朱洪艳、戴敏华。益达（广东）科技服务有限公司为本书的编写提供了案例支撑，在此表示感谢。

本书编写过程中参阅了大量的电商相关企业资料（抖音、淘宝等）以及大量的网络信息资料，参考文献未能一一列出，在此对这些平台及作者一并表示真挚的谢意。

短视频与直播发展非常迅速，平台操作流程、界面与规范不断地更新与完善，本书编写内容仅以截稿日期前的平台规则为准。由于编写水平有限，书中难免有疏漏和不足之处，恳请各界人士批评、指正，以便再版时予以修正，使其日臻完善。

编　者

2022 年 10 月

任务 1
新手入门：认识短视频

》 任务简介

随着移动互联网与新媒体行业的飞速发展，信息碎片化趋势不断加剧，社交、资讯、电商等领域都采用了短视频作为内容的展现方式。短视频作为一个新的传播载体，在互动性和社交属性上更有优势，已成为人们表达自我的一种社交方式。通过本任务的学习，熟悉短视频的发展历程，对短视频领域的发展前景及现存问题有初步了解，掌握短视频的特征。

》 学习情境描述

实习生小杜进入了一家传媒公司，公司的主营业务是拍摄短视频。短视频作为新的互联网视频内容的传播方式，具有生产流程简单、制作门槛低、制作周期短、参与性强等特点，是移动视频未来的发展风向标。因此，小杜需要对短视频的发展历程有一定的了解，并掌握短视频的特点，为以后的工作做好充足准备。

》 学习目标

◆知识目标

1. 了解短视频的概念。

2. 了解短视频的发展历程。

3. 了解短视频的平台类型。

◆技能目标

1. 能够根据短视频的特点进行辨认。

2. 懂得短视频的不同平台分类。

3. 掌握短视频的特征。

◆素质目标

1. 培养正确的行业价值观，遵守职业行为准则。

2. 树立行业大局意识，增强行业政治意识，坚持正确的思想和认知。

3. 具备团队合作精神和良好的沟通协作能力。

≫ 思政园地

聚划算互动短视频：新品牌爆发的阵地！

聚划算在 2021 年 618 活动期间推出了互动短视频，99 划算节活动期间更是联合多个趋势新品牌，推出了内容导购短视频，以"买手＋内容互动＋短视频＋产品导购"的形式，从产品、内容导购到服务端，让消费者更好地做出购买决策。

以某茶饮品牌的自摇泡沫奶茶为例：在短视频介绍中，专业买手从产品的口味、价格优惠、用法、99 划算节大促优惠 4 个方面讲解，从产品端增强消费者对品牌的全面认识。消费者可以自主把握导购节奏，直接点击跳转到想了解的部分，提升购买决策的效率。

不仅如此，当消费者点击不同选项时，买手还会相应地给出不同反应，笑容明媚，话术周到。比如在"做法"中，买手会亲手特调一杯奶茶，并告诉消费者奶味和茶味的配比。

有趣的内容交互体验，专业买手丰富的肢体动作，专业的货品分析，再加上价格力满满的优惠，导购说服力直线上升。消费者会因为货品功能、划算、讲解亲切被种草，从而快速确定购买，将产品带回家体验。

文章来源：电商头条（文章有删减）

● 知识点学习

1.1 什么是短视频

一、短视频的概念

短视频是指在各种新媒体平台上播放的、适合在移动状态和短时休闲状态下观看的、具有高频推送特点的视频内容，时长在几秒到几分钟不等。

在内容上，短视频融合了技能分享、幽默搞怪、时尚潮流、社会热点、街头采访、公益教育、广告创意、商业定制等主题。由于短视频时长较短且内容精简，可以单独成片，也可以成为系列栏目。

二、短视频的特点

相比传统图文，短视频信息量大、表现力强、直观性好，人们可以利用碎片时间浏览、分享短视频，且短视频的内容表现形式多种多样，符合当代社会个性化和多元化的内容需求。短视频的信息传播力强，范围广，具有较强的交互性，为用户创作和分享短视频提供了有利条件。

表 1-1　短视频特征表

短视频特征	具体内容
短	短视频时间较短，一般在 15 秒到 5 分钟之间，在最短的视频时长内，最有效地讲好故事，做好营销
小	话题一般不大，有聚焦，小而美，能够有情感、有价值观、有用户共鸣
轻	内容轻快明了，一般不会太过沉重
薄	短视频想表达的东西像一层薄薄的透明保鲜膜或者窗户纸那样，一看就能看透，一戳就能戳破
新	新鲜、新颖、新奇、新意
快	热点转瞬即逝，话题转眼就没，短视频终归是在互联网、移动互联网上传播的，互联网领域非常重要的一个法则就是唯快不破
碎	短视频的内容一般是碎片化的，而用户也会利用碎片化时间观看短视频

三、短视频的分类

1. 按照生产方式分类

（1）用户生产内容

用户生产内容（User Generated Content，UGC）类型的短视频通常拍摄和制作比较简单，制作的专业性和成本较低，内容表达涉及日常生活的各方面，且碎片化程度较高。

（2）专业用户生产内容

专业用户生产内容（Professional User Generated Content，PUGC）类型的短视频通常是由在某一领域具有专业知识技能的用户或具有一定粉丝基础的网络"达人"或团队所创作的，内容多是自主编排设计，且短视频内容主角多充满个人魅力。

（3）专业机构生产内容

专业机构生产内容（Professional Generated Content，PGC）类型的短视频通常由专业机构或企业创作并上传，对制作的专业性和技术性要求比较高，且制作成本也较高。

2. 按照内容分类

（1）剧情类

剧情类短视频指短视频的内容以短剧、表演或访谈为主，演员根据脚本演绎一段故事，用几分钟的视频呈现一段剧情。

剧情内容多样，就像电视剧一样，有的有笑点能引起观众大笑，有的有反转，有的可以引起共鸣，有的还可以触及观众痛点。

例：账号某某一家人发布的短视频以普通家庭故事为主要内容，记录家长里短，把生活过程拍成了精彩的喜剧片，故事性强，记录生活的同时也给很多人带来了欢乐。

（2）情感类

情感类短视频通常有三种表现形式：一是以文字和语音来展现情感短文的视频；二是真人出演的情感短剧；三是主要以声音来呈现的情感类短视频。

例：账号小某某发布的短视频内容以"情感者"的形象出现在视频当中，以真人采访的形式，为观众解决情感问题。这类创作者一般会提前根据热点话题或者容易引起用户共鸣的情感问题设计好文案，直接对着镜头做口播。

图 1-1 剧情类账号示意图

图 1-2 情感类账号示意图

（3）美食类

美食类短视频的细分类型包括菜谱分享、美食制作、烹饪技巧、试吃体验等，再根据美食的制作和消费过程，可分为几个方向：美食制作（指讲解如何制作一款美食）、美食评测（指购买和试吃某种美食）、种草（指试吃某种美食并进行推荐）、线下探店分享、美食吃播（指在镜头前记录吃播体验）。

例：账号肥某某发布的视频内容以美食制作为核心，每期视频制作一款茶饮、蛋糕等。

（4）时尚类

时尚类短视频是指短视频的内容以展示时尚内容为主，包括美妆展示和穿衣打扮等，旨在推荐各种美妆和服装商品，并指导用户自己化妆、护肤和穿衣搭配。

例：账号豆某某发布的短视频就以化妆教程为主要内容，账号汪某某发布的短视频主要介绍老年人的穿搭方式。

图 1-3　美食类账号示意图

图 1-4　时尚类账号示意图

（5）种草类

种草类短视频是指短视频的内容以商品分享和推荐为主，主要是向用户推荐各种商品，由此激发用户的购买欲望。

消费者购买一个产品，目的是解决生活中的某个问题，因此视频内容可以通过使用该产品，让用户立竿见影地看到使用效果来说服用户购买，常见的有美妆护肤、家居产品等。

例：某品牌在种草自家洗鞋机时，通过鞋子的前后对比，展现该产品的洗涤效果，解决用户痛点，刺激用户购买。

（6）影视剪辑类

影视剪辑类短视频是指短视频的内容以介绍电影电视剧为主，可以分为影视解说与片段混剪。影视解说指用自己的话语讲解电影或电视剧的内容，其核心是文案。混剪指将某些高能 / 高甜的片段通过剪辑展示出来。

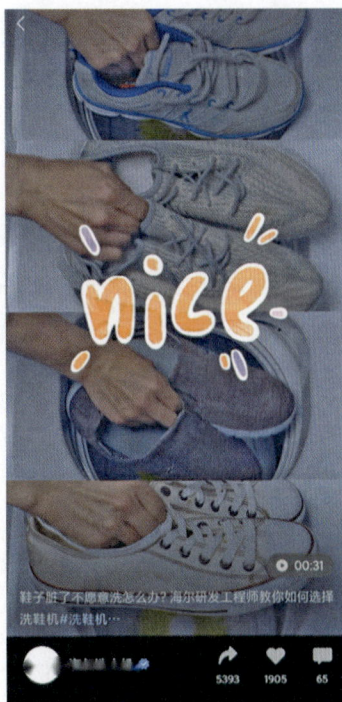

图 1-5　种草类账号示意图

（7）游戏类

游戏类短视频是指短视频的内容以电脑端或移动端游戏为主，主要内容包括各种类型的游戏视频、游戏直播、游戏解说和游戏达人的日常生活等。

游戏类短视频在一定程度上属于 UGC 衍生内容，即游戏内容本身作为一次信息，被用户接受后，用户会针对这个信息进行二次传递和创作。

（8）宠物类

宠物类短视频是指短视频的内容以宠物为主，具体内容包括各种宠物的日常生活、习性介绍和人宠互动，以及饲养技巧等。

内容创作上可以分为治愈／搞笑（将治愈或者搞笑的内容剪辑成一个短视频，满足观众"云吸宠"的需求）、宠物拟人化（引导宠物做一些和人类相似的行为，比如拿碗要吃饭的样子等）、宠物的日常生活（带着宠物出门散步、给宠物做零食的生活碎片等）。

（9）才艺类

才艺类短视频是指短视频的内容以各类才艺展示为主，具体内容包括音乐表演、音乐制作、舞蹈和舞蹈教学等。

这类视频在创作时需要创作者对自己的能力有完整的认知，明白自己的优势，充分展示自己的技能。内容上尽量添加个人特色化的标识，例如一句话、一个表情、一个场景符号，明确风格后就不能频繁更换。

1.2 短视频的发展现状及趋势

一、短视频发展历程

1. 萌芽期

2005 年年底，一部 20 分钟的网络短片《一个馒头引发的血案》爆红，被认为是微电影的雏形，当时下载量甚至击败了电影《无极》。随后《青春期》系列、筷子兄弟《老男孩》等涌现，不少知名导演、演员以及大量草根拍客加入微电影大军，无数网友也拿起 DV、手机开始拍摄、制作。

微电影推动了短视频的草根化，培养了网友利用碎片化时间拍摄、制作、上传、观看的意识。然而这一时期，国内受限于移动技术和网络宽带等问题，短视频萌芽之后进入成长期。

2. 成长期

智能手机和 4G 网络的普及，解决了流量制约，用户阅读更加碎片化使得短视频的应用越来越广泛。在这一阶段，短视频进入了百家争鸣的状态，腾讯推出短视频应用"微视"、百度推出"好看视频"、360 推出"快视频"、土豆转型短视频等。

2013 年 8 月，秒拍 App 正式上线，用户可以拍摄 10 秒短视频上传到平台。秒拍邀请众多明星在微博上接力"冰桶挑战"公益活动。活动共计有 2 000 多位明星参与，秒拍的日活用户达到 200 万，"冰桶挑战"让秒拍火遍全网，同时也宣告了移动短视频时代的到来。

图 1-6 "冰桶挑战"示意图

2013 年 7 月，"GIF 快手"从工具转型为短视频社区，并改名为"快手"。直到 2016 年，快手通过短视频和直播，注重强运营和农村用户 KOL 的"特技"吸引大量关注，用户量超过 3 亿。

图 1-7 "快手"品牌示意图

2013 年 8 月 28 日，腾讯推出微视，主打 PGC 内容生产。用户可以将自己录制的 8 秒短视频同步共享至腾讯微博、微信好友及朋友圈等，实现多渠道分发。2014 年春节期间，何炅等百位明星齐聚微视拜年，并在电视上轮播，为微视带来一波小高潮。从除夕到初一，数百万人通过微视发布、观看拜年短视频，总播放量达上亿次。

图 1-8 "微视"品牌示意图

这种"短平快"的内容消费更容易满足用户需求，让更多的年轻用户沉迷其中。

3. 爆发期

2016年，短视频行业迎来爆发式井喷的一年。伴随着更多独具特色的移动应用出现，短视频的创作者纷纷涌入，短视频市场向精细化和垂直化发展。

2016年9月，A.me上线。这款产品打磨了大半年，在产品层面加入头条最核心的算法推荐机制，保证内容分发效率，并改名为抖音。2017年3月13日，岳云鹏在微博转发了一条他的模仿者的短视频，这个视频下方带有"抖音"Logo，第二天，抖音的百度指数蹿升至2 000多。

抖音通过"冷启动"的方式，引入明星、KOL资源，开始收割流量，通过制造话题、提供大量素材，打造年轻的酷文化，依托算法推荐，快速催生出大批网红博主，以强运营带动用户观看和参与。音乐+15秒短视频的模式，迅速俘获一、二线城市用户，塑造了流量的持续性。

图1-9　"抖音"品牌示意图

同期，今日头条还推出了火山小视频、西瓜视频等，通过不同调性的产品定位不同喜好的人群。以新闻资讯为主的短视频平台也开始相继出现，短视频内容消费习惯逐渐普及，内容价值成为支撑短视频行业持续发展的主要动力。

4. 稳定期

2018年，快手、抖音、B站相继推出商业平台。短视频产业链条逐步发展起来，平台方和内容方不断丰富细分，用户数增长的同时，商业化也成为短视频平台追逐的目标。

据联通沃指数移动App排行榜数据显示，以抖音、快手为代表的短视频平台月活用户环比增长率出现了一定的下降，用户规模即将饱和，用户红利逐步减弱，市场渗透率接近天花板，短视频平台百花齐放的市场格局也将会迎来新一轮的行业洗牌。

二、短视频领域发展中存在的问题及监管机制

1. 短视频行业发展的困境

（1）内容同质与叙事浅层化表达

随着媒体智能化发展，视频将逐渐取代图文，短视频的创新性表达逐渐为大部分

网民所接受。但相对于传统媒体的文字表达而言，短视频缺少文字表达的严谨逻辑和事实关联，其叙事结构和表达逻辑呈现出碎片化、浅层化特征，缺少严谨脉络与深入分析。虽然其场景化特征是优势，但在场景化的过程中缺少逻辑性和层次性，容易让用户产生误解。

短视频领域中，内容生产始终是短视频产业链中无法忽略的关键环节，也是各大短视频平台竞争中内容差异化吸引用户留存的关键。创作者需根据其创作特征来体现内容选题的独特性，加强对用户的心理把握，从而促进短视频行业的长期发展。

（2）版权保护与行业监管

版权问题一直是网络视频行业高度关注的话题，牵涉到生产创作传播各方的重要权益。短视频蓬勃发展，已成为重要的内容生产与传播方式，但同时版权侵权等问题也日渐凸显

2022 年以来，短视频平台频频开展与长视频平台的影视版权合作，围绕长视频内容的二次创作（以下简称"二创"）与推广等方面展开探索，"版权"与"流量"不断聚合，以期实现视听内容价值最大化。

表 1-2　长短视频平台影视版权合作授权内容

发布时间	授权内容
2022 年 3 月	抖音宣布获得搜狐全部自制影视作品二创相关授权
2022 年 6 月	快手宣布创作者可以对乐视视频独家自制版权作品进行剪辑及二创，并发布在快手平台内
2022 年 7 月	爱奇艺将向抖音集团授权其内容资产中拥有信息网络传播权及转授权的长视频内容。双方对解说、混剪等短视频二创形态做了具体约定，将共同推动长视频内容知识产权的规范使用

除了跨平台合作，一些长视频平台也会选择拥有独家版权的内容，自行开发短视频二创业务，并直接向创作者授权。2022 年 1 月，腾讯电视剧 B 站官方账号举办"新年追剧在鹅家，我最爱搞回忆杀二创大赛"活动，指定电视剧素材范围，邀请 B 站用户进行二创，并提供丰厚的奖金，符合要求的活动稿件将在"活动期内和活动结束后"受到官方版权保护。

（3）网络沉迷与适老难题

2022 年 4 月，有记者在浙江省杭州市的多所中学展开调查，发现近九成学生有使用短视频平台的习惯，近一半家长表示孩子或多或少存在沉迷短视频的现象，超半数家长认为短视频成瘾对青少年成长存在严重影响。对短视频的内容顾虑，家长们主要聚焦在负面网红、恶意炒作等方面。有家长表示，对短视频的沉迷就像"温水煮青蛙"，担心长时间观看短视频会影响孩子的情绪、学习、价值观形成等。

另一方面，伴随现在科技信息时代的发展，骗子们也在日益花样翻新、开发各种骗术，网络诈骗、集资诈骗、医疗保健品诈骗、电信诈骗、街头诈骗、婚姻交友诈骗、讲座陷阱等，针对老年人的诈骗手段层出不穷，这些手段恰恰是骗子们为迎合老年人在物质、健康上的需求，抓住老人的心理进行"对症下药"，使其陷入圈套。

短视频对青少年的危害表现为使用短视频上瘾沉迷等问题。而对老年群体而言，如何帮助老年群体避免在媒介接触过程中因陷入虚假信息、网络谣言、广告诈骗等陷阱而受到负面影响，已经成为网络空间治理中不可回避的问题。

（4）出海困局与资本卷入

短视频平台的出海不仅需要考虑国际关系、技术要素和海外竞争对手的威胁，所在国的政策监管、市场竞争、文化基因、用户需求等多方面问题也会成为影响短视频平台出海的关键因素。在迈入资本运营的快车道后，如何实现变现能力的提升是短视频平台发展的重要方向。

虽然短视频的崛起离不开产业资本的运作，但抖音、快手等短视频平台同样需要以传播主流价值为立足点。短视频行业作为传媒行业的重要分支，在其进行商业化、资本化运作的同时需要兼顾社会效益，如何权衡资本逻辑与主流价值，也是未来短视频平台发展面临的难点。

2. 短视频行业发展对策建议

（1）视频化：回归内容属性，强化价值传播

作为一种媒介形态和媒体创新形式，短视频核心要素仍然是视频，而视频不仅是传统媒体视听传播的主要形式，也是媒体深度融合中的网络视听新业态。从主流媒体与短视频平台的区别上看，主流媒体"强化内容"，短视频平台"强化运营"，但二者并不冲突，双方应深化拓展"内容＋运营"的融合互动模式，实现短视频媒体化与短视频新闻化。

未来，短视频平台与主流媒体的融合互动将更加全面，特别是在短视频内容从"泛娱乐化"转向"泛内容化""泛知识化"的过程中，短视频行业应该采取"PGC+UGC"的内容生产模式，充分发挥主流媒体与短视频平台各自的优势，拓宽短视频内容生产的结构布局与辐射范围，打造全新的内容生态体系。

（2）智能化：突出技术引领，提高智能水平

短视频的兴起得益于智能手机等终端设备的更新迭代、5G网络的普及以及人工智能技术对传媒行业的赋能，"人工智能＋短视频"进程将持续深化。当前，抖音的算法分发与快手的 AI 技术已逐渐成熟，"5G+AI"技术发展的趋势将进一步推动短视频与直播的融合发展，直播将成为短视频平台的标配和"承重墙"。

平台一方面要创新内容表达，提高传播效果；另一方面要加强内容监管，完善把关机制，推动短视频发展规范化、科学化，不断完善短视频评价体系，建构短视频技

术体系，进而实现短视频行业的智能生态。

（3）下沉化：注重需求导向，促进消费升级

随着短视频不断嵌入社会生活，垂直、下沉、细分将成为未来短视频行业推进内容消费的重要趋势。短视频下沉需要重视多层次用户群体的使用需求。从短视频消费升级的角度看，电竞、二次元、国风、颜值主体、养生、趣味等"Z 世代"热衷的内容与短视频平台的内容传播相契合，短视频平台未来盈利模式的优化将受到"Z 世代"亚文化圈层的带动和影响。

同时，由于短视频存量时代与银发时代的叠加效应，年轻用户规模逐渐触顶，中老年群体网民规模增速最快，短视频市场迎来了新的增量时代。银发时代，网络应用、短视频行业的内容消费与用户群体变迁将有很大的市场潜力和发展空间。

（4）媒介化：联通社会资源，拓展功能服务

"短视频 +"将持续创造新动能，推动形成多领域的交叉融合。通过"+ 电商""+ 音乐""+ 教育""+ 游戏""+ 扶贫""+ 文旅"等多种形式，短视频正在成为社会产业发展的新生动力。

未来，短视频的形态将不断创新、服务将实现升级、功能将不断调整，短视频平台在直播电商、在线教育、生活服务、休闲娱乐、知识传播与内容付费等模式的带动下，将深度嵌入社会生活与产业结构，更具连接性和中介性，融合消解更多产业边界，连接赋能更多行业发展。

三、短视频行业未来发展规模

近年来，短视频用户规模持续增长。经历了前期探索，短视频行业快速崛起，迈入发展成熟期。行业监管制度日益完善，商业变现模式走向成熟，市场格局渐趋稳定。未来我国短视频行业市场规模存在较大空间。有数据显示，截至 2021 年 12 月，短视频用户规模 9.34 亿人，使用率 90.5%。截至 2022 年 6 月，我国短视频用户规模已达 9.62 亿人，使用率达 94.6%。

随着 4G 时代移动流量价格下降、5G 通信进一步普及，人工智能和大数据技术发展将会为短视频平台提供新的支持，加上国家加强对行业的监管，平台对短视频发布内容加大审核力度。综合来看，短视频行业发展潜力巨大。

据数据显示，2019 年中国短视频市场规模达 828.2 亿元，同比增长 608.5%，2020年短视频市场规模为 1 408.3 亿元，同比增长速率仍保持在 70%，2020—2022 年短视频市场规模呈现较快的增长速度增长。预测 2025 年中国短视频行业市场规模将有望接近6 000 亿元，短视频市场发展前景可观。

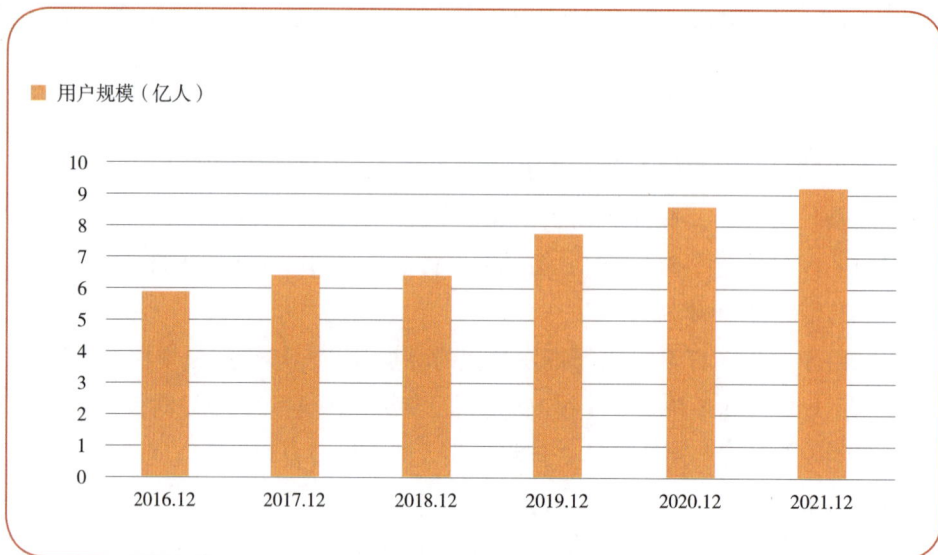

图 1-10　2016—2021 年中国短视频用户规模

数据来源：CNNIC

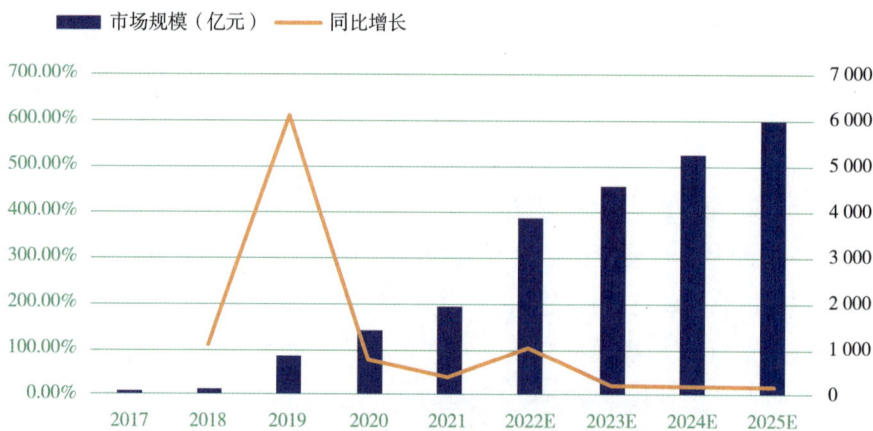

图 1-11　2017—2025E 年中国短视频行业市场规模及预测

数据来源：中国网络视听节目服务协会

1.3　短视频平台的类型

一、抖音

品牌标语：记录美好生活。

用户属性：年轻、时尚、颜值、女性居多，一、二线城市的中产用户。

平台特色：多元化，智能推荐算法，平衡流量、内容、用户、产品之间的关系，提升商业变现、内容生产、放大达人的能力。

日活用户：约 7.15 亿。

直播端口：有。

呈现方式：竖屏为主，小视频，网页端。

内容生产：UGC、PGC、OGC。

变现渠道：广告、电商、平台活动、流量分成、KOL、KOC。

如果想涉足短视频领域创作，抖音可以作为首选的短视频平台，不论是用户量级上还是在相关后端服务上，都有较强的优势，官方也出了很多新手教程，方便创作者进行创作，相对竞争也会比较激烈一些。在未来的一段时间内，抖音的内容创作会两极分化：一类是精细化的内容，用以满足常用短视频用户；一类是接地气的内容，用以满足抖音市场下沉的用户。

图 1-12　"抖音"网页示意图

二、快手

品牌标语：拥抱每一种生活。

用户属性：老铁文化、主打下沉市场三四线城市、真实热爱分享的群体。

平台特色：多元化，依托算法打通推荐和关注的协同关系，更新速度非常快，好物、生活、欢乐的平台。

日活用户：约 5.10 亿。

直播端口：有。

呈现方式：竖屏为主，小视频，网页端。

内容生产：UGC、PGC。

变现渠道：广告、电商、平台活动、KOL、KOC。

快手目前可以说是短视频领域的榜二，用户群体主要是集中在三四线城市，跳过PC 互联网时代的移动互联网用户，对移动互联网充满了期待，有更多的探知欲和接受度。快手平台对创作者的支持力度也相对比较大。

图 1-13 "快手"网页示意图

三、视频号

品牌标语：记录真实的生活。

用户属性：基于社交关系上，更强调"身份"感，普通用户分享生活的成本更大，同时驱动他们点赞和互动的更多是因为内容比较符合自己的"身份"。

平台特色：基于微信生态强大的社交机制进行算法推荐，更加关注人而非内容。

日活用户：约 7.5 亿。

直播端口：有。

呈现方式：微信电脑端横屏，竖屏。

内容生产：UGC、PGC。

变现渠道：官方互选平台。

视频号是微信生态的重要链接板块，有利于打通私域流量。视频号发布动态时可以加上公众号链接、入口，可以连接原本零散的公众号、朋友圈、小程序等产品组件，让它们相互导流，扩大曝光量，从而完成流量变现。

四、西瓜视频

品牌标语：点亮对生活的好奇心。

用户属性：一线、新一线、二线城市为主，"80 后""90 后"群体用户。

平台特色：基于人工智能算法，为用户推荐适合的内容，内容频道丰富，影视、游戏、音乐、美食、综艺五大类频道占据半数视频量。

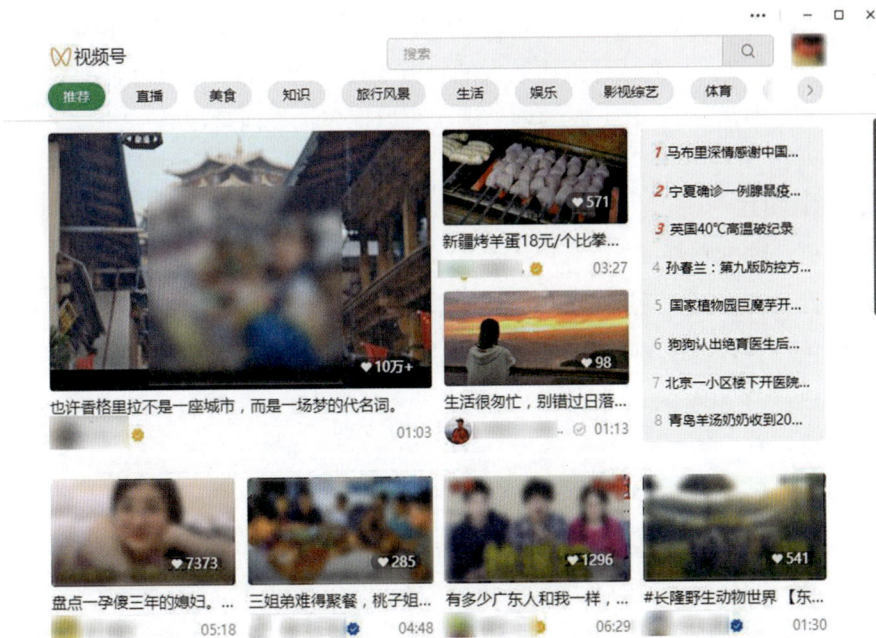

图 1-14　"视频号"网页示意图

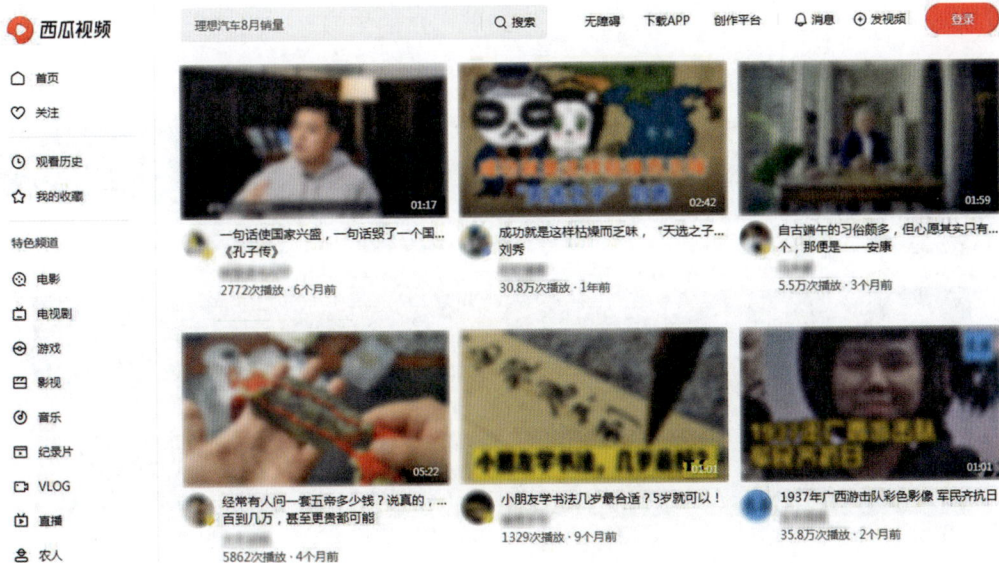

图 1-15　"西瓜视频"网页示意图

日活用户：约 1.9 亿。

直播端口：有。

呈现方式：横屏，短视频。

内容生产：UGC、PGC、OGC。

变现渠道：电商、平台活动、流量分成、KOL、KOC。

西瓜视频是原来头条视频升级过来的，现在也是头条系重要的视频平台之一，但不同于抖音、快手等短视频平台，西瓜视频是以横版、1分钟以上的短视频为主。目前西瓜视频对 Vlog 和三农领域有着比较大的官方支持，同时官方也出了很多教程供创作者学习，如果想涉足 Vlog 和三农领域的话，可以优先选择西瓜视频。

五、bilibili

品牌标语：哔哩哔哩（°-°）つロ干杯~。

用户属性：二次元文化垂直类人群，以"90后""00后"为主力群体。

平台特色：聚合类视频平台，泛二次元文化社区，领先的年轻人文化社区。

日活用户：约 3.06 亿。

直播端口：有。

呈现方式：横屏，竖屏，长视频，短视频。

内容生产：UGC、PGC。

变现渠道：平台活动、KOL。

B 站是一个垂直度很高的二次元文化短视频平台，同时也是聚合类平台，用户主要集中在"90后"和"00后"，用户的黏性和信任度非常高，"90后"和"00后"是 B 站未来的市场主力军，需要深度长期培养用户的依赖性。二次元、动漫周边类等创作者可以优先选择 B 站进行深耕创作。

图 1-16　"bilibili"网页示意图

六、微视

品牌标语：发现更有趣。

用户属性：大学生群体，职场新人，小白领群体为主。

平台特色：基于影像的社交平台，功能丰富，容易上手。

日活用户：0.24 亿。

直播端口：有。

呈现方式：竖屏为主，小视频。

内容生产：UGC、PGC。

变现渠道：平台活动、KOL。

微视的用户主要集中在大学生群体和新生代职场人士，如果想要进行短视频创作的话，可以将微视作为一个分发窗口来操作。

七、好看视频

品牌标语：轻松有收获。

用户属性：三、四线城市为主，年龄层多样化。

平台特色：技术可以帮助视频分发无痕化，优化用户的体验感。在视频场景识别方面，百度信息流已经实现了机器自动分类，属于聚合类短视频平台。

日活用户：约 0.58 亿。

直播端口：有。

呈现方式：横屏，短视频。

内容生产：UGC、PGC。

变现渠道：电商、平台活动、KOL、KOC。

好看视频是百度系在爱奇艺之后的一个重要的短视频平台，用户群体在地域、年龄层都比较分散，内容层面上有 IP 类的内容，也有泛娱乐、泛文化、泛生活的内容，短视频创作者可以将好看作为一个分发平台，毕竟这个平台有很高的搜索引擎权重。

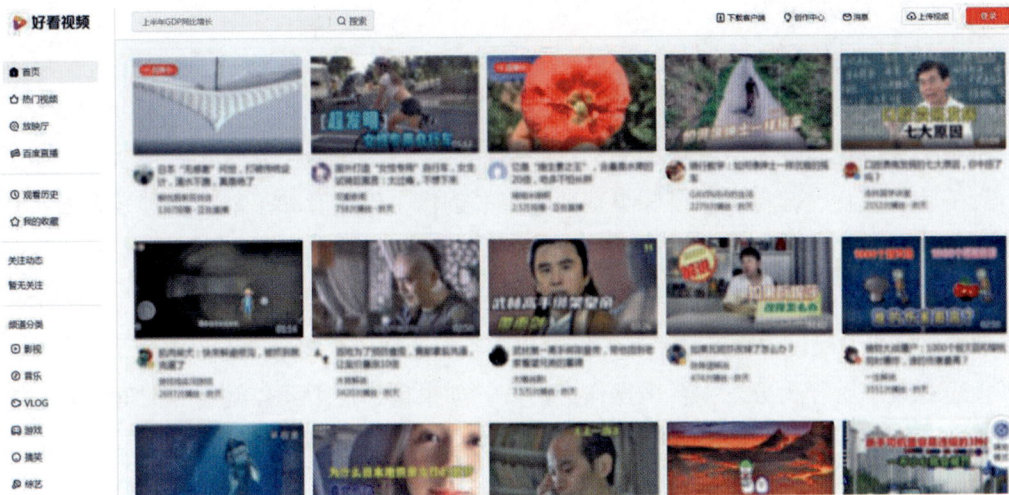

图 1-17　"好看视频"网页示意图

八、秒拍

品牌标语：秒拍，超超超超好看。

用户属性：二、三线城市为主，以年轻群体为主。

平台特色：短视频社交平台，功能容易上手，潮人集中社区，与新浪战略合作，打通微博。

日活用户：约 0.022 3 亿。

直播端口：有。

呈现方式：横屏，短视频。

内容生产：UGC、PGC、OGC。

变现渠道：平台活动、流量分成、KOL。

秒拍视频与新浪有战略合作关系，并与微博打通，一方面是有搜索引擎的权重，另一方面秒拍也是潮人生活类的垂直领域平台。如果创作者想涉足的领域和此相关的话，秒拍是一个不错的平台。其他类型的创作者可以将秒拍作为分发平台来进行使用。

九、美拍

品牌标语：懂女生，更好看。

用户属性：女性居多，美妆、美食、服装等泛生活年轻群体用户。

平台特色：年轻人喜欢的视频社交平台，高颜值火爆的原创短视频平台，美妆类垂直领域优势比较强。

日活用户：约 0.09 亿。

直播端口：有。

呈现方式：竖屏为主，小视频。

内容生产：UGC、PGC。

变现渠道：电商、平台活动、KOL、KOC。

美拍可以说是一个以女性为主的泛生活类的垂直类平台，女性用户居多，非常适合做美妆、美食、健身、穿搭等类别的短视频创作，创作者如果能力和涉足领域都比较贴合的话，美拍是一个不错的可以深耕的短视频平台。

短视频创作者在选择要入驻的短视频平台时，需要综合考虑自身内容生产能力、平台属性、平台支持力度、平台变现路径等因素，选择一至两个主力短视频平台深耕，其他短视频平台作为分发平台来操作。另外，如果创作能力比较综合、时间比较宽裕的话，可以针对不同短视频平台的属性、活动、用户来创作不同的内容。

● 案例分析

案例背景

2022 年 1 月 28 日，微博平台一博主 A 发文称自己的视频内容被另一博主 B 抄袭，博主 B 回应并未抄袭，随即两人展开一场网络口水大战，互证对方抄袭。1 月 29 日，博主 A 整理出双方视频抄袭路线回应其抄袭，双方你来我往，互相控诉。

就在此事还未解决之时，又有网友整理发现之前指证别人抄袭的博主 A 也存在抄袭国外美妆博主的视频。视频抄袭罗生门迭起，一环接一环，如此抄袭乱象，双方各执一词。另外此类现象侵权问题较为复杂，取证难，让人一时难辨真伪，短视频创作知识产权维护之难由此可见。

案例分析

对于此类侵权现象，我国有明确法律规定，《中华人民共和国侵权责任法》第三十六条第一款规定"网络用户、网络服务提供者利用网络侵害他人民事权益的，应当承担侵权责任"。

但短视频侵权乱象依旧屡见不鲜。原因并非只是侵权短视频用户传播者的一方责任，网络短视频平台在短视频著作权保护中地位非常特殊，许多平台委托第三方机构完成侵权短视频，然后由第三方机构上传，从而逃避责任。

短视频版权性的判断、短视频主要侵权纠纷认定标准模糊以及平台服务提供商责任承担等问题都需要法律的规制。在平台通知、采取必要措施的适用上，平台要考虑规则程序的便捷、措施的适当，以接到投诉后处理为主、事先采取主动预防措施为辅，机器审核为主、人工审核为辅。

其次，短视频、直播作为网络娱乐方式，已经成为公众文化生活的一部分，一方面应当通过平台监管和司法裁判来提高短视频制作者和用户的版权意识；另一方面，对于社交媒体平台当中出现的未对著作权人合法权益造成损害的作品呈现，权利人也应当予以适度的容忍。

⬡ 任务实施

【任务书】

请学员通过查阅教材、上网搜索、听课、讨论等获取任务书中的答案或案例，并进行自我评价，确保项目顺利实施。

任务分组：4 ~ 6 人一组。

任务内容	任务要求	验收方式
短视频特征	了解短视频所具备的特点，并列出短视频与长视频的不同点，以此区分两者	PPT 形式
短视频内容分类	利用抖音搜集剧情类、种草类、时尚类、美食类四种内容的短视频	以文档形式标注，并附上链接
短视频平台分类	了解并归纳总结不同短视频平台的区别	表格形式

【获取信息】

扫描下方二维码，获取本节课程教学课件、微课视频进行知识点学习。

教学课件　　　　　　　　　　　**微课视频**

【知识点梳理】

一、什么是短视频

通常意义上，大众所提到的短视频一般指的是在互联网新媒体上传播的时长在 5 分钟以内的视频短片。

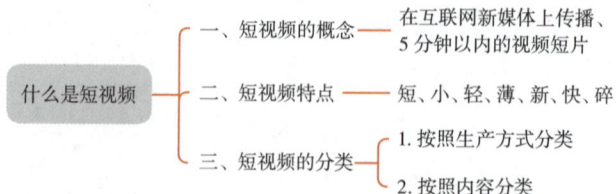

二、短视频的发展现状及趋势

随着短视频平台发展更加规范、内容制作方出品质量逐渐提高，短视频与各行业融合会越来越深入，市场规模也维持高速增长态势。

```
                                             1. 萌芽期

                                             2. 成长期
                        一、短视频发展历程
                                             3. 爆发期

   短视频发展                                  4. 稳定期
   现状及趋势
                                             1. 短视频行业发展的问题困境
                        二、短视频领域发展中
                        所存在的问题及监管机制    2. 短视频行业发展对策建议

                        三、短视频行业未来发展规模
```

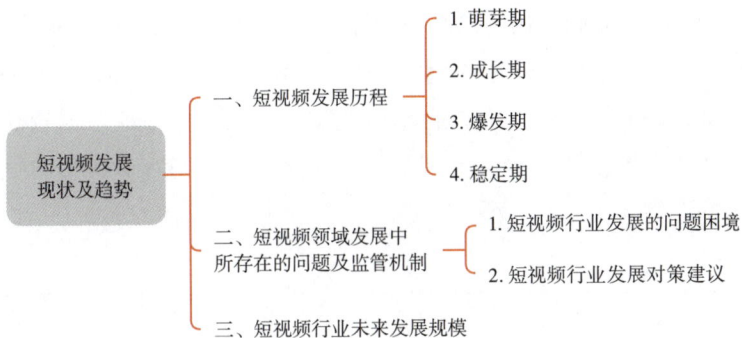

三、短视频平台的类型

短视频平台赛道中，抖音、快手、视频号位居第一梯队，西瓜视频、bilibili 位居第二梯队，腾讯微视、好看视频等位居第三梯队。

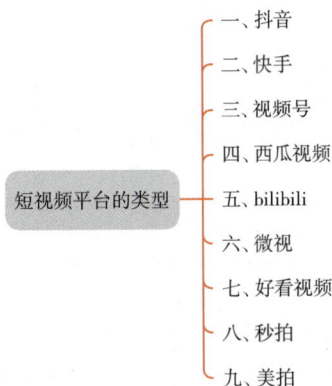

```
                                  一、抖音

                                  二、快手

                                  三、视频号

                                  四、西瓜视频

              短视频平台的类型       五、bilibili

                                  六、微视

                                  七、好看视频

                                  八、秒拍

                                  九、美拍
```

【工作计划】

工作目标

本次工作内容为了解短视频的内容分类。通过结合企业背景以及短视频的特点，确定企业可以入驻的短视频平台，并根据企业的经营范围策划拍摄的短视频内容。

工作步骤

（1）完成知识点的学习，认知与巩固短视频相关内容；

（2）按照短视频内容分类工作过程依次完成工作计划与实施；

（3）工作过程中可采用线上线下混合学习方式，学生以小组为单位协同合作，运用网络等渠道搜集相关资料信息，共同完成工作任务；

（4）工作结果需要整理到相关表格或以报告形式呈现。

背景资料

企业信息：重庆某零食公司主要依托互联网电商平台销售各种零食、鲜果，开店已有半年。随着短视频兴起，店铺也准备筹备拍摄短视频，因此组建了一支短视频运营团队。为了让团队成员们能快速熟悉不同短视频平台，公司将对其进行引导培训。

引导问题 1：不同的短视频平台上聚集着不同喜好的用户群体，这些用户群体喜欢的短视频类型是不同的，只有发布符合平台类型的热门视频才能取得较好的流量。请团队成员们任选 3 个短视频平台，整理并分析平台上的热门视频类型有哪些。（注：以 PPT 形式提交）

答题区：

引导问题 2：在进行短视频的制作前，团队成员需要先思考企业入驻的短视频平台。企业之前没有太多短视频运营经验，请团队根据企业相关信息（主营零食类产品）及各平台的特点，描述该企业适合入驻哪一个短视频平台，为什么？（注：以文档形式提交）

答题区：

引导问题 3：为了在运营短视频账号过程中能够遵纪守法，不做违反规则而导致封禁账号的事，确认好入驻的短视频平台后，团队成员需要对平台相关规则进行详细了解，请利用网络等渠道搜集并整理平台创作者相关规则。

答题区：

引导问题 4：前期已经整理了平台内的热门视频类型，请根据企业经营产品范围，与平台热门视频类型进行匹配，确定企业可拍摄的短视频内容，并找出三个及以上的参考视频，分析这些视频内容上的共同点，进行归纳总结。

答题区：

● **评价反馈**

根据考核内容，学生完成自我小结并进行自评打分，教师根据学生活动情况进行点评并完成教师打分，最后按小组自评分 ×30%+ 学生互评 ×30%+ 教师评分 ×40% 计算得分。

表 1-3 任务综合评价表

类别	考核内容	分值	评分			得分
			自评 30%	学生互评 30%	教师评分 40%	
知识储备	了解短视频的发展历程	10				
	掌握短视频特征	15				
	懂得短视频的不同平台分类	15				
	学会相关信息搜集与整合	15				
技能训练	平台操作能力	20				
	不同平台用户属性风格把控能力	25				
合　计		100				

● **课后测试**

一、单选题

1. "内容轻快明了，一般不会太过沉重"这是短视频的（　　）特征。

　　A. 短　　　　　　B. 轻　　　　　　C. 快　　　　　　D. 明

2. 短视频的内容以商品分享和推荐为主一般称为（　　）类短视频。

　　A. 剧情　　　　　B. 时尚　　　　　C. 种草　　　　　D. 穿搭

3. 2020 年短视频市场规模大约为（　　）亿元。

　　A.800　　　　　　B.1 200　　　　　C.1 400　　　　　D.1 800

二、多选题

1. 短视频内容按照生产方式分类可分为（　　　　）。

　　A. UGC　　　　　B. PUGC　　　　　C. UCG　　　　　D. PGC

2. 以竖屏为主的短视频平台有（　　　　）。

　　A. bilibili　　　　B. 西瓜视频　　　C. 抖音　　　　　D. 快手

3.才艺类短视频的具体内容包括（　　　　　）。

　A.音乐表演　　　　B.音乐制作　　　　C.舞蹈教学　　　　D.游戏教学

三、判断题

1.截至 2021 年 12 月，短视频用户规模 9.54 亿人。　　　　　　　　（　　）

2.快手平台的日活用户约 5 亿。　　　　　　　　　　　　　　　　（　　）

3.就目前情况而言，短视频领域处于下沉期。　　　　　　　　　　（　　）

四、简答题

假设企业想要开设两个不同的短视频账号，一个作为零食类专用，一个作为鲜果类专用，请问这两个账号可以制作的短视频内容分别是什么？请根据账号拍摄主题进行策划，并搜集相关的参考视频，说明理由。

任务 2
内容定位：明确创作思路

》 任务简介

当今，短视频成为爆款的关键依然是内容，明确短视频内容定位是短视频账号成功的前提之一，当你的短视频内容、风格、产品等都有明确的定位以后，输出的内容一定是与定位相匹配的，这样在用户的脑海里才能留下鲜明的印象。通过本任务的学习，了解短视频账号的定位，掌握双向定位推导方法，为账号持续输出"垂直化"的内容。

》 学习情境描述

实习生小杜所在的短视频运营团队准备新建短视频账号，运营新内容领域。在此之前，团队需要选定账号内容方向，明确创作思路。内容定位如同数字 1，后续的脚本、拍摄、剪辑等都如同数字 0，如果没有账号定位的 1，后面再多的 0 也没用，内容定位也决定了账号的发展上限。

运营团队需要了解账号定位的必要性，懂得利用双向定位推导方法以及"骨皮话"逻辑进行分析，最后勾勒出账号未来创作的具体方向与内容。

》 学习目标

◆知识目标

1. 了解什么是定位。
2. 了解定位推导过程。
3. 了解定位五大原则。

◆技能目标

1. 能够认识定位的重要性。
2. 懂得双向定位推导方法。
3. 掌握"骨皮话"定位产出逻辑。

◆素质目标

1. 培养正确的行业价值观、遵守职业行为准则。

2. 树立短视频内容为王的意识。

3. 具备团队合作精神。

》 思政园地

如何利用定位实现弯道超车

随着短视频的不断发展，选择加入短视频行业的用户数量也是不断增加，但是对于很多刚加入短视频行业的来说，前期已经有着大量竞争对手，因此在运营的过程中，需要想办法实现弯道超车，而想要实现这个目的，做好短视频的定位工作就变得相当重要了。

第一是定位，就是筛选目标人群。

第二是简单的定位才艺，触达用户的认知。

第三就是内容定位与变现不可断层。很多自媒体在开始运营账号的时候，过分追求粉丝数量，而忽略了对变现的考虑。

第四就是定位影响了系统个性化的推荐分发对象，平台具有强大的算法、智能化和个性化的推荐机制，无论是发布或浏览视频的账号都会被贴上相应的标签。

文章来源：腾讯网

● 知识点学习

2.1　做好定位的必要性

一、什么是定位

以商业中的"定位（Positioning）"概念，指在对本产品和竞争产品进行深入分析，对消费者的需求进行准确判断的基础上，确定产品与众不同的优势及与此相联系的在消费者心中的独特地位，并将它们传达给目标消费者的动态课程。（定义来源：《定位》艾·里斯和杰克·特劳特）

短视频账号定位即"你的短视频要做什么内容"，指账号运营者根据自身优势/（企业）运营商品/目标市场进行市场与人群分析，确定内容创作和运营的方向，按照定位方向持续运营，产生结果。

二、定位推导过程

内容定位将决定短视频题材选择方向，拥有明确的内容定位，可从方向到领域再到作品，在运营账号的过程中也会有更多的想法和思路。缺少明确的内容定位，会导致账号内容凌乱，各领域都有，结果粉丝不那么喜欢，最终难以形成商业转化。

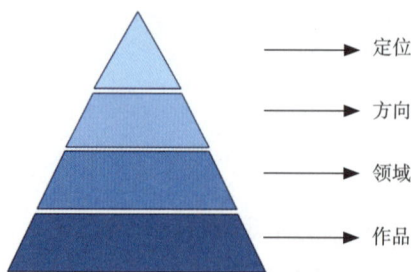

图 2-1　短视频定位三角推导过程

2.2　双向推导定位法

　　定位既然如此重要，那么当在进行账号定位的时候如何去推导呢？关键需要从两个方向去推导：第一是从自身角度去推导，第二是从用户角度去推导，然后双向互推。

　　自身角度可以理解为自己擅长的优势领域，这是我们推导的起点。

　　用户角度可以理解为用户期待的需求，这是我们推导的终点。从起点与终点双向推导，就能得出适合自己的一条创作路径。

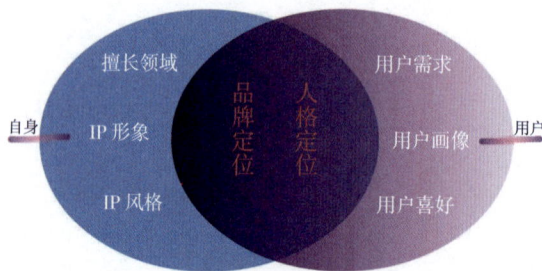

图 2-2　双向推导定位图

一、起点：该怎么出发

1. 了解账号运营目的

　　在运营短视频账号前，我们首先要问下自己，做这个账号的目的是什么？有人为了变现，有人分享、记录生活，还有人做品牌宣传推广。不同的目的决定着我们运营账号的不同方法，还有投入的时间与成本，因此我们需要明白运营账号的目的。

2. SWOT 分析法

　　在明确我们的目的后，采用 SWOT 分析法，了解自己可以从哪里打入市场。

　　S（Strengths，优势）：自己比市面上的竞争对手强在哪里；

W（Weaknesses）劣势：哪些缺陷导致自己与竞争对手相比处于劣势；

O（Opportunities）机会：目前哪个平台火，扶持哪类创作者；

T（Threats）威胁：外部趋势会不会改变，内部竞争者会不会变多。

比如我们打算做一个知识类口播账号，优势是拥有专业知识人员，劣势是其声音不好听，机会是目前科普账号比较少，威胁是行业人员意识到新媒体的重要性，正在涌入。这样我们就可以结合自己的优势，利用配音减少劣势，做出差异化，率先布局自己的账号。

二、终点：怎样了解用户需求

我们在做账号定位时要明白用户需要什么，怎么做才能提供给他们更好的服务和价值。不同的用户有不同的需求，只有明确用户需求，我们才能知道自己账号所对应的用户是什么样的人，就可以画出用户画像，然后根据这些用户的画像去输出你的自己的 IP 形象。

比如我们要运营一个母婴账号，我们需要思考：账号的用户群体是谁？宝妈、宝爸；他们的需求是什么？育儿知识以及生活中的育儿好物；他们喜欢的新媒体平台是什么？上网时间是什么时候？经济水平如何等，这些信息都需要一一刻画出来。我们对用户描绘得越清楚，越利于账号的综合定位，推送的内容越能吸引用户。

三、起点与终点的连接方式

在自身和用户的双向推导过程中，我们可以完成自身账号的定位，以及人格化 IP 形象的定位，接下来就需要考虑如何将两者连接起来。

1. 创作大众话题

很多作者创作的时候，一开始都是从自己的喜好出发。但我们需要考虑假设自己喜欢偏小众的话题，那播放量就不会特别好。对于普罗大众来说，内容的理解门槛越低，接受度越好，播放量才会越好。

因此在选题的时候，我们要考虑选择大多数用户关注度相对较高、覆盖人群相对较广的素材内容，这样的内容才有可能获取更多的用户关注，贴近用户的素材内容，往往才最有可能得到更多用户的认可。

2. 寻找差异化突围

差异化是给用户一个关注账号的理由，差异化的突围实际上有两个方面：一个就是既能让平台充分地认识到你的账号的差异化，另一个是能让用户容易认识到你的账号的差异化。

如果说我们选择的行业领域早已经有很大一批的头部账号，那么在这个时候，我们就必须要去打造好账号的差异性。比如你是做美食的，如何来打造差异化？假设大家都用普通话教美食，你是东北人，可以用东北话教大家做美食来做一个账号定位，整个教学过程全用东北话教学，这就是你的特色，一下子就让粉丝记住你，同时和同行之间产生出了差异。

3. 持续输出价值

短视频定位的成功与否需要看我们输出内容时，用户能否从内容了解到账号的主人是一个什么样的人，如果用户能够从内容中获取到匹配账号的信息，那么我们的输出就是符合账号整体定位的。

因此在选题材内容时，可以根据自己的行业调性，选择更加有价值有意义的干货内容产出，只有明确好自己的内容输出，结合大多数用户的需求，才能保持后续内容的持续输出以及产出，保证账号能够持续更好地运营下去。

4. 垂直内容定位

我们需要知道，一个账号的定位只能针对一类人群或者是一个品类，只有垂直账号才容易出效果。

例如我们的抖音号定位为美食制作教程，那么我们就不能在这个号上分享美食吃播、美食开箱等内容，虽然都与美食相关，但真正吸引的目标客户群体是不同的，这两个群体关心不同的问题，一个是想要学会如何制作美食，另一个是想要看博主品尝美食。如果我们今天分享美食制作，明天分享美食吃播，那么因为美食制作而关注账号的人可能会取消关注，因为他们不喜欢你分享的美食吃播。

因此我们要记住：抖音只定位一个领域，抖音号只定位一类人。账户定位越准确，越垂直，粉丝越准确，变现越容易，获得的流量越准确。

从创作者与用户的起点与终点进行相互推导，完成自身品牌的定位，以及人格 IP 形象风格的一个定位，最终连成一条属于自己的线，再去进行内容创作，这就是双向定位。

2.3 "骨皮话"定位产出逻辑

完成双向定位之后，我们还需要关注"骨皮话"定位产出逻辑。

假设我们是电商卖货的商家，在运营账号前先确定了账号 IP 风格是搞笑风格，这样是不符合先后顺序的，搞笑风格的 IP 并不适合电商卖货模式，所以我们需要按照一个先后顺序逻辑进行账号定位的推导。

一、"骨皮话"是什么

（1）"骨"指 IP 的内核形象或内核画像，意思是账号的内在应该是一个什么样的人，当分析完账号对应的用户以后就可以去推导出一个 IP 形象。

（2）"皮"是要根据内在的形象去完善外在的内容，比如穿衣风格是什么样？形象是什么样？这些都是外在内容。

（3）"话"是指已经确认账号主人公是一个什么人，是什么形象，这个形象不是站在那里给人观赏的。短视频必须输出内容，这个"话"就是根据前面的"骨"和"皮"去推导出擅长什么，会持续说什么"话"，这是 IP 内容的输出。

二、怎样推导"骨皮话"

（1）"骨"是观众能通过文字大概了解到的信息，如性别、年龄、文化、职业等，IP 具有的形象所有方方面面的属性都需要我们去完善。

（2）"皮"是类似完整的一个人站在面前，更偏重外在形象上长什么样，有什么昵称，有什么口头禅，爱穿什么服装，有什么发型，有什么家庭环境等。观众能真切感受到主人公是一个医生、专家、老师，还是一个销售形象。

（3）"话"则非常关键，因为要输出的内容就是大家直观看到的内容，比如经常更新的短视频内容、直播内容，甚至整个账号输出的内容，根据这些内容大家能知道有这么一个形象，并且输出的这些"话"符合前面的定位。

举例：账号主人公擅长分享健康生活小知识，用户是一群想要创意、有用、高性价比产品的人，那么定位基本就在分享生活知识、分享家居生活搭配，甚至家庭必备神器等方向，这符合创作者擅长的领域，也符合用户的需求。

根据用户的需求，想要高性价比、有创意的家居产品的用户画像应该是宝妈人群或家庭主妇，又或者是职场女性，她们的年龄基本在 25 ~ 40 岁。

然后根据确定的用户画像，账号的 IP 形象也能初步形成，我们可以塑造一个成功的家庭主妇或者宝妈形象，比如宝妈、浙江人、本科学历、高颜值、高收入，因为这样的账号 IP 在势能关系上更高，既能引领用户又能跟用户打成一片，所以定位是引领用户追求品质生活的一个销售、达人、老板或者一个优质宝妈。

最后针对宝妈、家庭主妇的人群，用户喜好可能是爱家、爱美、爱生活、爱健康，那账号的 IP 风格应该是一个追求健康品质生活的果敢知性美女形象，这样所输出的内容风格肯定是有趣、专业、懂生活等。

表 2-1 "骨皮话"定位产出案例

产品（案例）		定位	用户	
擅长领域	健康生活小知识，省钱、便捷、好用	生活知识分享；家居生活搭配；家庭必备神器	要有创意、有用、高性价比的居家产品	用户需求
IP 形象	宝妈、浙江人、本科学历、高颜值、高收入	引领用户追求品质生活的销售、达人、老板	宝妈人群；家庭主妇；职场女性	用户画像

续表

产品（案例）		定位	用户	
IP风格	追求健康品质生活的果敢知性美女	有趣、专业、懂生活、听我的	爱家、爱美、爱健康、爱生活	用户喜好

2.4　定位五大原则

在内容定位确立以后，还需要牢记定位的五大原则，根据这个原则我们在进行后续短视频内容创作过程中才能将账号做得更加完美。

一、垂直原则

一个账号只能专注一个细分领域，我们要把用户群体进行拆分，要垂直和专注，而不要面对一个广泛的群体去做内容。不垂直等于不专注，你越想去迎合所有的用户，做各种各样的内容，用户就越不会关注你。

二、价值原则

对用户来说，有价值的内容他才会去看，有价值的账号他才会去关注。价值可以分为很多种，视觉享受价值、娱乐享受价值、知识获取价值等。好看、好玩、有趣和实用都是用户比较喜欢的价值方向。

三、深度原则

深度是指定位好一个方向后，就保持这个方向深入发展，找到更深层、更有价值的内容提供给用户，而不能只想到一些肤浅、低级趣味、缺乏创意的东西。

四、差异原则

只有差异才能让你的账号从众多相似账号中脱离出来，让用户记住你、关注你。差异可以从内容领域、IP或人设特点、内容结构、表达方式、表现场景、拍摄方式、视觉效果等众多方面进行体现和区别。

比如我们要运营一个整理类的账号，可以把自己定位成一个家庭空间规划师，账号的内容多以"史上最全的冰箱整理""儿童房间整理前后大变身"这类干货文章，内容实用有效，定位小众新颖，差异化非常明显。

五、持续原则

持续是最后也是最重要的一个原则。如果我们运营账号"三天打鱼两天晒网"，不坚持持续和稳定地更新，那么根据平台的规则和算法机制，账号的权重就会下降，获得的平台推荐量变低，而已经关注的用户也会容易流失。

● 案例分析

案例背景

某食品商家想通过短视频拍摄内容来进行宣传，但前期没有进行定位，一开通账号就开始拍摄相关食品方面的内容进行上传，结果视频的观看量与反馈一直很低。专业人员对账号进行分析以后发现，上传本食品的商家是主要销售功能健康性食物的商家，侧重于对健康有要求的人群，而上传的视频内容不垂直化，大众零食、餐饮美食什么内容都有，没有重点，而且账号视频内容与其他视频账号雷同视频过多。

案例分析

一、IP 定位不清晰

虽然商家是想通过视频拍摄来售卖更多产品，但是账号的 IP 定位缺失，没有打造出账号属性，导致用户对其信任感不高，品牌宣传和商品售卖都大打折扣，正确的做法应该先要定位自身 IP，例如"有态度、有社会责任感的健康食品商家"，视频发的内容都是跟自身生产的健康食品或者相关健康知识有关，这样才能在用户的心中树立起一个形象。

二、内容过于同质化

拍摄的内容同质化严重也是视频观看和反馈低的原因之一，很多内容表现的方式都太过单一，例如拍摄的食品单纯只是拍摄了加上文字描述展示出来就太过同质化，虽然符合内容定位，但是达不到很好的效果，可以调整为通过诙谐幽默的健康小知识分享在不经意间引出自身售卖的食品，做出差异化，这样才更容易被用户接受。

⬣ 任务实施

【任务书】

请学员通过查阅教材、上网搜索、听课、讨论等获取任务书中的答案或案例，并进行自我评价，确保项目顺利实施。

任务分组：4 ~ 6 人一组。

任务内容	任务要求	验收方式
短视频账号内容定位	利用双向推导定位和"骨皮话"逻辑，确定某短视频账号未来所发布的内容	需明确自身、用户、交集等相关文字描述内容，以文档形式总结。

【获取信息】

扫描下方二维码，获取本节课程教学课件、微课视频进行知识点学习。

教学课件

微课视频

【知识点梳理】

一、做好定位的必要性

短视频账号定位指账号运营者根据自身优势 /（企业）运营商品 / 目标市场进行市场与人群分析，确定内容创作和运营的方向，按照定位方向持续运营，产生结果。

做好定位的必要性 ── 一、什么是定位？
二、定位推导过程

二、双向推导定位法

自身角度可以理解为自己擅长的优势领域，这是我们推导的起点。用户角度可以理解为用户期待的需求，这是我们推导的终点。

```
                              ┌─ 1.了解账号运营目的
          ┌─ 一、起点：该怎么出发 ─┤
          │                   └─ 2.SWOT 分析法
          │                        ┌─ 明白用户需要
          │   二、终点：怎样了解用户需求 ─┤
┌─────────┐├─                      └─ 画出用户画像
│双向推导定位法│┤
└─────────┘│                        ┌─ 1.创作大众话题
          │                        ├─ 2.寻找差异化突围
          └─ 三、起点与终点的链接方式 ─┤
                                   ├─ 3.持续输出价值
                                   └─ 4.垂直内容定位
```

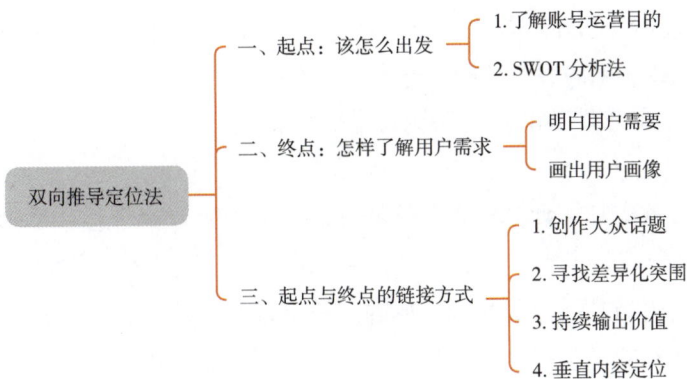

三、"骨皮话"定位产出逻辑

完成双向定位之后，我们还需要关注"骨皮话"定位产出逻辑。

```
┌───────────────┐   ┌─ 一、"骨皮话"是什么?
│"骨皮话"定位产出逻辑│──┤
└───────────────┘   └─ 二、怎样推导"骨皮话"?
```

四、定位五大原则

在内容定位确立以后，还需要牢记定位的五大原则，根据这些原则，我们在进行后续短视频内容创作过程中才能将账号运营得更加完美。

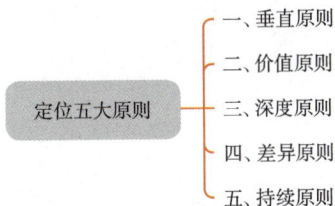

```
              ┌─ 一、垂直原则
              ├─ 二、价值原则
┌─────────┐   ├─ 三、深度原则
│定位五大原则│──┤
└─────────┘   ├─ 四、差异原则
              └─ 五、持续原则
```

【工作计划】

工作目标

本次工作内容为短视频内容定位。通过结合企业背景及相关信息，利用双向推导定位法和"骨皮话"逻辑，从企业自身的角度、用户的角度以及相关交集进行分析，确立未来合适的内容拍摄方向。

短视频是企业扩大销售量和宣传品牌等的一个关键渠道，拍摄何种视频符合账号的属性，究竟能吸引多少粉丝关注账号以及下单，短视频运营团队开始进行激烈的讨论。

工作步骤

（1）完成知识点的学习，认知与巩固定位的必要性。

（2）请按照双向推导定位法和"骨皮话"逻辑依次完成不同角度的分析，确立最终账号定位方向。

（3）工作过程中可采用线上线下混合学习方式，学生以小组为单位协同合作，查找平台上类似企业拍摄内容，共同完成工作任务。

（4）工作结果需要以相关文字报告形式呈现。

背景资料

企业信息：重庆某零食公司主要依托互联网电商平台销售各种零食、鲜果，开店已有半年。随着短视频兴起，店铺组建了一支短视频运营团队，筹备拍摄短视频。

当前店铺销售商品有灯影牛肉、麻花、全麦面包、曲奇饼干、柑橘、血橙等，零食类为店铺主要经营销售商品，鲜果类则会应季上市。店铺商品消费人群在 24~30 岁居多，其次是 18~23 岁、31~40 岁，女性消费者较多。商品定价在 9.9~35 元不等，根据克数 / 口味分设多个 SKU，满足不同人群需求。

引导问题 1：店铺主打零食售卖，运营短视频账号可以是为店铺引流，可以是直接带货，也可以是零食种草分享等。因此在开设短视频账号前，团队成员们首先要确定运营账号的目的是什么。请根据企业信息规划账号的初始定位，并说明理由。

答题区：

引导问题 2：团队成员们确定好账号运营的目的后，需要了解用户需求，并根据用户需求输出自己账号的 IP 形象。请根据店铺商品消费人群信息，确定账号的用户画像。

答题区：

引导问题 3：在确定好企业短视频账号的用户画像后，运营团队成员们可以尝试推导出账号 IP 形象。请根据"骨皮话"产出逻辑案例中的表格，归纳总结账号 IP 形象及风格定位。

答题区：

账号		定位	用户	
擅长领域				
IP 形象				
IP 风格				

引导问题 4：团队已经根据用户属性确立好账号定位及 IP 形象，接下来就需要打造账号的差异化，创造出一个拥有鲜明特点的账号。请搜集 5 个定位相似的短视频账号，从创作者角度进行分析，并将结果填入下方表格中。

内容领域	典型账号	分析	用户	寻找差异化
举例：烹饪教学	@×××	需要运营者有一定的烹饪技巧	喜欢制作美食的群体	细分领域，如垂直蛋糕领域

⬢ 评价反馈

根据考核内容，学生完成自我小结并进行自评打分，教师根据学生活动情况进行点评并完成教师打分，最后按小组自评分 ×30%+ 学生互评 ×30%+ 教师评分 ×40% 计算得分。

表 2-2　任务综合评价表

类别	考核内容	分值	评分			得分
			自评 30%	学生互评 30%	教师评分 40%	
知识储备	了解短视频的发展历程	10				
	掌握短视频特征	15				
	懂得短视频的不同平台分类	15				
	学会相关信息搜集与整合	15				
技能训练	平台操作能力	20				
	不同平台用户属性风格把控能力	25				
合　计		100				

⬢ 课后测试

一、单选题

1. 创作爆款短视频的关键是（　　　）。

　A. 选择平台　　　B. 选择演员　　　　C. 选择时长　　　　D. 选择主题

2. 决定短视频题材选择方向的因素是（　　　）定位。

　A. 内容定位　　　B. 风格定位　　　　C. 市场定位　　　　D. 用户定位

二、多选题

1. 短视频定位主要是指（　　　）。

　A. 内容定位　　　B. 风格定位　　　　C. 市场定位　　　　D. 用户定位

2. 双向推导过程中，自身领域包括（　　　）因素。

　A. 擅长领域　　　B. IP 形象　　　　C. 用户需求　　　　D. 用户喜好

3. 短视频定位的原则有（　　　）。

　A. 垂直原则　　　B. 差异原则　　　　C. 持续原则　　　　D. 故事原则

三、判断题

1. 策划优质短视频内容可以采用借鉴方法，就是直接照抄照搬别人的内容。

　　　　　　　　　　　　　　　　　　　　　　　　　（　　）

2. 确定短视频主题要以创作者偏好为基础，为用户提供有价值有趣味的信息。

　　　　　　　　　　　　　　　　　　　　　　　　　（　　）

3. 在进行短视频定位过程中，只要平台什么内容火，就按照火的内容进行确定。

　　　　　　　　　　　　　　　　　　　　　　　　　（　　）

四、简答题

1. 做好短视频运营定位的关键点是什么？

2. 简述策划短视频定位的基本原则。

任务 3
拍摄制作：视频创意的实现

≫ 任务简介

近几年，短视频是最热门的广告传播媒介。相比于图片，视频所表达的内容更生动，也更加丰富有趣。然而对于一些新手来说，短视频制作的道路似乎充满了艰难。有些酷炫的视频看起来很难拍摄，但其实操作起来并不复杂，通过本任务的学习，我们可以了解拍摄前期的一些思路和后期剪辑，掌握短视频拍摄所需道具及一些摄影技巧，并且能在 App 上完成视频剪辑，新手也能拍出刷爆朋友圈的小视频。

≫ 学习情境描述

实习生小杜已经了解了短视频的一些基础知识，接下来他将参与公司的短视频制作，与运营团队一起完成一支 15 秒短视频的拍摄与制作。同事告诉他，要想短视频获得流畅、极佳的感官体验，除了要掌握运镜技巧外，还需要懂得短视频拍摄设备的选取、拍摄角度、声音、灯光以及后期视频剪辑。

≫ 学习目标

◆知识目标
1. 了解摄影基础知识。
2. 了解短视频拍摄所需基础设备。
3. 了解短视频拍摄如何布光与构图。

◆技能目标
1. 能够根据实际情况进行视频转场衔接。
2. 掌握短视频拍摄运镜技巧。
3. 掌握剪映 App 剪辑视频步骤。

◆素质目标
1. 培养正确的行业价值观，遵守职业行为准则。

2.培养摄影创作意识、勇于突破的创新意识。

3.具备良好的沟通能力和团队能力。

》 思政园地

短视频拍摄开启助农"新模式"

随着互联网科技的不断发展，新媒体用户规模暴涨，小视频、短视频剪辑形式也在日常生活中不断被应用，短视频形式与各种媒介互相渗透，彼此融合，传播形式不断走向全面化。

7 月 16 日，县委网信办组织了一场网络助农活动，邀请闽清县自媒体协会和闽清县互联网营销师优秀学员团队来到下祝乡下祝村的一位种植户的果园中，用自己所学的知识拍摄各种不同风格的短视频，严肃科普、诙谐搞笑、歌唱朗诵等类型一应俱全，以此宣传当地的特色农产品，探索助农"新模式"。

据了解，此次网络助农行动，是希望利用短视频的方式，展现下祝乡的好山、好水、好产品，让优质农产品多一个曝光渠道，进而帮助和带动广大农户扩展农产品销售渠道，助力农户增收和乡村振兴。

文章来源：新闽清

● 知识点学习

3.1　摄影基础知识

一、基础摄影术语

1.对焦（Focus）

对焦（也叫对光、聚焦）指通过照相机对焦机构变动物距和相距的位置，使被拍物成像清晰的过程。

（1）MF（Manual Focus）即手动对焦。通过手工转动对焦环来调节相机镜头，从而使拍摄出来的照片清晰的一种对焦方式；手机则在专业模式下调整数值。手动对焦依赖人眼对对焦屏上影像的判别以及拍摄者的熟练程度。

（2）AF（Automatic Focus）即自动对焦。自动对焦是相机自动对焦的方式。泛指相机以特定区域进行测距，进而调整镜头中镜片形成焦点，使照相机内的影像看起来清晰的设计。

作用：普通场景下可以直接使用 AF 完成物体聚焦，在复杂难以对焦的场景下则可以使用 MF 完成。

图 3-1　相机 MF、AF 设置按钮示意

2. 光圈（Aperture）

光圈指相机上用来控制镜头孔径大小的部件，以控制景深、镜头成像质量、快门协同控制进光量。光圈的数值用"f+ 数字"的组合表示，例如 f/1.4、f/6.3 等。光圈越大，进入相机的光就越多；光圈越小，进入相机的光就越少。

作用：光圈有助于控制曝光，大光圈（低 f 值）会使照片曝光充足，还可以让摄影师创造性地控制图像的焦点和模糊程度，即景深。

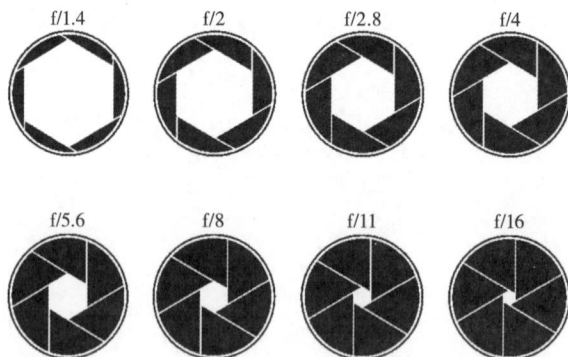

图 3-2　光圈数值示意

3. 快门（Shutter）

快门是照相机用来控制感光片有效曝光时间的机构。快门的速度一般用 1/ 数字 s 来进行表示。如 1/5 s 代表五分之一秒，1/500 s 代表五百分之一秒。比如使用快速（如 1/2 000 s）来冻结动作拍高速移动的物体，如拍飞行中的小鸟；使用慢速（1/4 s 或更长）来模糊移动物体，拍出车流的轨迹。

作用：快门速度的数值越小拍出来的东西越清晰，而快门速度的数值越大则越容易模糊。

图 3-3　快门速度数值示意

4. 感光度（ISO）

感光度又称 ISO 值，指相机中 CMOS 图像感应器对光线的敏感度。ISO 使用数值来表示，如 ISO100、200、400、800、1 600……后一个值进光量是前一个的 2 倍，数值越高，画面越亮。人眼对最暗和最亮光线的敏感度相差 600 倍，以 ISO25 为基础，人眼的感光度大致范围在 25 到 12 800 之间。

作用：在光圈大小与快门速度不变的情况下，ISO100 时照片比较暗，ISO1 600 时就比较亮了，即 ISO 越低照片越暗，噪点越少；ISO 越高照片越亮，噪点越多。感光度越高就对光线越敏感，照片也越亮。

5. 曝光补偿（EV）

曝光补偿是一种曝光控制方式，一般常见在 ±2-3 EV 左右，如果环境光源偏暗，即可增加曝光值（如调整为 +1 EV、+2 EV）以突显画面的清晰度。调整手段又分为闪光灯、摄影灯、反光板的外源光线补偿，调整光圈值，曝光时间的光通量参数补偿，对于现在普及的数码相机来说，最常用的手法就是进行 EV 调整，达到曝光补偿的目的。

作用：调整曝光参数，从而让照片变得更加明亮或者昏暗。拍摄明亮场景，适当增加曝光，避免曝光不足；拍摄暗色，适当减少曝光，防止过曝。

6. 白平衡（White Balance）

白平衡是描述显示器中红、绿、蓝三基色混合生成后白色精确度的一项指标。白平衡是电视摄像领域一个非常重要的概念，通过它可以解决色彩还原和色调处理的一系列问题。它能实现摄像机图像精确反映被摄物的色彩状况，有手动白平衡和自动白平衡等方式。

作用：纠正色温，还原被拍主体的色彩，使在不同光源条件下拍摄的画面同人眼观看的画面色彩相近。通过控制色温，可以获得色彩效果迥异的照片。

日光白平衡预设	闪光灯白平衡预设	阴天白平衡预设	阴影白平衡预设	荧光灯白平衡预设	钨丝灯白平衡预设
泛用性非常高的一项预设,用于保留偏色,但有时会偏冷。	和日光白平衡预设类似,但是有时会导致照片有些偏绿。	相比前两项,阴天预设偏黄,能够中和色温更高的光线。	如果想要一场暖色调的照片,这项预设能够帮到你。	这项色调非常冷,还加入了针对绿色偏色的洋红色调。	这项设置拥有高色温,冷色调中和钨丝灯发出的暖色光线。

图 3-4　白平衡效果示意图

二、光线与人像术语

1. 环境光

环境光也称可用光,是场景中发生的光,不添加任何闪光灯或光线调节器。

2. 主光

主光是照片的主要光源。它可能是太阳、反光板或其他东西。

3. 补光

补光是仅次于主灯的光源。它主要用于"填充"阴影。它可以通过使用闪光灯、反光板等方式实现。

4. 反光板

反光板是用于反射光线的设备,通常朝向主体。它可以是一个专门的工厂制造的反光板或是一块白色纸板。

5. 测光表

测光表是测量场景中光量的设备,可以是外置的也可以是内置的。

6. 无线闪光灯

无线闪光灯是一种外置闪光灯。

7.强光

刺眼或散乱的光线，例如明亮的阳光、小型闪光灯或相机闪光灯。它会产生粗糙的阴影，边缘清晰，对比度和纹理增加（如果与主体呈一定角度使用）。

8.红眼（Red Eye）

利用闪光灯拍摄人像时，闪光灯离人像太近会出现眼珠变红的现象。

9.闪光同步

闪光同步简单地说就是电子闪光灯的闪光和快门速度同步。我们需要知道相机同步的快门速度，如果拍摄的快门速度太快，可能会获得部分照明的图像。

三、选择拍摄设备

1.录制设备

（1）手机摄影

当前各大手机厂商都将重点放在了影像上，有4K视频拍摄、光学变焦、光学防抖、超广角镜头、影响算法等，均可满足拍摄视频所需。

优势：手机相对单反、微单设备参数较少，可做到打开相机即可拍摄，小白易上手；便携易带，遇到合适的场景能立马进入拍摄状态。

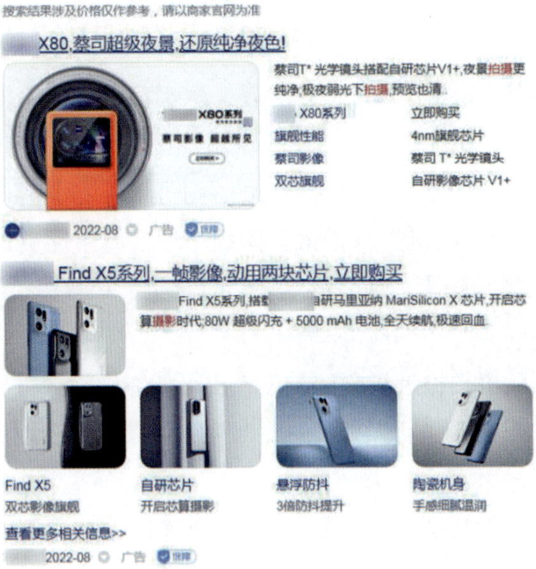

图 3-5　摄影手机配置示意图

当拍摄技术越来越好，觉得目前的设备拍摄影响视频质量时，可根据创作需求选择进阶的设备。

（2）微单

微单相机是无反相机的俗称，即体积、重量比单反小且具有可更换单镜头的相机，是大多数入门或者进阶短视频创作者的第一选。

优势：微单与专业单反相比体积和重量都有明显减小，携带更加轻松方便；与手机相比，微单有一定专业性；微单可根据拍摄场景更换镜头；价格与单反相机相比略低，有一定的性价比。

图 3-6　Vlog 微单数码相机特点示意

（3）运动相机

运动相机是一种便携式的小型防尘、防震、防水相机，以拍摄第一人称、剧烈运动场景、新奇视角为主。

优势：运动相机是目前拍摄设备中最小巧的；相机具备防水、防尘等基础防护措施，在一些极限运动中使用运动相机进行拍摄；体积小巧，应用性更加广泛，例如可以绑在宠物身上，以宠物的视角拍摄，或者固定在自行车头，展示骑行第一视觉。

（4）无人机

相较于手持手机 / 相机拍摄近景画面，无人机可俯瞰山河或平原，拍摄范围更大的风景影像。无人机的缺点在于飞行操作有一定难度，还需查询当地是否可放飞无人机，有飞行范围限制。

优势：无人机航拍影像特别适合获取带状地区航拍影像（公路、铁路、河流、水库、海岸线等），带来较强的视觉冲击与效果。

（5）数码单反相机

数码单镜反光相机（Digital Single Lens Reflex Camera，DSLR）简称数码单反相机，是一种以数码方式记录成像的照相机。单反数码相机的每个像素点的感光面积也远远大于普通数码相机，因此每个像素点也就能表现出更加细致的亮度和色彩范围，使单反数码相机的摄影质量明显高于普通数码相机。

使用单反相机拍摄视频，可通过调节具体参数达到更加清晰、聚焦的效果，建议有一定拍摄经验者可以选择单反相机拍摄视频。单反相机价格相比微单相机高一些，相机体积较大且偏重，如果需要满足更多拍摄需求（变焦、定焦、微距等），还需要购置额外的镜头。

优势：作为中高端摄像设备，单反相机比手机拍摄的视频质量更高，单反相机可以根据个人拍摄需求，手动调节光圈、曝光度、白平衡等，更加精确取景，画质更清晰。

图 3-7　单反相机示意

2. 稳定辅助设备

画面的稳定影响观感体验，如果拍摄画面的抖动幅度过大，对后期制作及成片会有很大影响，如画像不完整、重影过多，让人很难集中精神观看。稳定辅助器材类别有三脚架、稳定器。

使用场景：拍摄镜头多为固定镜头，则使用三脚架固定机位拍摄；需要大幅移动、走动时，可使用手持稳定器。

手机稳定器（带三脚架）　相机稳定器（不带三脚架）　　　　三脚架使用场景

图 3-8　稳定辅助设备示意

3. 收音设备

使用手机／相机自带麦克风录制，容易受环境影响，收录较多环境杂音，需要提高收音质量就需要用到外置麦克风。目前常用的收音录音设备有：机顶麦克风、领夹麦克风、外录收音设备。

图 3-9　收音设备示意

4. 灯光补光设备

灯光补光设备主要起到补充环境光的作用，如环形补光灯、补光板。

3.2　景别与运镜

一、常见的拍摄景别

景别就是短视频拍摄时镜头的远近，也就是拍摄时的物体、人物在相机中呈现的大小和位置。根据镜头与拍摄主体的距离，景别可分为以下几种。

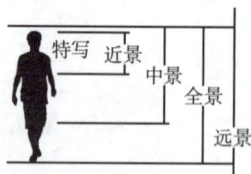

图 3-10　景别示意

1. 远景

远景又称交代镜头。远景一般用来表现远离摄影机的环境全貌，展示人物及其周围广阔的空间环境、自然景色和群众活动大场面的画面。远景通常用于介绍环境、抒发情感。在电视剧中用于表现人物之间、人与环境之间的关系，大多数节目的开端、结尾部分都用全景或远景。

2. 全景

对比远景画面，全景画面中包含整个人物形貌，既不像远景由于细节过小而不能很好地进行观察，又不会像中近景画面不能展示人物全身的形态动作。全景画面比远景更能全面阐释人物与环境之间的密切关系，在叙事、抒情和阐述人物与环境的关系功能上，起到了独特的作用，可以通过特定环境来表现特定人物，在各类影视片中被广泛地应用。

3. 中景

画框下边卡在膝盖左右部位，或场景局部的画面称为中景画面。中景画面为叙事性的景别。因此中景在影视作品中占的比重较大。处理中景画面要注意避免直线条式的死板构图、拍摄角度，演员调度、姿势要讲究，避免构图单一。人物中景要注意掌握分寸，可根据内容、构图灵活掌握。

远景	全景	中景
图 3-11　远景示意	图 3-12　全景示意	图 3-13　中景示意

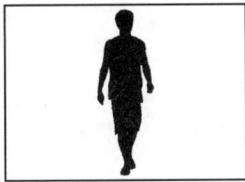

4. 近景

拍到人物胸部以上，或物体的局部称为近景。近景的屏幕形象是近距离观察人物的体现，所以近景能清楚地看清人物细微动作，也是人物之间进行感情交流的景别，近景产生的接近感，往往给观众较为深刻的印象。近景着重表现人物的面部表情，传达人物的内心世界，是刻画人物性格最有力的景别。

5. 特写

肩部以上的头像或其他对象的局部画面称为特写。特写镜头主要用来描绘人物的内心活动，背景处于次要地位，甚至消失。演员通过面部表情把内心活动传达给观众，观众能细微地发现人物面部表情。特写镜头具有生活中不常见的特殊视觉感受，使人物或其他对象给观众以强烈的印象。

近景	特写
图 3-14　近景示意	图 3-15　特写示意

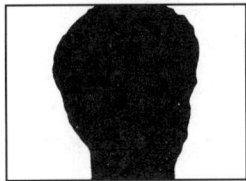

二、常见的运镜技巧

运镜指在一个镜头中，通过移动机位，或者改变镜头远近、焦距变化来进行的短视频拍摄方式。运镜可以分为推、拉、摇、移、跟、甩、升、降等，是一种画面受边缘框架局限时扩展画面视野的方法，可以称之为"运动摄像"或"运镜"。

1."推"

定义：镜头由远到近，靠近物体。

作用：通过景别的变化（远、全、中、近、特）突出主体，突出人物。利用运镜手法，增强用户代入感，使观众注意力集中。放大人物的表情，放大某个物体，营造视觉冲击感。

应用场景：开头（人物出镜）、结尾（突出主体）。

图 3-16　推镜头示意

2."拉"

定义：镜头从近到远，逐渐远离主体。

作用：拉镜头与推镜头正好相反，同样是景别的变化，利用摄像机后移，从特写、近景、中景、全景、远景的路径逐渐远离要表现的主体对象。通过拉远镜头，远距离观看某个事物的整体效果，交代人物、环境，以及人与人，人与环境之间的关系。

应用场景：开场，将观众带入到短视频中。

应用场景：拍摄 VLOG 中吃饭、做饭、喝水等，展示前后主体发生变化的场景。

图 3-17　拉镜头示意

3."摇"

定义：相机不移动，而借助于底盘，使摄像摄影镜头做上下、左右甚至是周围的旋转拍摄。

作用：通过运镜，实现单个镜头无法呈现的画面，通过上下左右周边的摇动来描述空间、介绍环境、展现全貌。

应用场景：相机架在门口，通过短视频左右摇动运镜，展示办公室的布局。上下摇动，看看人物穿的衣服、发型是什么样的。

4."移"

定义：相机做水平方向，左右横移，人物向前移动，镜头跟着人物在同一方向进行移动。

作用：表现人物环境的关系，让用户产生身临其境的感觉；通过与其他运镜方式的结合，呈现出不一样的短视频镜头效果。

应用场景：地产销售利用"移"的短视频运镜，边走边说介绍房屋特点，让用户有置身其中的感觉。

图 3-18 摇镜头示意

图 3-19 移镜头示意

5."跟"

定义：镜头跟随人物、运动着的被摄物体，进行拍摄。

作用：可以更好地突出主体，表现人与环境的关系，引导用户视线。

应用场景：奔跑着的动物、向前走着的人等，可以搭配慢镜头，使人物情感表达更鲜明。

6."升降"

定义：镜头的上下移动。

作用：表现高度、垂直的空间感，或者主题的全貌。

应用场景：从下至上拍摄整栋房屋、大楼的全貌。

图 3-20 跟镜头示意

图 3-21 升降镜头示意

7. "环绕"

定义：相机围绕中心物体，进行环绕。

作用：通过运镜突出主题，让短视频画面更有张力。

应用场景：巡视人物、环境等。

三、短视频运镜注意事项

（1）"推拉"运镜时，运镜速度不宜过快，否则会造成短视频画面晕眩效果，并且这两种运镜方法，都非常容易产生抖动，所以在进行短视频拍摄时，最好借助稳定器辅助。

（2）运用摇镜转场时，要兼顾画面整体的色彩及曝光，避免短视频画面出现曝光不足、黑色以及模糊不清的情况。

（3）在进行短视频拍摄时，不需要每个运镜技巧都用上，选择 2 ~ 3 种不同运镜技巧即可。

3.3　布光与构图

一、布光常识及准备

1. 光的构成

光线主要包括主光、辅光、背景光、轮廓光 4 种，每一种光线都有各自的用途，在画面中扮演不同的角色。

（1）主光

主光主要用于塑造主体形象、轮廓，在布光中占主导地位，起决定性作用。

不同灯具塑造出的光线质感不同，分为硬光和柔光。硬光使主体反差较大、立体感更强；柔光使主体反差较小、立体感稍弱、肤质更细腻。

图 3-22　左图为硬光示意，右图为软光示意

（2）辅光

辅光主要用于辅助主光塑形，控制暗部阴影，平衡画面明暗，一般亮度应低于主光。

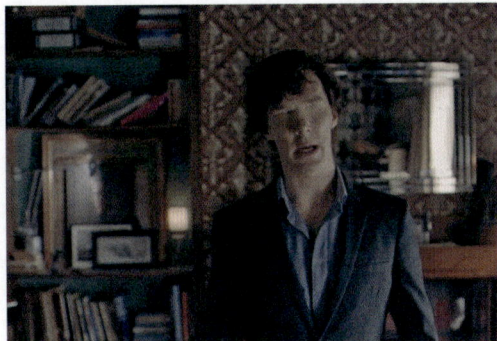

图 3-23　使用辅光提升暗部亮度示意

（3）背景光（氛围光）

背景光用于照亮背景，营造环境气氛，突出主体，增强空间感。背景光灵活多变，可以使用各种遮光聚光工具产生不同光影、不同明暗，也可以运用彩灯、色片制造例如红色、绿色、蓝色等各种色彩氛围。

图 3-24　使用背景光营造氛围示意

（4）轮廓光

轮廓光光线来自主体后方或侧后方，能清晰勾勒出主体的轮廓。使主体从背景中分离出来，能突出主体的形态，增加轮廓部分的质感和层次感。

图 3-25　运用侧后方的轮廓光打造通透的光效

2.室内布光技巧

（1）二灯布光

当使用两个灯时，需要有一个作为主灯，而另一个作为补光或辅灯。

➤ 方式一：主灯开全光，位于机位 30 度方向，辅灯开二分之一或更小，位于机位 60 度方向，这样拍摄出来人物脸部层次丰富。

➤ 方式二：主灯全开，辅灯开二分之一或者更弱，轮廓光明显，人物的立体感变强，与背景分离开来。

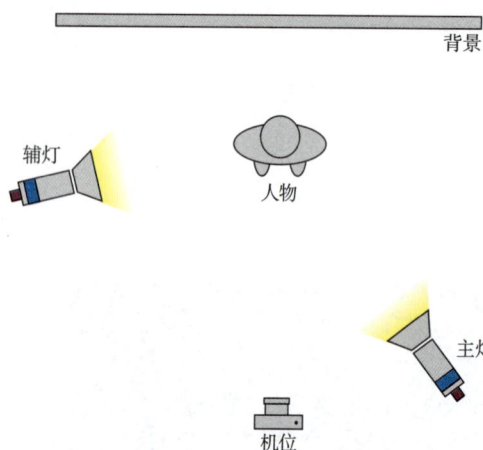

图 3-26　二灯布光示意①

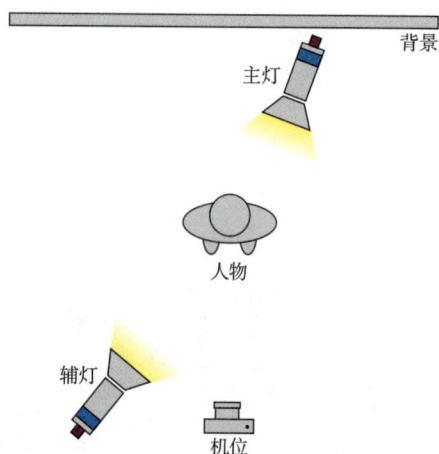

图 3-27　二灯布光示意②

（2）三灯布光

当使用 3 个灯时，一个作为主灯，另两个作为补光或辅灯，光比控制好，模特层次更为丰富。

➤ 主光灯全开，辅灯开二分之一或更小，轮廓灯全开可通过不同角度的轮廓光来塑造立体通透的主体效果，这样拍出的层次丰富，立体感更强。

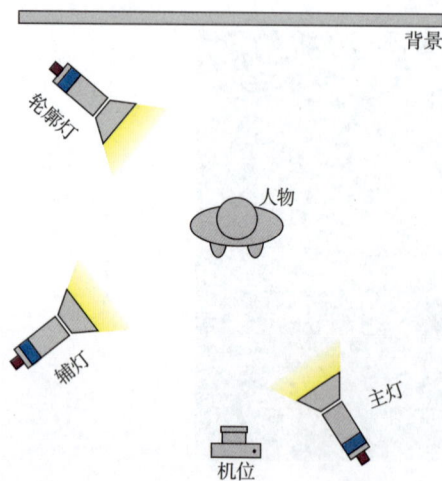

图 3-28　三灯布光示意①

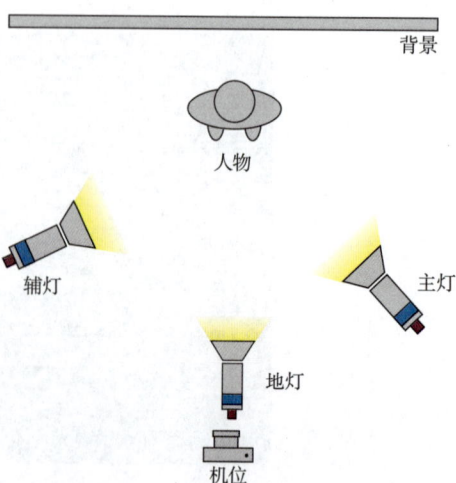

图 3-29　三光布灯示意②

➤ 主光灯全开，辅灯可以开二分之一或更小，低角度增加地灯开二分之一或更弱。适合拍摄年纪较大，眼袋、皱纹比较重的人物主体。

➤ 主光灯全开，辅灯开二分之一或更小，背景灯全开，这样拍摄出来的人物与背景不显灰，若是背景色彩，色彩会更鲜更纯。

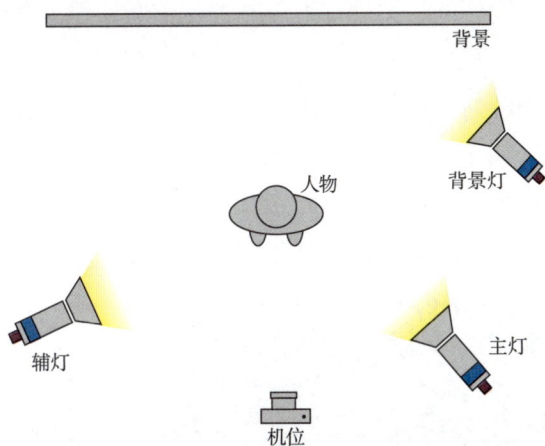

图 3-30　三光布灯示意③

➤ 主灯开二分之一，轮廓灯全开，很多广告片拍摄采用此方法，但会根据背景色适量增加背景灯，此方法拍出来的人物轮廓明显，适合后期抠图使用。

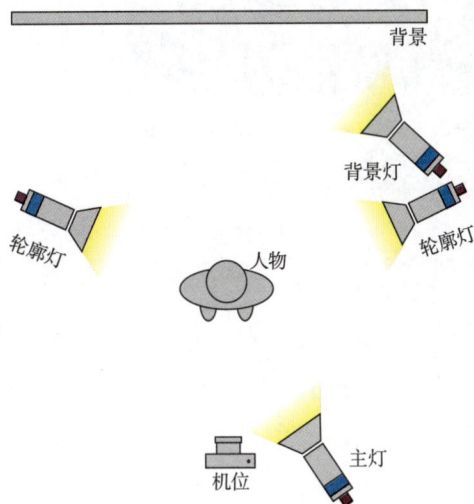

图 3-31　三光布灯示意④

在室内进行多灯人像拍摄时，还需要注意：根据拍摄需要可选用柔光罩、反光伞或蜂窝罩等作为柔化光线的附件。由于数码感光元件的独有特点，图片立体感会削弱，在实际拍摄时，尽量使用轮廓光，能增强图片的立体感。

3.室外布光技巧

日间外景拍摄时会有太阳光照明，人工光处于次要地位，所以外景光线的处理要选择以自然光为主，人工光为辅。

（1）对画面中的局部自然光进行修饰

外景拍摄时，整体的光线效果可能令人满意，但个别局部还有些问题，例如，我们经常会遇到环境光效果好，但是人物光不尽如人意。这时就可以把照亮人物的自然光挡掉，进行局部调整和修饰，然后用人工光进行重新处理。也可以利用较强的人工光照亮人脸，把自然光的顶光效果冲淡，从而改变人物在中午时刻的顶光效果。

在节选画面中，一开始艾伯特训练小马听口令，但小马无动于衷，这里采用顶侧自然光照明，人脸半亮半暗，呈现大反差，刻画出艾伯特和小马尚需磨合的关系状态；而当小马走到艾伯特面前时，同样是顶侧光照明，但这里需要让观众看到艾伯特的表情，于是将灯 c 放在人物右前方的斜侧进行照明，修饰人脸背光面，降低面部的阴暗对比。

图 3-32　灯位示意①

（2）利用人工光平衡景物的自然光比

自然光的亮度范围非常大，而摄像机的动态范围远远容纳不下景物的亮度范围，因此在拍摄时需要进行光线亮度范围的平衡。

我们需要平衡画面中天空与地面景物的亮度反差，平衡景物受光面与背光面的亮度反差，平衡人物与景物之间的亮度反差，如逆光条件下人物与景物之间的反差，平衡特定条件下的光线亮度范围，如早、晚拍摄，夜景拍摄，阴天、雨雪、海景拍摄，都需要用人工光对画面光比进行局部修饰和调整。

在节选画面中，人和马都在阴影里，而背景在阳光的照射下形成反差，摄像机的动态范围无法容纳。因此使用聚光灯 a 在视线前方逆光的位置照亮人物面部，这样不会形成影子。然后在人物背后的侧逆位置，再用两盏灯 b 和 c 照亮人物的侧面，修饰头部和身体轮廓，同时再现天光效果，增加真实感。

图 3-33   灯位示意②

（3）调整画面色彩

为了满足造型和表意的需要，摄影师还需要对画面色彩进行加工，利用不同色温的光线调节色彩。在外景拍摄中，太阳光的色温是 5 600 K，属于高色温光线，因此可以使用 3 200 K 的低色温灯光进行照明，改变画面局部色彩。

节选画面中的镜头就是利用有色光照明并调节画面色彩。

a 灯是柔和的散光灯，在人物左前方斜侧光位照亮人物面部，在脸上不会留下任何影子，模仿出树荫下的光线效果，并能够正确地再现肤色，起到主光作用。

b 灯是聚光灯，灯前加绿色色纸，既改变了色彩，也柔化了光线，在左后侧逆灯位照明人脸，将人脸背光面照亮，同时染成绿色，模仿树荫下的绿色环境光，起到修饰光的作用。

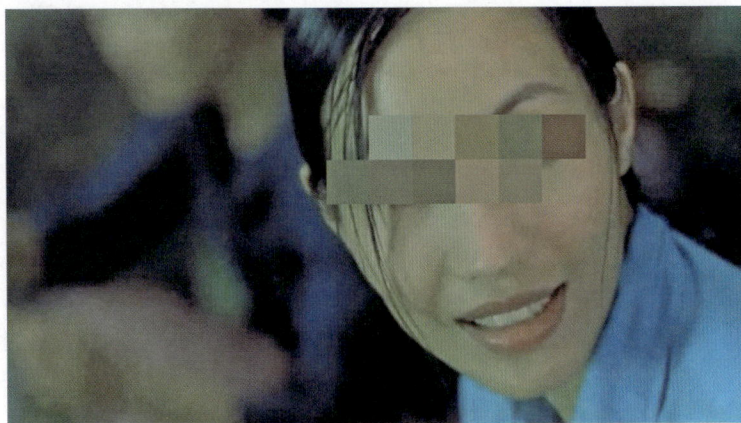

图 3-34   灯位示意③

外景拍摄的主要光源是太阳，人工光源起辅助作用。阳光亮度极强，小功率灯具的光线会被吃掉，能与它相匹配的人工光也必然是较强的灯光器材。另外，阳光色温较高，外景照明人工光源也要注意选择高色温的灯光。

4. 布光道具选择

① LED 影视灯在摄影时常作为主光源使用，配合四叶片、蜂巢、色片、聚光筒等

配件还可以塑造各种效果，选择优先级最高。除了基本性能和功能的区别，LED影视灯的区分主要是亮度不同，一般来说，功率越大，照度越亮。

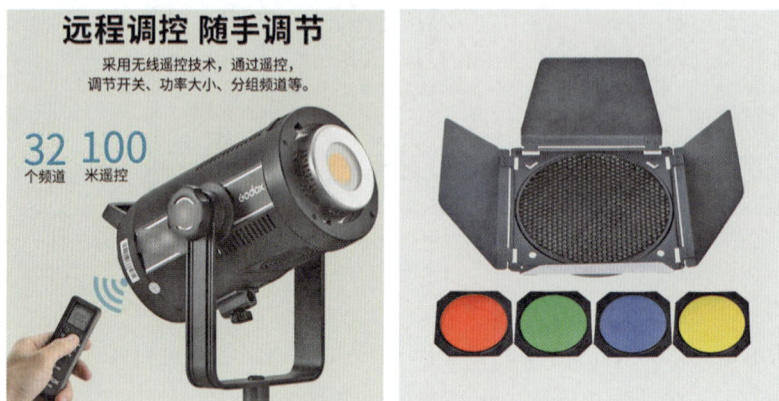

图 3-35　左图为影视灯，右图为四叶片、蜂巢、色片

②环形灯光线均匀柔和，可以塑造漂亮的环形眼神光，成为主播们的必备神器。

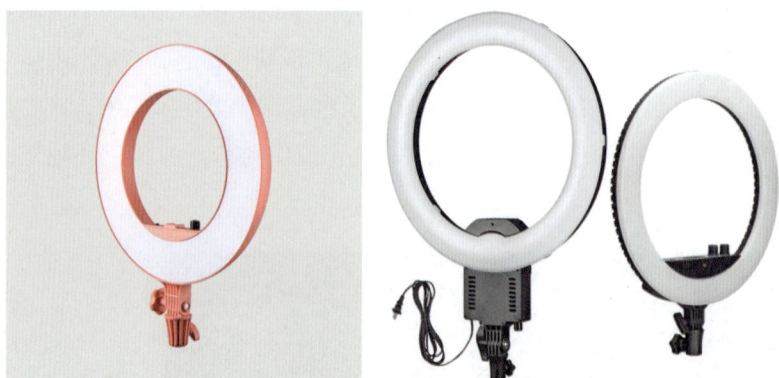

图 3-36　环形灯示意

③棒灯、RBG彩灯体积小巧，便于隐藏，丰富的特效模式适用于创意拍摄。

图 3-37　左图为棒灯，右图为 RGB 彩灯

5. 柔光附件介绍

LED 常亮灯搭配不同配件可以得到不同的布光效果。

①柔光箱（有方形、多边形、球形）、雷达罩（美人罩）、柔光伞等：和 LED 灯配套使用，可以柔化光线，打造有质感的光。

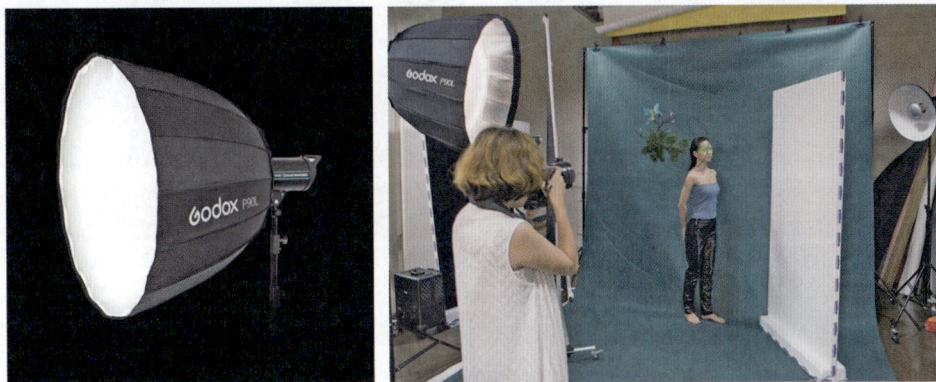

图 3-38　柔光箱及使用效果展示

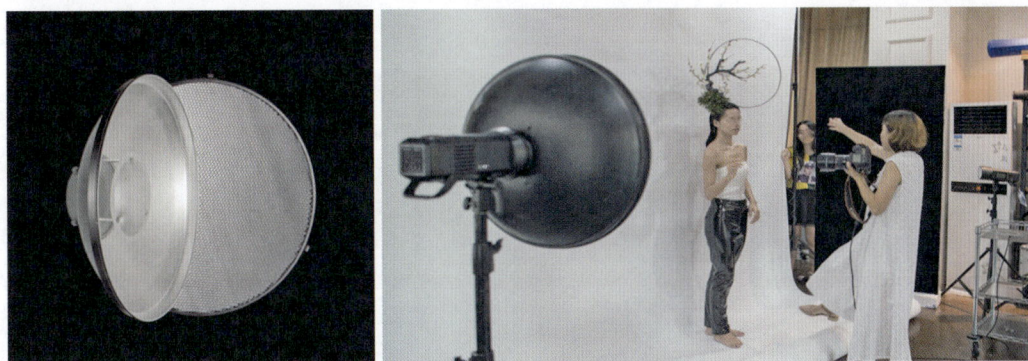

图 3-39　雷达罩及使用效果展示

图 3-40　柔光伞示意

②反光板（有米波罗板和可折叠式反光板两种）：对暗部进行补光，增加画面细节

层次感。也可以使用白色桌面、白布、小灯替代反光板使用。

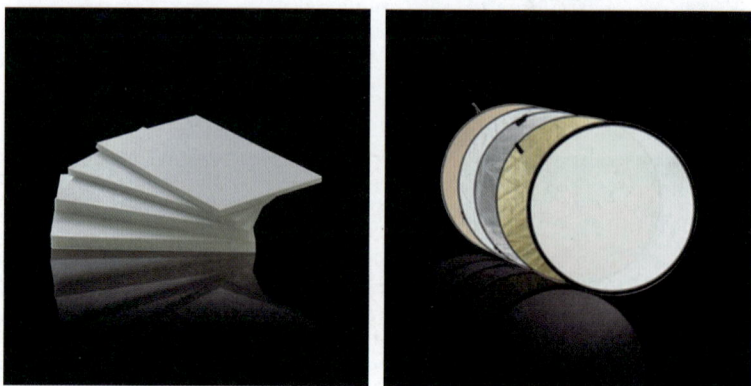

图 3-41　左图为 KT 板，右图为可折叠反光板

③柔光纸（硫酸纸、牛油纸）：使用角度和距离可以灵活变化，用于拍摄反光类产品。大小可以根据需要选择，用装在灯架上的横杆以及辅助夹具（背景支架、柔光纸支架）进行固定。

图 3-42　柔光纸示意

二、拍摄取景及视频构图

取景和构图决定着视频画面的视觉冲击和美感，正所谓普通的视频千篇一律，有趣的画面万分难寻。

1. 短视频拍摄取景技巧

（1）低机位视角

低机位视角拍摄到的画面具较强的视觉冲击，一是因为低角度是人眼很少见的角度，二是因为低角度能够让摄像机更贴近地面，在移动运镜拍摄时，静态的地面与动态的机位能够产生更强的动静对比，让画面更具运动感。低机位视角通常可以用来拍摄人物、较矮小的景物等，在拍摄时可以多观察周围的场景，寻找最合适的低机位视角进行拍摄。

图 3-43　低机位视角示意

（2）缝隙视角

可以寻找一些类似"夹缝"的场景来拍摄，例如栏杆、柱子、窗户、树枝、建筑等景物之间的夹缝或缝隙，缝隙视角能够让观者在视觉上产生一种"偷窥"感，让画面的视觉中心聚焦在缝隙之间，画面的主次感和层次感都会更加凸显。

例如，下面的拍摄场景是寻找物体之间的缝隙来拍摄人物，在拍摄前仔细观察留意到物体的"缝隙"，就可以拍到一个缝隙取景视角。

图 3-44　缝隙视角示意

（3）遮挡视角

在拍摄场景中，可以寻找合适的景物来做遮挡，例如栏杆、墙壁、花草树叶、人物、骑车、路边的景物等，主要目的是让这些景物来遮挡画面，之后再开始运镜拍摄，让画面从遮挡—开始运镜—半遮挡、主体景物开始呈现—无遮挡、主体景物全呈现的过程。

图 3-45　遮挡视角示意

（4）俯瞰视角

俯瞰视角也可以理解为俯拍视角，需要拍摄者站在较高的位置俯瞰拍摄，例如高楼上、飞机上、高山上等，尽可能以垂直向下的视角拍摄，这个视角也是人眼平常难以看到的，具有不错的视觉冲击感。

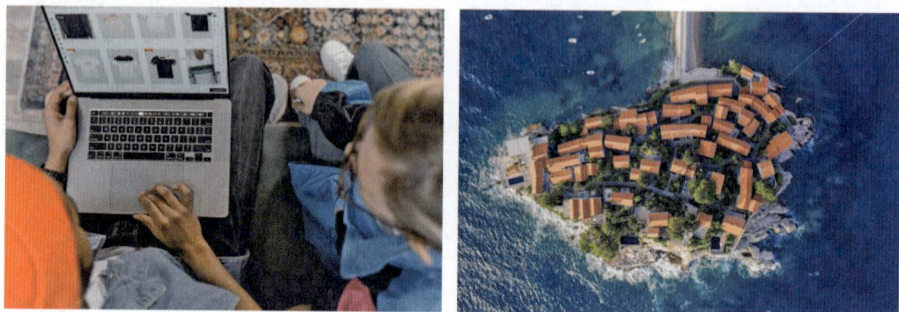

图 3-46　俯瞰视角示意

（5）倒影视角

倒影视角主要是寻找具有倒影效果的场景来拍摄，倒影能够让景物产生对称的美感，也是一个较为独特的取景视角。例如在较为平静的水面、湖面、比较通透干净的地面、镜面、玻璃的反光面等场景都能够轻易产生倒影效果，摄影者在拍摄时只需要找到合适的角度，尽量拍到具有对称效果的倒影画面。

图 3-47　倒影视角示意

2. 视频构图技巧

视频的构图，即对画面中的主体景物、陪衬景物以及画面中的各个元素的搭配与安排。构图在一定程度上决定了画面的美感和意境。

（1）利用线条的视觉引导

线条在画面的构成中具有较强的视觉引导作用，能够引导观者的视线聚焦在画面中的主体景物上，更好地突出主体景物。在许多的拍摄场景中，只要留心观察，就能很轻易地找到线条元素。

图 3-48 线条视觉引导示意

（2）框架式构图

框架式构图能较好地凸显画面中的主体景物，在拍摄场景中可以寻找一些窗户、门框、洞口等具有框架结构特点的视角，同时让主体景物位于框架之中，利用框架结构把主体景物"框"住，能够起到非常好地突出主体景物的作用。

图 3-49 框架式构图示意

（3）对称式构图

对称式构图具有较强的平衡与对称之美，适合在一些较为规则工整、线条结构具有对称特征的拍摄场景中，例如室内建筑、户外等场景，可以把主体景物安排在画面的中间，让对称的美感有更好的体现。

图 3-50 对称式构图示意

（4）虚实对比

虚与实是一组具有鲜明对比的元素，在同一个画面中，观者的视线往往会聚焦在画面中清晰的部分，忽视画面中虚化的部分，摄像者可以利用对焦拍出画面中的虚实对比感。

图 3-51　虚实对比示意

（5）居中构图法

居中构图法是视频拍摄中运用得最多、也是最好用的构图方法，只需要把主体景物安排在画面的中间位置即可，居中构图的方式适用于大部分拍摄场景。

（6）明暗对比构图

明与暗在画面中具有较强的对比感，明暗对比的构图方式通常需要寻找光影的场景，画面中既有亮部的区域，也有暗部阴影的区域，让亮部与暗部构成对比，体现出光影之美。

图 3-52　居中构图示意

图 3-53　明暗对比示意

3.4　剪辑基础知识与应用软件

一、短视频剪辑基础知识

1. 帧的概念

帧是影像动画中最小的单位，无数的帧构成了秒。简单来说，一帧相当于一张图片，一秒是由一定的帧构成，也就是由一定数量的图片构成。

帧的数量称之为帧数，通常用 fps（Frames Per Second）来表示。一般来说，制作视频常用的帧数只有几种：24 帧、25 帧、29.97 帧以及 30 帧。不同的区域以及不同的用途所使用到的帧数也不一样，普通视频导出常用 25 帧。

图 3-54　动态影像分解为帧示意

2. 视频成像方式

视频的成像方式主要分为隔行扫描和逐行扫描两种。通俗来说，就是一个画面（一帧）是由几百行像素组成的线形成。

隔行扫描就是一个画面一次只显示一半的线，并且是由奇数行或者偶数行的线组成，它们相互交替显示。常用"i"表示。奇数行先显示称之为低场优先，偶数行先显示称之为高场优先。在我们使用 PR 建立序列时可以进行选择。

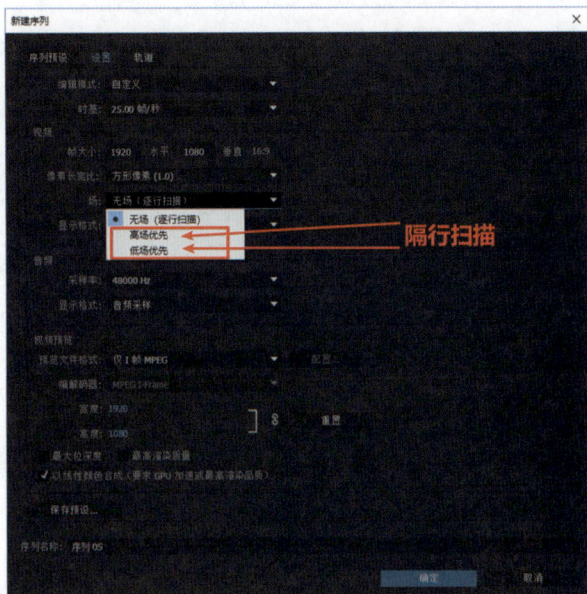

图 3-55　隔行扫描示意

逐行扫描就是每个画面的每条线都要显示。我们在使用 PR 剪辑时也可以称之为"无场"。常用"P"表示。

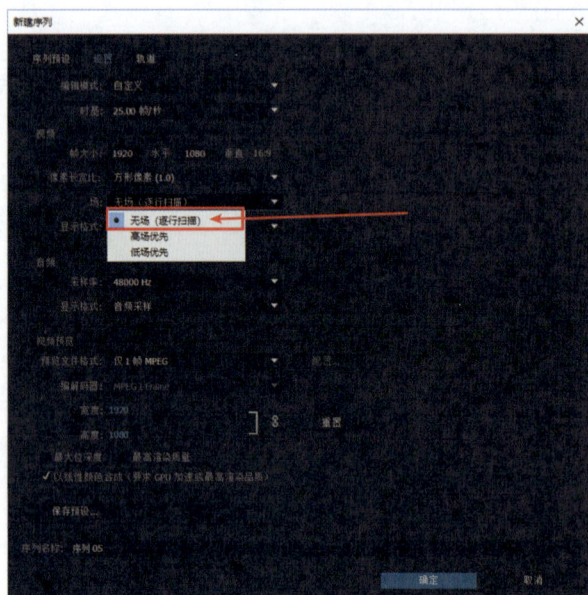

图 3-56　逐行扫描示意

3. 视频尺寸（视频比例）

视频尺寸又被称为视频的长宽比，也常指一个视频的分辨率。视频制作常用的有 1 080 P（1 920×1 080，无场），720 P（1 280×720，无场）。

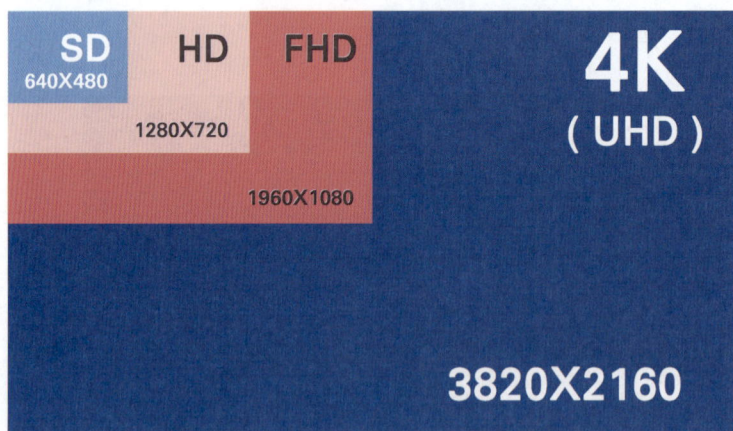

图 3-57　视频分辨率示意

视频比例是指影视播放器播放的影视画面长和宽的比例。普通家庭所用的 CRT 电视机，其显示画面的长和宽的比例是 4∶3，即视频比例为 4∶3。目前正在发展的高清显示（电视和手机）视频比例是 16∶9（竖版比例为 9∶16），现在的全面屏设计的直屏手机为 18∶9。

4. 视频编码

视频编码是指通过特定的压缩技术，将某个视频格式的文件转换成另一种视频格式文件的方式。视频编码主要是应用于对已编辑好的视频工程进行输出。

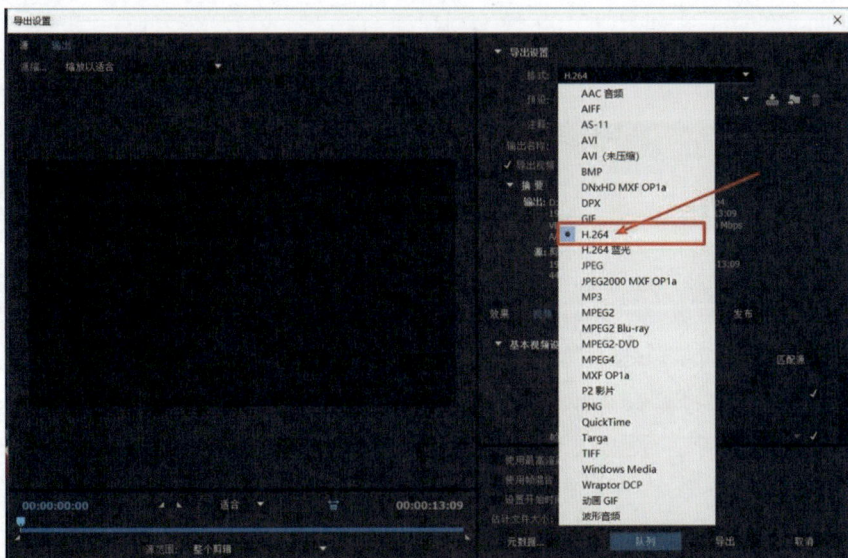

图 3-58 视频编码示意

二、视频剪辑软件介绍

1. PC 端视频剪辑软件

（1）快剪辑

快剪辑是由 360 公司推出的一款免费剪辑软件，包括 PC 客户端、安卓客户端、iOS 客户端产品。作为国内免费在线视频剪辑软件，快剪辑通过编辑画面特效、字幕特效、声音特效等功能快速制作创意视频，操作简单，不仅受到广大视频博主和专业自媒体的欢迎，普通小白用户也能在短时间内迅速掌握使用技巧。

图 3-59 快剪辑页面示意（图源：快剪辑官网）

（2）会声会影

会声会影是加拿大 Corel 公司制作的一款功能强大的视频编辑软件，正版英文名：Corel VideoStudio，具有图像抓取和编修功能，可以转换 MV、DV、V8、TV 和实时记录抓取画面文件，并提供超过 100 种编制功能与效果，可导出多种常见的视频格式，甚至可以直接制作成 DVD 和 VCD 光盘。

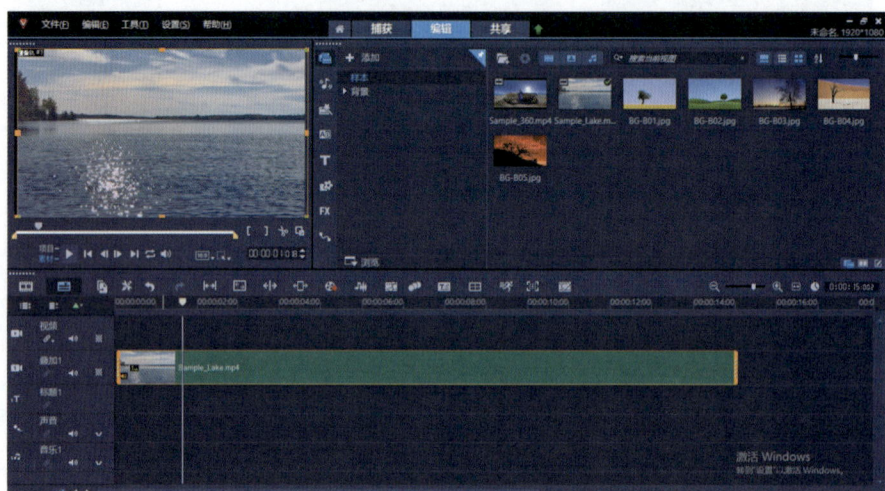

图 3-60　会声会影页面示意

（3）Adobe Premiere

Adobe Premiere 是由 Adobe 公司推出的一款常用的视频编辑软件，是一款编辑画面质量比较好的软件，有较好的兼容性，且可以与 Adobe 公司推出的其他软件相互协作。目前这款软件广泛应用于影视编辑如：广告制作、电视节目制作中。软件的功能齐全，对于新手来说需要一定的基础，适合有剪辑基础的人群使用，仅限于电脑 PC 端。

图 3-61　Adobe Premiere 页面示意

2. 移动端视频剪辑软件

（1）剪映

剪映是抖音官方推出的手机视频编辑工具，可用于手机短视频的剪辑制作与发布。剪映剪辑功能全面，操作简单，还提供了"功能引导"教程，重点功能提供了操作讲解视频，是大多数新手的首选。剪映还拥有抖音专属乐库，抖音平台中的热门背景音乐可以一键应用到剪辑项目，当视频剪辑完成后，能够一键发布到抖音短视频平台和西瓜视频平台。

目前剪映还推出了电脑 PC 端视频编辑应用，用户在应用搜索框中输入"剪映"，即可下载安装软件。

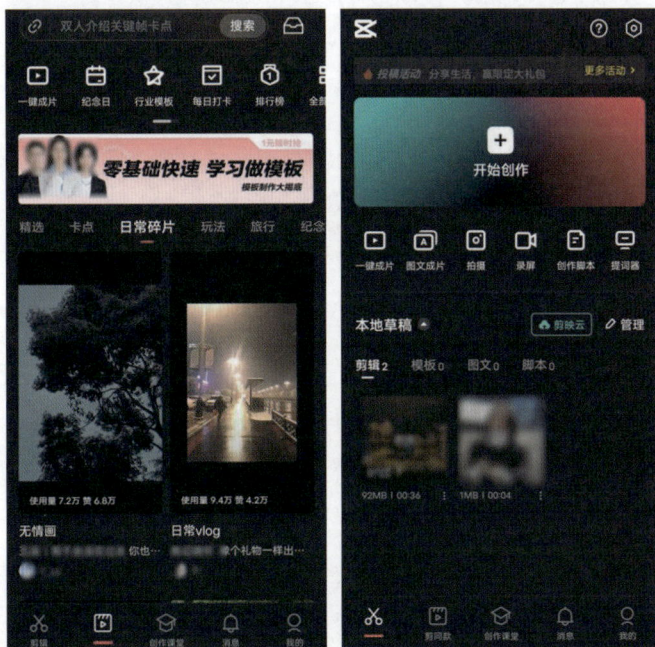

图 3-62　剪映 App 示意图

（2）快影

快影是快手指定的视频编辑工具，用于创作游戏、美食和段子等视频，功能强大、简单易用。内置音乐以及大量的各种素材，拥有视频编辑、音乐相册、拍摄、工作室等栏目，可以快速地进行视频创作，可以添加多段字幕，精确控制时间，进行视频拼接，可以把视频和照片合成导出，让用户随心所欲地创造超赞的视频。

（3）必剪

必剪是 bilibili 发布的一款视频编辑 App。必剪能够创建属于视频剪辑者的专属虚拟形象，实现"0 成本"做虚拟 UP 主。除了虚拟形象制作以外，必剪还可实现高清录屏、游戏高光识别、神配图、封面智能抠图、视频模板、封面模板、批量粗剪、录音提词、文本朗读、语音转字幕、画中画、蒙版等功能；还有超燃音乐、素材及专业画面特效，能够给视频编辑加点料；还有一个重要功能是"一键投稿"，支持投稿免流量，B站账号互通，能够让编辑者投稿快人一步。

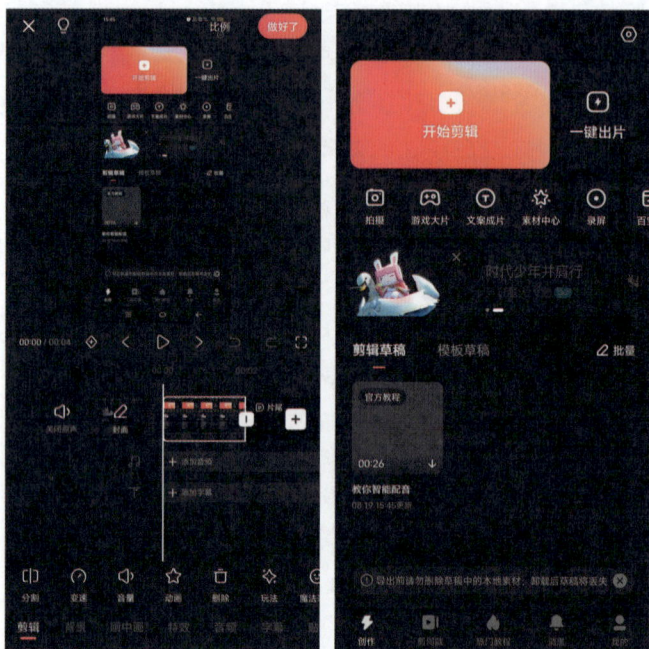

图 3-63 快影 App 示意图

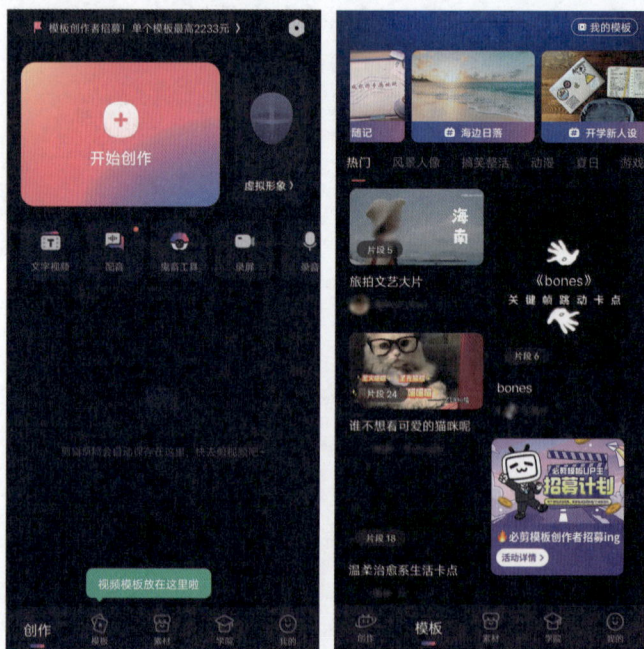

图 3-64 必剪 App 示意图

3.5　字幕与音频

以下剪辑方式以剪映 App 为例进行展示。

一、短视频文字

在视频中我们一般可以加入合适的文字，文字会增强视频画面的信息表达，主要可以添加标题类文字、说明类文字、字幕。

1. 标题类文字

标题文字可以对视频的主题和画面作说明，让内容的呈现更加清晰直观，观者也更容易看懂视频表达的主题。标题文字通常加在视频的片头位置，给整个视频取一个概括性的名称。

实操：在软件中底部菜单点击【文字】①→【新建文本】，输入需要添加的文字内容，再点击【文字模板】②可直接套用，一个醒目的标题更加能够吸引观者的注意力。

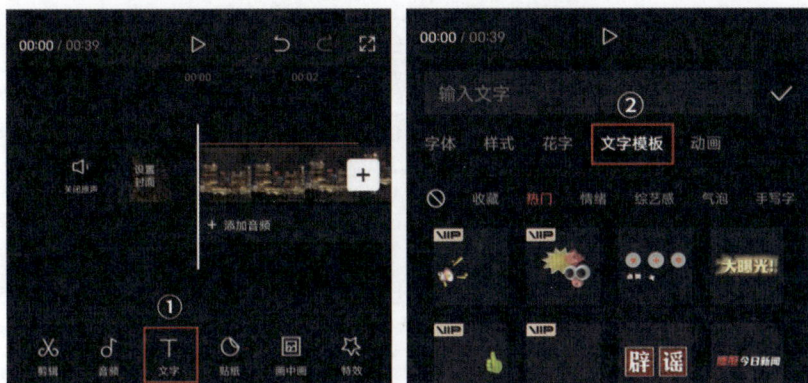

图 3-65　标题类文字设置方式

2. 说明类文字

在视频内容中有部分画面需要添加一些文字说明，例如拍摄地点、拍摄时间、补充说明等，醒目的文字标注让观者有更好的理解。添加时需注意：字号可尽量小一些，放置在画面的边缘，起到对画面的附加说明，不影响整体视频观感。

实操：在软件中底部菜单点击【文字】①→【新建文本】，输入需要添加的文字内容，调整文字的字体、样式的效果②。

点击【样式】调整字体的颜色、字号等，也可以通过拉伸获得适合的字号大小。

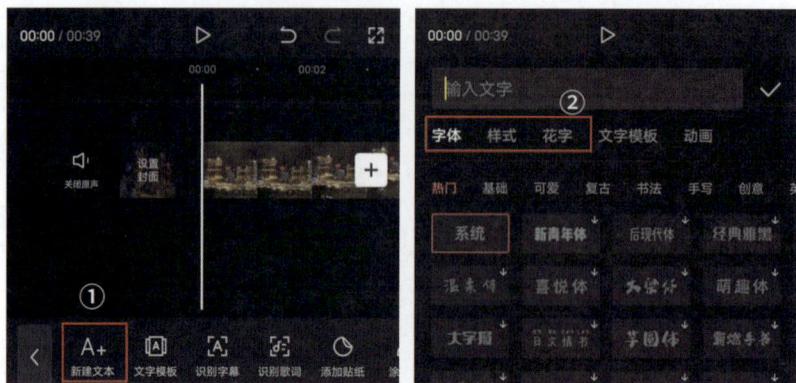

图 3-66 说明类文字添加步骤①

图 3-67 说明类文字添加步骤②

3. 字幕类文字

字幕能让观者更加清晰地看到人物的说话内容。在人物对话、人物 Vlog、生活旅行记录类有人声说话的视频中，可以添加字幕效果。

实操：在软件中导入有人物说话的视频素材，点击底部菜单【文本】→【识别字幕】①，选择需要的识别类型②，【开始识别】③，可由软件识别出人声输出字幕。

字幕识别后会在视频素材下方生成一个字幕素材，选中字幕段落④→【编辑】⑤修改错别字，再对字幕的样式（字号、秒表、位置等）进行统一调整。字幕一般加在视频画面的底部，居中或居左对齐。

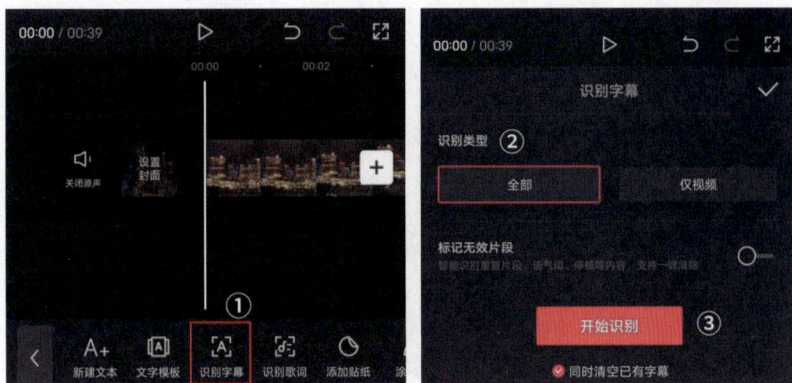

图 3-68　剪映中文字识别示意

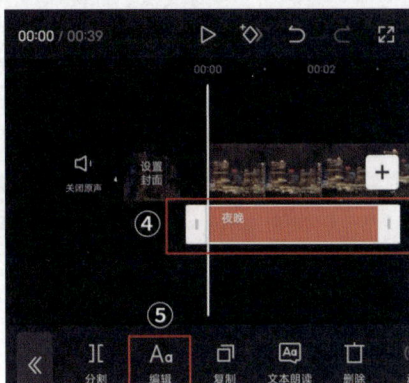

图 3-69　剪映中字幕修改示意

二、短视频音频

声音在视频后期剪辑中是重要环节之一。短视频是画面和声音的结合，除了唯美的画面，还需要合适的声音搭配。声音不仅是指背景音乐，还包括环境音、音效、人物旁白声等等。合适的声音能够更好地带动视频的节奏，更好地感染观者情绪。

1. 背景音乐

创作者需先构思整体视频风格，是酷炫，宁静，还是音乐踩点？拥有一定想法后，再进入音乐库寻找一首比较符合想法的背景乐。

实操：部分剪辑软件中自带音乐库。剪映可从【音频】①→【音乐】，进入音乐库。

音乐库首页就有推荐曲目，也可以通过【搜索】②寻找目标歌曲。试听歌曲节奏可点击歌曲名字③，确认使用点击下载④。【导入音乐】⑤可将外部网站、本地音乐导入软件使用。需要注

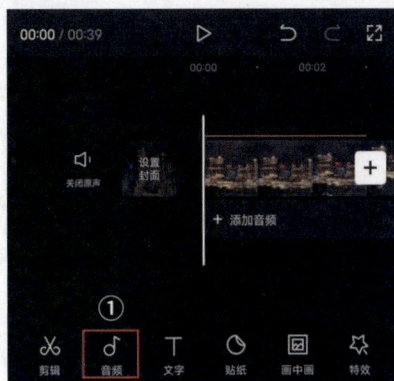

图 3-70　音效设置示意

意：短视频音乐版权需要各方携手共同维护。视频创作者需重视配乐版权问题，不能擅自使用他人音乐作品，提高作品版权意识，以免陷入侵权风险。

图 3-71　音乐设置示意

在剪映中，添加音乐后可点击【版权校验】，识别音乐是否可在平台公开使用，未通过校验的音乐可替换为平台推荐已授权的音乐。

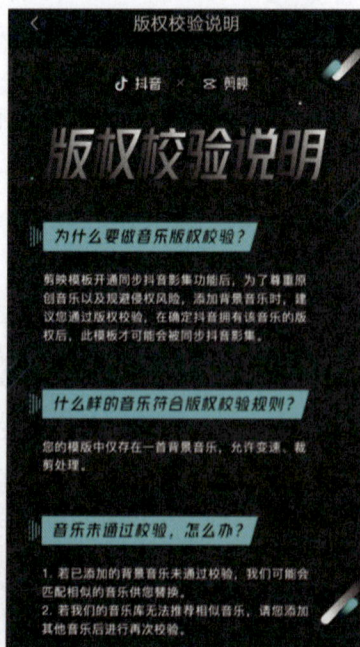

图 3-72　音乐版权校验说明

2. 环境音 / 音效

环境音指环境声音，如街道人群声音、车流声。在前期拍摄视频时，尽量录制更加清晰的真实环境音，适当保留视频原声会有更好的声画感受。可通过软件添加环境音或音效，为视频增加场景的真实度、趣味性。

实操：在软件底部菜单【音效】①进入音效库，通过搜索②或分类筛选添加音效。

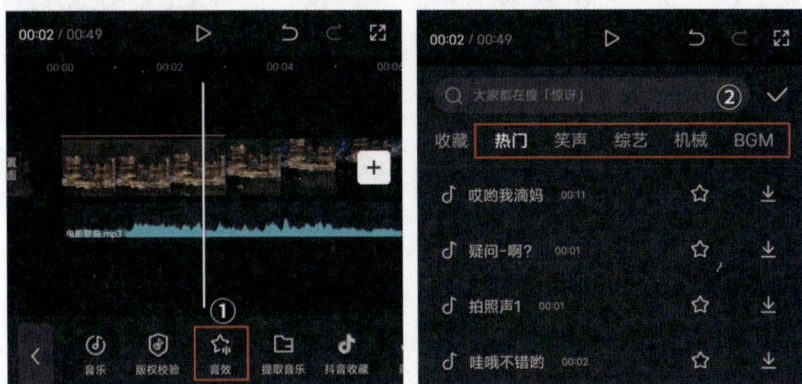

图 3-73　音效设置示意

视频需要添加真人配音，需要找到比较安静的环境，在软件底部菜单【录音】①，点击录音图标②录制旁白解说。

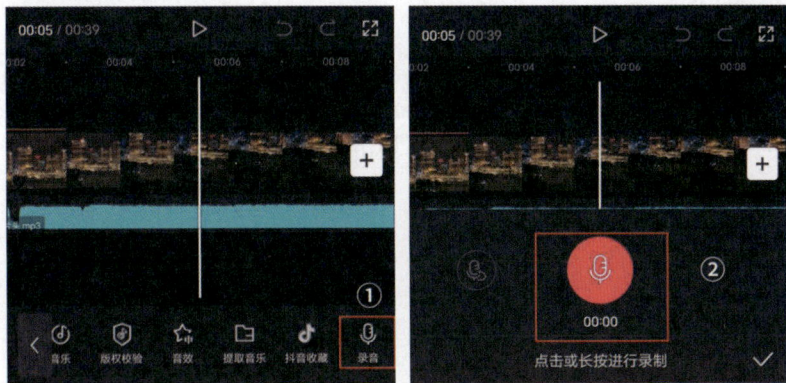

图 3-74　录音设置示意

> **知识拓展**
>
> 字幕与音频无固定制作顺序。现在剪辑软件功能强大。创作者录制视频时可以边说边录制，字幕处理时可以使用识别字幕功能，高效快速。先录制场景画面或者原声不完美，可通过后期录音或用字幕进行 AI 配音合成。

实操：将视频脚本文字先放入剪辑轨道，点击文字段落①→【文本朗读】②→选择语言分类③→选定朗读声音，确认后文本即可由 AI 朗读。

图 3-75　录音设置示意

3. 选择音频小技巧

①根据账号定位出发，选择符合与视频内容基调一致的配乐，明确视频要表达的内容，再选择与短视频内容属性相关的音乐。

②把控画面与音乐的节奏。把握视频每个节点，灵活地调整配乐和背景音乐节奏，镜头切换的频次与音乐节奏成正比。如长镜头[1]较多，适合用节奏缓慢的配乐；多个画面快速切换则适合使用节奏较快的配乐。

③选择困难的创作者可以挑选轻音乐。轻音乐特点是包容度高，情感色彩相对较淡，对视频兼容度更高，就不会轻易出现视频与音乐不符的情况。

3.6　转场与特效应用

一、短视频转场应用

转场指每个视频段落与段落，场景与场景之间的过渡或者转换，不同的转场技巧对剧情衔接、剧情走向、影片节奏、观众情绪等都会产生不一样的效果。转场分为技巧转场和无技巧转场两种。

1. 无技巧转场

无技巧转场指用镜头自然过渡来连接上下两段内容，强调视觉的连续性，种类繁多。

（1）相似转场

上下两个镜头主体相同或相似，或者在造型例如物体形状、位置、运动方向、色彩等方面具有一致性，使得视觉上更加连续，转场更加顺畅。

（2）逻辑转场

前后镜头具有因果、呼应、并列、递进、转折等逻辑关系，使得段落过渡更加合

1　长镜头：指用比较长的时间（有的长达 10 分钟），对一个场景、一场戏进行连续地拍摄，形成一个比较完整的镜头段落。

理自然，还可以利用两个镜头之间的逻辑关系来制造某种视觉假象，使得场面转换更加具有戏剧性。

（3）反差转场

反差转场是利用上下两个镜头在景别、运动变化等方面的对比，形成明显的段落区隔。一般以大景别结束，小景别开场，会加快叙事节奏；以小景别结束，大景别开始，叙事节奏会更加从容。内容前后反差大，能够制造更强的段落间隔效果，有助于加强节奏。

（4）遮挡转场

遮挡镜头分为两种：第一种是主体在运动过程中挡住镜头，形成黑画面，通常用来表示时间地点的变化；第二种是画面前景出现遮挡住画面其他形象的物体，覆盖了整个画面。

（5）空镜转场

空镜头是指以景物为主，没有人物的镜头。例如，田野、天空、飞驰而过的火车等。它的作用一般是以刻画人物心理，渲染气氛为主，为情绪抒发提供空间，另外也会为了叙事的需要，表现时间、地点、季节的变化等。

（6）运动转场

运动转场分为摄影机运动，主体不动；主体运动，摄影机不动两种形式。这种转场方式真实流畅，可以连续展示一个又一个空间的场景，大多强调段落间的内在连贯性。运动转场的技巧中，出画、入画是被经常使用的转换时空的手段。

（7）声音转场

声音转场是指用音乐、音响、解说词、对白等和画面的配合实现转场。

第一种是利用声音自然过渡到下一阶段，承上启下，过渡分明，转换自然。第二种是利用声音的呼应关系来实现时空的大幅转换。第三种是利用声音的反差来加强叙事节奏以及段落区隔。

（8）视角转场（主观镜头）

主观镜头是指前一个镜头是人物去看，后一个镜头是人或物所看到的场景。借助人物视觉方向，来实现时空的转换。

2. 技巧转场

技巧转场指通过视频编辑软件附带的一些技术技巧命令，对两个画面的剪辑来进行特技处理，完成场景转换。

（1）叠化

叠化是指在上一个镜头消失之前，下一个镜头已经逐渐显露，两个画面之间有一段重叠部分，一般用来表现时间流逝或者空间的转换。在两段素材不匹配的情况下也可以用来消解过渡的突兀感。一般使用的叠化转场都比较舒缓，常被电影作品拿来表现年代更迭、人物心理变化等，当然快速的叠化也可以将观众迅速带入下一个场景。

（2）淡入淡出

淡入是指从黑场逐渐显露出画面，淡出是指画面逐渐隐至黑场。一般应用于影片的开头和结尾处，实际编辑时应根据影片的情节、情绪、节奏的要求来决定。有时还会在淡入和淡出之间加入一段黑场，给观众以喘息的空间。

（3）黑屏

黑屏就是从画面直接切入黑场，没有任何的过渡阶段。对于表现影片的节奏感和速度感，调动观众情绪，制造悬念，有非常显著的效果。

（4）闪格

闪格与黑屏类似，就是在两个画面之间插入一个黑场或者白场画面，转场速度非常快，观众甚至都不能注意到，画面带来的冲击感就已经一闪而过。

（5）白化

当剧中出现亮光、闪光灯等元素时，白化转场才具备了基本的条件。白化是通过画面中的强光源逐渐扩散然后进入下一个画面，通常用来表现闪回、回忆、死亡等。

（6）划像

划像可分为划出与划入。前一画面从某一方向退出荧屏称为划出，下一个画面从某一方向进入荧屏称为划入。根据画面进、出荧屏的方向不同，可分为横划、竖划、对角线划等。

（7）定格

定格是指将运动主体突然变为静止状态。可以用来强调某一主体的形象、细节，强调视觉冲击力，一般用于片尾或者大段落结尾，也可以用来制造悬念表达主观感受。

3. 剪辑软件的转场设置

除了在拍摄时就完成好转场镜头外，还可在剪辑软件中添加转场效果，让视频画面切换变得更加缓和，合适的转场效果能够让画面的切换效果更有动感。

实操：点击两段视频素材中间的"白色按钮"，进入转场效果选择，如基础转场、运镜转场、幻灯片转场、特效转场、遮罩转场等。点击其一即可预览转场效果，确认后点击"√"添加。

图 3-76 转场设置示意

需要注意：并非所有视频素材都需要添加转场效果。转场主要作用是使前后关联性不强的两个视频素材获得较为平缓的过渡。转场效果不宜过于花哨和抢眼，转场效果过于突出会喧宾夺主。

二、视频特效

一个平平无奇的视频，在剪辑中加入了动画特效后，能够使整个视频增添好玩新奇的视觉体验。现如今很多剪辑 App 里都会有自带的特效功能，新手只需要按照视频风格与内容选择合适的特效进行添加即可完成。

实操：在软件的底部点击【特效】①，进入特效分区。特效分为画面特效与人物特效，选中特效②即可预览视频效果。

图 3-77　特效设置示意

特效效果能增强视频画面的趣味性，营造不同风格的画面效果。特效应适当添加，特效太多也会喧宾夺主、弱化视频画面本身的内容，懂得适度添加特效效果能为视频画面带来锦上添花的作用。

如果使用 Adobe Premiere、会声会影等专业剪辑软件进行视频剪辑，也可以在短视频特效素材网站中下载一些特效素材，导入电脑端剪辑软件中。不过相比于电脑特效，手机特效更适合新手进行操作。

● 案例分析

案例背景

"每当大家认为 C***ge_（抖音达人）火到顶的时候，他总能重新火出一个新高度。"

凭借独特的喜剧风格和令人过目不忘的夸张大脸特效形象，账号 C***ge_，在抖音已累积斩收了 400 多万粉丝。随着他一步步火遍全网，人们也不由自主地反问道：这个长着"河马脸"的陈哥，怎么就让自己看不腻呢？

在刚接触短视频时，陈哥总是找不准创作方向，进而也在不停更换短视频的表现形式，又构建了多种内容模式，并通过用户反馈，决定将其中反馈最好的"河马吐槽"，作为最终固定的创作形式，进行主题延伸。

在这个系列中，陈哥会以"夸张滤镜＋大脸特效＋高强度DISS"的方式，吐槽自己遇到的各种奇葩人、奇葩事，进而将武汉人"怼人"的超绝口才展示得淋漓尽致，其作品鲜明有趣的风格，助推他的流量节节攀升。

案例分析

所有特效一定是为剧情服务，为丰富人物性格服务。视频特效在视觉表现上能提升作品的质感，但好的作品不只流于表面，贴合剧情才能发挥特效更深层次的功用。

视频呈现过分强调特效反而弱化了观众对视频内容本身的注意力，特效光凭技术与数量并不能为账号口碑增加砝码。视频创作更重要的是作品的内核，特效的添加要能够符合视频主题、渲染氛围、推动剧情发展，才是真正的锦上添花。

陈哥的作品内容本身足够精彩，夸张的特效更是为作品增添了喜剧色彩。特效是作品其中的一个环节，只有特效、剧情、演员演技三方同时发力，才能形成稳固的三角构架。任何一方缺席，都会为作品带来"短板效应"。

● 任务实施

【任务书】

请学员通过查阅教材、上网搜索、听课、讨论等获取任务书中的答案或案例，并进行自我评价，确保项目顺利实施。

任务分组：4 ~ 6人一组。

任务内容	任务要求	验收方式
摄影基础知识	根据所学的摄影基础知识调节相机参数，并拍摄照片	照片素材呈现
拍摄景别与运镜	根据常见的几种运镜技巧进行视频拍摄	视频素材呈现
视频构图技巧	根据所学的视频构图技巧进行视频拍摄	
视频转场与特效应用	根据所学知识进行完整视频素材剪辑	

【获取信息】

扫描下方二维码，获取本节课程教学课件、微课视频进行知识点学习。

教学课件　　　微课视频：短视频拍摄技巧　　　微课视频：短视频后期制作技巧

【知识点梳理】

一、摄影基础知识

刚开始学摄影时候，我们需要了解一些基础的摄影知识。

摄影基础知识
├─ 一、基础摄影术语
│ ├─ 1. 对焦（Focus）
│ ├─ 2. 光圈（Aperture）
│ ├─ 3. 快门（Shutter）
│ ├─ 4. 感光度（ISO）
│ ├─ 5. 曝光补偿（EV）
│ └─ 6. 白平衡（White Balance）
├─ 二、光线与人像术语
│ ├─ 1. 环境光
│ ├─ 2. 主光
│ ├─ 3. 补光
│ ├─ 4. 反光板
│ ├─ 5. 测光表
│ ├─ 6. 无线闪光灯
│ ├─ 7. 强光
│ ├─ 8. 红眼
│ └─ 9. 闪光同步
└─ 三、选择拍摄设备
   ├─ 1. 录制设备
   ├─ 2. 稳定辅助设备
   ├─ 3. 收音设备
   └─ 4. 灯光补光设备

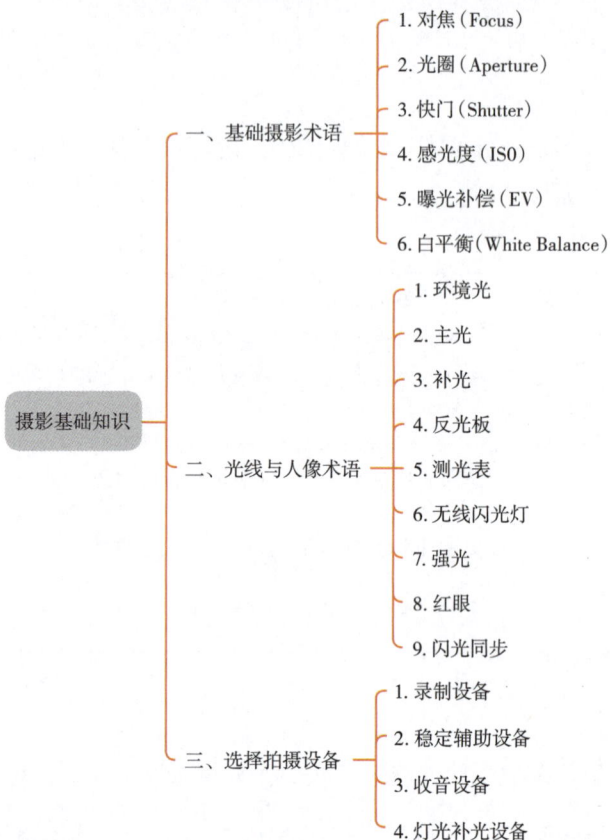

二、景别与运镜

视频由场景构成，场景由镜头构成，而镜头由景别与运镜构成。

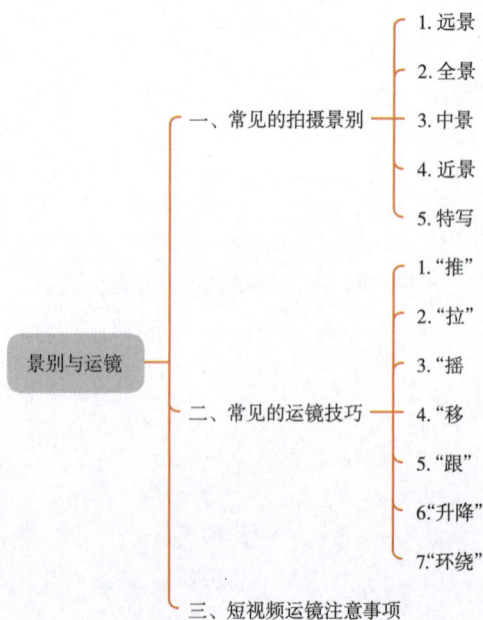

景别与运镜
├─ 一、常见的拍摄景别
│ ├─ 1. 远景
│ ├─ 2. 全景
│ ├─ 3. 中景
│ ├─ 4. 近景
│ └─ 5. 特写
├─ 二、常见的运镜技巧
│ ├─ 1. "推"
│ ├─ 2. "拉"
│ ├─ 3. "摇"
│ ├─ 4. "移"
│ ├─ 5. "跟"
│ ├─ 6. "升降"
│ └─ 7. "环绕"
└─ 三、短视频运镜注意事项

三、布光与构图

为了拍出好的视频画面，摄影者需考虑每个被摄元素的取景、角度、光线等特质。

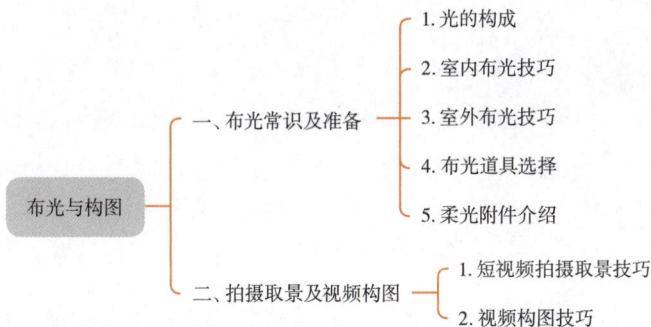

```
                                    ┌── 1. 光的构成
                                    ├── 2. 室内布光技巧
                    ┌── 一、布光常识及准备 ──┼── 3. 室外布光技巧
                    │                ├── 4. 布光道具选择
         布光与构图 ──┤                └── 5. 柔光附件介绍
                    │
                    └── 二、拍摄取景及视频构图 ┬── 1. 短视频拍摄取景技巧
                                         └── 2. 视频构图技巧
```

四、剪辑基础知识与应用软件

剪辑就是将影片制作中所拍摄的大量素材，经过选择、取舍、分解与组接，最终完成一个连贯流畅、含义明确、主题鲜明并有艺术感染力的作品。在进行视频剪辑前，我们需要了解剪辑基础知识，以及剪辑应用软件。

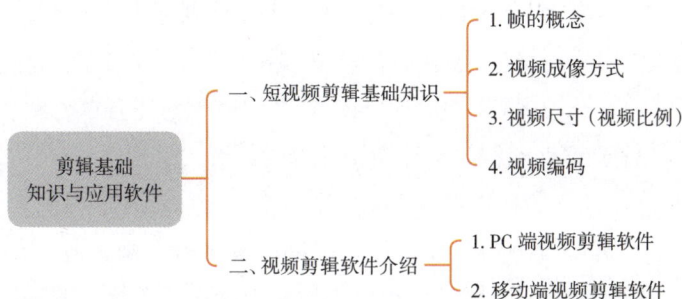

```
                                      ┌── 1. 帧的概念
                                      ├── 2. 视频成像方式
              ┌── 一、短视频剪辑基础知识 ──┼── 3. 视频尺寸（视频比例）
   剪辑基础     │                     └── 4. 视频编码
   知识与应用软件 ──┤
              └── 二、视频剪辑软件介绍 ┬── 1. PC 端视频剪辑软件
                                   └── 2. 移动端视频剪辑软件
```

五、字幕与音频

在短视频中，文字会增强视频画面的信息表达，合适的声音能够更好地带动视频的节奏，同时也能更好地感染观者情绪。

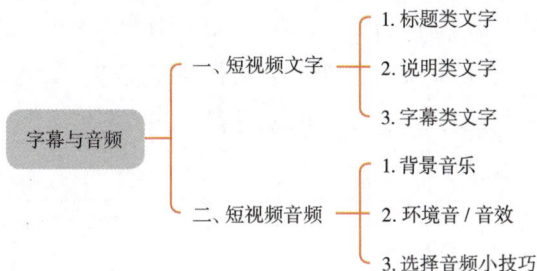

```
                         ┌── 1. 标题类文字
           ┌── 一、短视频文字 ─┼── 2. 说明类文字
           │              └── 3. 字幕类文字
   字幕与音频 ──┤
           │              ┌── 1. 背景音乐
           └── 二、短视频音频 ─┼── 2. 环境音 / 音效
                          └── 3. 选择音频小技巧
```

六、转场与特效应用

在视频制作过程中，创作者可以利用转场来改变视角，推进故事进行，还可以避

免镜头间的跳动，给观众产生不适的感觉。

```
                          ┌─ 一、短视频转场应用 ─┬─ 1 标题类文字
        转场与特效应用 ─┤                        ├─ 2. 说明类文字
                          │                        └─ 3. 字幕类文字
                          └─ 二、视频特效
```

【工作计划】

工作目标

本次工作内容为短视频拍摄与制作。通过结合企业背景及产品，确定本次拍摄的短视频内容，进行视频创意输出，掌握短视频剪辑技巧。

马上就是 5 月"零食节"大促了，店铺运营团队商量，在抖音平台上发布三个关于新品"核桃酥"的种草视频，尝试吸引客群，为店铺引流。

工作步骤

（1）完成知识点的学习，认知与巩固短视频拍摄制作相关知识；

（2）请按照短视频拍摄与制作过程依次完成工作计划与实施；

（3）工作过程中可采用线上线下混合学习方式，学生以小组为单位协同合作，运用网络等渠道了解种草类短视频拍摄与剪辑，共同完成工作任务；

（4）工作结果需要整理到相关文件夹，并以视频形式呈现。

背景资料

企业信息：重庆某零食公司主要依托互联网电商平台，销售各种零食、鲜果，开店已有半年。随着短视频兴起，店铺组建了一支短视频运营团队，筹备拍摄短视频。

为了迎接 5 月"零食节"大促，店铺打算上新一款核桃酥，原价 24.9 元 / 盒，促销价为 14.9 元 / 盒，一盒 12 枚，口味有原味与芝麻味，酥脆香甜入口化渣，无蔗糖添加老少皆宜，每一枚均为独立包装，方便携带。运营团队也准备在抖音平台上发布三个关于新品"核桃酥"的种草视频，尝试吸引客群，为店铺引流。

引导问题 1：在相机拍摄时，我们可以调节快门速度，快门速度快慢不同，拍摄出来的效果也有所不同。请调节快门速度拍摄两张动态物体（如流动的水、马路上骑行的人、奔跑的动物等）的照片，并比较快门速度快慢时照片所呈现的效果有何不同。

答题区：

引导问题 2：当我们处于外景拍摄时，一天中不同时间段拍摄出来的照片会有所偏差。请就近找一处景点，利用早晨、中午及傍晚三个时间段，利用相同的相机参数进行拍摄，并比较所拍摄照片的差别。

答题区：

引导问题 3：请根据运动镜头的拍摄方式，拍摄以"核桃酥"种草为主题的短视频素材，要求视频应用到"推""拉""摇""移""跟"五种常见运镜技巧，每一个运镜对应一段视频素材。

答题区：

引导问题 4：根据所学的视频构图技巧，选定以"核桃酥"为主体，拍摄不少于三段视频素材，要求对应三种构图技巧，并在视频名称上进行标注。

答题区：

引导问题 5：根据所学的视频拍摄与制作知识，以及上述所拍摄的"核桃酥"素材，制作一段关于"核桃酥"的种草短视频。时长要求 15 ~ 30 秒，标题文字为"美味核桃酥"，字幕内容为核桃酥的特点及优惠价格，并配上符合视频的背景音乐。

答题区：

● 评价反馈

根据考核内容，学生完成自我小结并进行自评打分。教师根据学生活动情况进行点评并完成教师打分。最后按小组自评分 ×30%+ 学生互评 ×30%+ 教师评分 ×40% 计算得分（表 3-1）。

表 3-1　任务综合评价表

类别	考核内容	分值	评分			得分
			自评 30%	学生互评 30%	教师评分 40%	
知识储备	了解短视频拍摄的景别与运镜	10				
	掌握短视频剪辑技巧	15				
	学会相关信息搜集与整合	15				
技能训练	视频剪辑能力	20				
	场景设计能力	15				
	内容创新能力	25				
合　计		100				

课后测试

一、单选题

1. 两个画面之间有一段重叠部分，这种转场方式称为（　　　）。

　　A. 淡入　　　　　　B. 闪屏　　　　　　C. 叠化　　　　　　D. 划出

2. 通常加在视频的片头位置的字幕称为（　　　）。

　　A. 标题类字幕　　　B. 概括类字幕　　　C. 说明类字幕　　　D. 旁白字幕

3. 相机做水平方向，左右横移的镜头称为（　　　）。

　　A. 摇镜头　　　　　B. 移镜头　　　　　C. 升镜头　　　　　D. 环镜头

二、多选题

1. 常见的视频构图技巧有（　　　　　）。

　　A. 框架式构图　　　B. 对称式构图　　　C. 居中构图　　　　D. 对比构图

2. 当我们采用远景拍摄时，可以拍摄（　　　　　）场景。

　　A. 高山　　　　　　B. 草原　　　　　　C. 峡谷　　　　　　D. 房间

3. 摄影拍摄镜头可以分为（　　　　　）。

　　A. 变焦镜头　　　　B. 定焦镜头　　　　C. 主镜头　　　　　D. 副镜头

三、判断题

1. 镜头由远到近靠近物体，这种运动镜头称为"移镜头"。　　　　　　　（　　　）

2. 光线一般包括主光、辅光、背景光、轮廓光四种。　　　　　　　　　（　　　）

3. 在相机参数中，ISO 数字越低，灵敏度越低。　　　　　　　　　　　（　　　）

四、简答题

镜头的很多语言是通过运镜与转场的方式来表现的，两者的结合不仅带来视觉的冲击，还能推动故事的发展。请观察在影视作品中使用运镜、转场等的拍摄方式，截取视频中任意 30 秒 ~ 1 分钟的片段，并以表格形式分析片段中所涉及的运镜与转场。

镜头序号	节选时间	画面内容	景别	运镜	镜头分析
1.					
2.					
……					

任务 4
内容策划：构建视频核心竞争力

≫ 任务简介

随着 5G 时代到来，短视频的内容生产和渠道分发正面临着变革与升级的机遇，然而无论时代怎样更迭，内容为王的根本原则不会改变，优质内容依然是短视频的核心竞争力，短视频创作者们要想最大限度地发挥短视频涨粉变现价值，必须提前做好选题内容规划，这样才能打造精品视频，吸引精准用户，提升用户的黏性。通过本任务的学习，了解短视频内容选题方向，熟悉做短视频选题时应该遵循的原则，掌握短视频脚本创作思路，并能根据内容选题撰写完整的短视频脚本。

≫ 学习情境描述

实习生小杜在运营短视频账号时发现，目前大多数人都是利用"碎片化"的时间观看短视频。一段视频能否第一时间吸引住用户，并在有限的时间里表达清楚创作者的意思，这都需要前期在内容与选题上进行精心设计策划。在短视频领域里，内容才是最终的核心竞争力。因此小杜需要与运营团队成员一起掌握短视频内容选题，了解短视频选题类型与方向，掌握短视频脚本创作等一系列问题。

≫ 学习目标

◆知识目标
1. 了解短视频选题类型。
2. 了解短视频爆款选题内容。
3. 了解短视频脚本类型。

◆技能目标
1. 能够盘点和梳理话题，提取选题的关键信息。
2. 掌握短视频话题的设计。
3. 掌握短视频脚本创作思路。

◆**素质目标**

1.培养正确的行业价值观、遵守职业行为准则。

2.具备视频脚本创作能力，注重作业细节。

3.具备行业大局意识与创新精神。

》 思政园地

《网络短视频内容审核标准细则》（2021）发布
短视频节目不得擅自剪切影视剧

2021年12月，中国网络视听节目服务协会发布了《网络短视频内容审核标准细则》（2021）（以下简称《细则》）。《细则》第二十一条要求，短视频节目未经授权不得自行剪切、改编电影、电视剧、网络影视剧等各类视听节目及片段。

记者了解到，大量短视频创作者将未经授权的视频片段进行剪辑，一部数小时的电影只要几分钟就可以了解大致内容。早在2021年4月，15家影视行业协会就与爱奇艺、腾讯、优酷等5家视频平台以及53家影视公司发布了关于保护影视版权联合声明，共同呼吁广大短视频平台和公众账号生产运营者尊重原创、保护版权。

《细则》的发布是短视频行业发展到成熟阶段的标志。行业规范和行业标准会逐步制定，行业自律逐步形成后，短视频行业存在的乱象将大大减少。版权保护的发展还是要依托于法律，靠法律去保护创作者的版权。短视频发展到成熟阶段，行业迅猛发展势头将会减弱，行业发展红利将消失，"躺赢"时代不复存在。

文章来源：中国消费维权（文章有删减）

● 知识点学习

4.1　内容选题

一、短视频选题类型

选题需要基于一个问题找到切入角度，创作越具体，越用实际场合去思考，这个选题就会越精准。举个例子，运动类型的账号可以参考上班族怎么减肥，小腿粗怎么锻炼。这些内容都是在减肥塑身范围内找到具体的切入角度。

选题一般包括常规型选题、暂时型选题、系列型选题、电商型选题。

1.常规型选题

常规型选题（图4-1）是在账号中日常出现的短视频选题内容，内容比例占短视频账号的60%以上。常规选题需要符合账号定位，作用是帮创作者强化人设，让用户和潜在续费者能看懂创作者是干什么的，并且这个选题的内容能够让用户直接感受到创作者的专业性。

比如美妆行业创作者的常规选题可以多围绕美妆知识、美妆供应链渠道、美妆品牌的相关介绍，通过这些内容让别人知道创作者是这个行业的行家，自然而然就会产生信任，利于后期的带货转化。

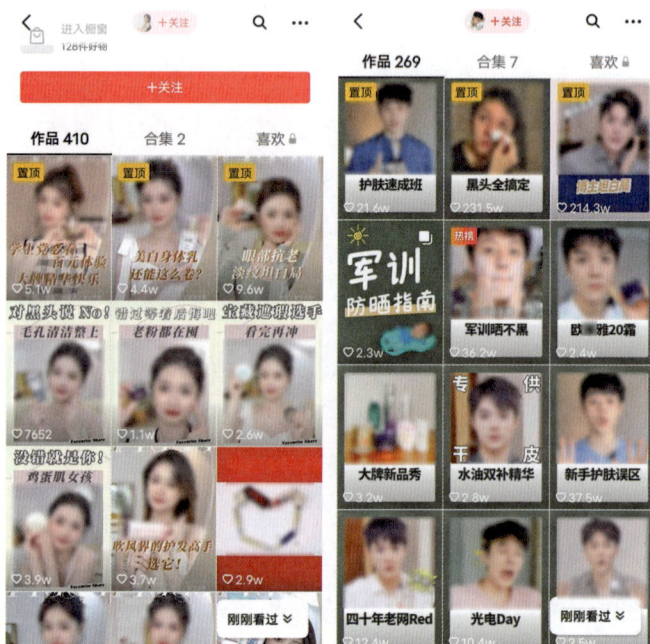

图 4-1　常规型选题示意

这类常规型选题内容需要提前 1~2 天进行选题（提纲、标题、主要素材等准备工作），并且在短视频完成后还需认真审核，这样短视频的质量才能更有保障。

2. 暂时型选题

暂时型选题也叫热门选题，这类选题最大的作用就是能够给短视频账号带来更多流量。比如近期有哪些热点话题、热点词语或热点 BGM 等，可以思考是否能够跟自身账号、产品相结合，让两者产生强相关以获取更高的热度和曝光。

这类暂时型选题的短视频内容需要选择跟自己账号定位 / 产品有关的内容。此类短视频讲究时效、专业和速度，需要创作者在短时间内完成拍摄和发布。

3. 系列型选题

在抖音有一个账号合集功能，当创作者发布一段时间同类型的内容后，可以在网页版的创作服务中心→内容管理→视频管理中开启合集功能。系列型选题（图 4-1）可以是在常规型选题中选择出来的一个系列，也可以是单独创造的内容，主要是通过一系列的短视频，来帮助用户针对性地解决一个核心困扰或者问题，增加用户的信任感。

比如，美食类创作者可以将自己账号内的视频分类，每个合集设计不同的分类特点，以便于粉丝看同一类型的视频。

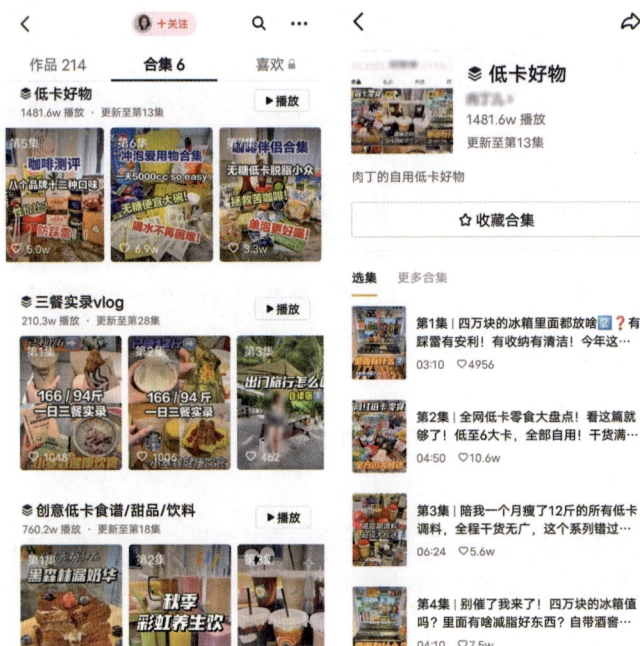

图 4-2　系列型选题示意

这种系列型选题短视频内容需要创作者们提前 1~2 周开始策划完成，一定要选择有关联的短视频内容作为一个系列。

4. 电商型选题

随着电商和内容领域巨头的入局、视频内容＋电商的深度融合、用户对视频内容电商接受度的不断提升，电商带货类型的账号市场也迎来红利期，如果想要专门运营电商带货类型的账号，创作者们还可以按照以下几点来进行内容选题。

①针对产品的优质情况进行介绍：可以通过热门 BGM 进行音乐卡点，并罗列产品卖点。这样既能快速把产品罗列出来，又能带上热门音乐的流量，增加趣味性。

②直接把价格优势展示出来：参考直播间小助理喊话的形式，用两人对话的方式将价格卖点罗列出来。

③直接展示产品功能：如服装类商家推出的产品特点是两面穿，可以直接试穿让消费者觉得衣服看起来性价比高，以直观的方法告诉消费者产品的优势。

④针对创作者身份可信度介绍：通过视频内容让观众知道创作者是这个行业的行家，例如直接在工厂源头拍摄，增加观众对创作者的信任感和好感度；又或者基于身份介绍行业的特殊知识，让用户对创作者产生信任感。

二、短视频选题创作方向

确定选题的方向就是在做赛道的选择，不同的赛道有着不同的天花板（粉丝量、变现值）和不同的运营机制。在抖音诸多赛道和方向中，以下几种类型的选题方向较为热门，受众相对较广，即使是新手也相对好上手。

1. 情景吐槽类

情景吐槽类短视频指在他人的语言或者某事中找到一个切入点进行调侃的一种视频形式，这类短视频有着犀利的语言和夸张的表现形式，不仅能很快地消磨时间，还能准确表达出对某一现象的吐槽。

吐槽类选题的短视频脚本，每一期都要参考当时的热点话题进行幽默改编，这样创作出来的内容才更贴近用户的日常生活并让用户产生共鸣。在脚本完成后，制作视频的过程中还需要注重技巧，掌控好节奏感，根据预估的用户反映把握语气中抑扬顿挫的变化，可以使得用户的注意力更加集中。

2. 生活技巧类

生活技巧类（图4-3）短视频的基本诉求是"实用"，这类短视频创作大多是就地取材，将生活中的一些日常用品进行搭配或改造以解决生活难题，其制作成本低、性价比高，具有一物多用、物美价廉的特征，能够最大限度满足居民生活的多样化需求。

生活技巧类的短视频内容一定要通俗易懂，在步骤过程中可以采用口语化表达，让观众一眼就明白其中意思；取材也要贴近生活，能为用户带来生活上的便利。由于视频的节奏较快，在拍摄前需要设计好镜头转场的点，后期制作时可以踩着音乐的节奏点来剪辑。

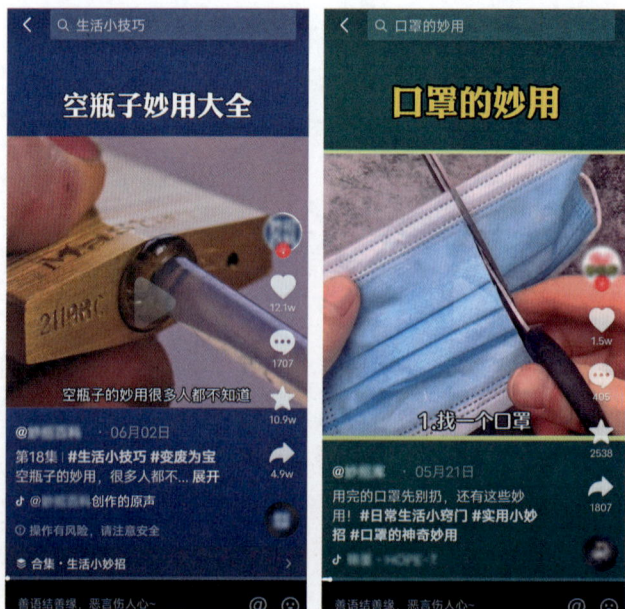

图4-3　生活技巧类示意

3. 时尚美妆类

一般来说，美妆类短视频可以分为三种：技巧类、评测类和仿妆类。

①技巧类的美妆视频最受化妆初学者或是想要提高自己化妆技巧用户的欢迎，这类短视频在内容制作上要着重展示每一步化妆技巧，以便用户能轻松学习。

②评测类美妆（图 4-4）短视频往往由制作者对同类美妆产品进行试用和评测，给予对美妆产品了解较少或是在商品选择上犹豫不决的用户一些建议。

图 4-4   测评类美妆示意

③仿妆类短视频即创作者通过高超的化妆技术模仿其他人的妆容，按照明星、动漫、剧照等角色的样子进行化妆，研究原版妆容特点、服装、配饰等，将仿妆过程或仿妆结果制作成短视频。仿妆内容可以让用户有惊喜和记忆点，给人一种震撼的感觉。

在创作美妆类主题的短视频时，视频中的人物形象应该与受众相同，要切入观众熟悉的生活场景，增强代入感。同时创作者还需站在用户角度，为他们的需求痛点提供差异化问题解决方案，优先展示他们最关心的点。比如一款美白产品使用前和使用后的效果展示，又或者是妆前妆后的对比，这样不仅保证了视频的可看性，还能激发用户情感共鸣。

4. 科技数码类

数码产品更新换代较为迅速，能为此类选题创作带来源源不断的素材和新鲜内容，并且随着手机等个人数码设备的普及，人们对科技数码产品的兴趣也在逐渐增大，科技数码类的短视频会有比较好的市场，而且能持续吸引目标用户群体。

在策划这类短视频时，首要得到产品的第一手信息，然后进行处理、加工，并传递给接收端的受众。在内容策划上创作者还要给用户一个可以参考、比较的东西，让用户有一个明确的概念，能够准确接收创作者所传达的意思。比如在介绍新发布的手机的时候，如果仅仅介绍手机的整体外观、性能、工艺等如何优秀，就很难让用户有一个明确的概念，而如果把手机和其他同类产品做一个比较，就会清晰很多。

图 4-5　科技数码类示意

5. 美食类

俗话说"民以食为天"，美食类选题的受众群体是非常大的。一般来说美食类短视频有以下几种方向。

（1）美食教程类

美食教程简单来说就是教用户一些做饭的技巧，观众通过短短几分钟的时间就可以收获一道美食的制作方法，菜品也能通过用户建议、反馈、时令以及实时热点来确定。

图 4-6　美食教程类示意

（2）美食品尝类

与美食教程类视频截然不同，美食品尝类短视频的内容更简单直接，观众对美食的评价主要来自视频中人物的表情动作及人物对美食味道的感受。

图 4-7　美食品尝类示意

（3）美食传递类

美食传递类是指通过在某种情境中制作美食，来传达一种生活状态，此时美食不再单单是一道菜品，而是忙碌的都市人追求的一种生活状态。

图 4-8　美食传递类示意

创作美食类短视频时要掌握好每个类型下的制作方式，如教学类视频，尽量要做到节奏紧凑，画面不要冗余，但也不要漏掉关键步骤；而品尝类视频可以参考"沉浸式"吃播方式，将咀嚼食物的声音录进去，让观众在视觉和听觉上都得到替代性满足；传递类视频创作者可以尝试以田园生活作为故事背景，从选材到烹饪都围绕田园乡野风光，给人一种回归自然的闲逸舒适感，向大众展现生活烟火气的同时，也借食物为纽带将温暖传递给大家。

三、短视频选题的 5 个维度

1. 频率

选题的内容在用户粉丝的需求和痛点上是否存在高频发生率，即选题是不是目标用户所关注的、被大众所熟知的话题，只有用户粉丝的高频关注点，才能引来更多的播放量。

2. 难易

创作者需要考虑选题后的制作难易程度，自己或团队的创作能力是否能够支撑起来。用户粉丝对内容的质量要求越来越高，选题、内容、形式都是在创作时要考虑的因素。

3. 差异

不论是哪一种类别的选题，在短视频领域都有着不少竞争账号，甚至在某些垂直细分领域已经有了头部账号，因此创作者还需要考虑如何建立与竞品账号的差异化，增加用户粉丝的识别度。

4. 视角

选题的视角关系到给用户粉丝带来的感受，是站在用户第一视角的运动员角色，还是站在第二视角的裁判角色，又或者是站在第三视角的观众席角色，这些在选题策划时需要多加注意。

5. 行动成本

主要是针对用户粉丝在接收到选题内容之后的动作，选题内容是否能够让用户粉丝一看就知道，一学就能会。只有真正满足用户粉丝需求和痛点，才能触发用户粉丝的更多动作。

四、建立创作选题库

短视频内容生产者想要保持定期定量的内容输出，工作量与强度都是不容小觑的，仅靠灵感或者临时查找组织资料，往往效率低且无法保证产出质量。为了更好地持续生产内容，创作者可以建立属于自己账号的选题库，根据自己账号定位来确定内容形式，在日常创作中不断搜集素材，分类建立选题库，持续输出优质内容。

1. 爆款选题库

关注各大热播榜单，比如抖音热搜、微博热搜、头条指数、百度指数，以及三方平台的各类热度榜单，掌握热点话题，熟悉热门内容，选择合适的角度进行选题创作和内容生产，热度越高的内容选题越容易引起用户的观看兴趣。

2. 常规选题库

日积月累很重要，不管是对身边的人、事、物，还是每天接收到的外部信息，都可以通过价值筛选整理到自己的常规选题库中。还可以依据专业性和资源性将收集的内容筛选整理到选题库中。

3. 活动选题库

节日类活动选题可以提前布局，比如中秋、国庆、春节、情人节等大众关心的节日话题，另外一个活动选题来源于各短视频平台，平台会不定期推出一系列话题活动，根据自身的情况参与平台话题活动，可以得到流量扶持和现金奖励。

在建立选题库时，我们可以参考与自己领域相同的作品，分析竞争账号的视频内容中是否存在不足或忽略的点，从而展开创作；内容发布后，我们也可以浏览作品下观众的评论及留言，从中获得灵感，了解用户喜欢什么，更想看什么，可以帮助我们及时调整账号内容方向，对接下来的视频内容选择具有参考意义。

五、短视频选题的注意点

1. 远离敏感词汇

不同的短视频平台都有自己的敏感词汇限制，比如一段视频在某一个平台有很高的播放量，换到另一个平台就没有播放量。创作者们需要及时关注各平台的动态，了解平台官方发布的一些通知，也可以对初步的选题内容敏感词汇进行筛选，避免出现违规封号封禁的情况。

2. 避免盲目蹭热点

很多热门的内容会涉及一些新闻时事、政治政策等话题，这些内容热点属于敏感话题，创作者在进行内容选题时能避开就避开，此类话题观点内容尺度把握不好很容易陷入争议，操作不当不但不会带来流量，甚至可能会带来违规封禁封号的风险。

3. 标题描述要合理

很多短视频平台一般会要求标题为三段式结构，表述清晰，避免出现夸大性词组，创作者在进行描述时也要注意标题字数适中，格式要标准，句式要合理，数字用阿拉伯数字，尽量用中文表述，避免生僻字和网络词汇，方便机器算法获取识别。

4.2　脚本创作

一、脚本的概念及作用

1. 什么是脚本

脚本指表演戏剧、拍摄电影等所依据的底本或书稿的底本。脚本是故事的发展大纲，确定故事的发展方向，包括时间段、拍摄地点、人物、景别、镜头、故事顺序等。拍摄者根据脚本进行准备工作，可有效避免场景拍摄错误、镜头画面不全、缺少服化道具等问题，剪辑工作依据脚本思路准确输出视频内容。

2. 脚本的作用

（1）提高拍摄效率

脚本是短视频的拍摄提纲、框架。一份完整的脚本有助于让表演者在接到脚本时快速地理解内容创作者的意图，按需表演，同时短视频剪辑人员也可以快速地领会剪辑的要求，节省沟通时间，提高理解内容的正确度，并可在剪辑过程中随时查看脚本内容作为参考，避免重复的沟通成本。

（2）提高拍摄质量

脚本在编写之初会根据创作者既定的月度或季度内容选题策划，做定向的内容输出，脚本是最贴近选题策划的第一环节，有了脚本，导演和演员在拍摄时就有本可依，不至于出现与既定方向发生偏差的情况，同时也能在后期剪辑时规避某些视频内不宜出现的画面、字词、音乐、背景等。

二、短视频脚本的分类

短视频脚本大致分为 3 类。

1. 拍摄提纲

拍摄提纲是为拍摄一部影片或某些场面而制定的拍摄要点。它只对拍摄内容起各种提示作用，适用于一些不容易掌控和预测的内容。当拍摄过程中有很多不确定性因素，或有些场景难以预先分镜头时，就需要导演及摄影师根据拍摄提纲，在现场灵活处理。

适合类型：新闻纪录片、部分故事片。

注意：如果我们的短视频没有太多的不确定性因素，建议尽量不要采用这种方式。

表 4-1　短视频拍摄提纲表格示意

短视频拍摄提纲			
视频主题：			
内容简介：			
背景音乐：			
出镜人物：			
镜头	景别	画面描述	台词
1			
2			

2. 分镜头脚本

分镜头脚本已经将文字转换成可以用镜头直接表现的画面，通常分镜头脚本包括画面内容、景别、拍摄技巧、时间、机位、音效等，在一定程度上已经是"可视化"的影像。分镜头脚本要求十分细致，每一个画面都要在掌控之中，包括每一个镜头的时长，每一个镜头的细节，后期剪辑时也有完整的思路，能减少许多不必要的沟通成本。

表 4-2　短视频分镜头脚本表格示意

镜号	景别	镜头运用	时长	画面内容	台词	音效	备注
1	全景	固定镜头	10 S	起床	早上好~	欢快音乐	镜头放置房间角落
2							
3							
4							

3. 文学脚本

文学脚本不像分镜头脚本那么细致，在文学脚本中画面都以文字的形式描述，适用于不需要剧情的短视频创作，比如教学视频、评测视频等，它基本上列出了所有可控因素的拍摄思路。

在文学脚本中，只需要规定人物需要做的任务、说的台词，所选用的镜头和整体节目的长短。文学脚本除了一些不可控因素外，其他场景安排尽在其中，并且时间效率上也比较适宜。

表 4-3　短视频文学脚本表格示意

场景一	
时间：夏日，雨天；地点：室外，小村庄	
镜头 1：	（全景）下雨的天空，镜头慢慢旋转下摇，整个村庄在雨中显得很朦胧，镜头停在一所白色的小教堂上方，俯视教堂。
镜头 2：	（全景）平视教堂全景，雨一直下，雨水淹过教堂的门台，漫进了教堂里。
场景二	
时间：夏日，雨天；地点：室内，教堂	
镜头 3：	（全景）教堂里后方几排座位，前台中间竖立一雕像，神父跪在雕像下边。
镜头 4：	（近景）神父左手抱胸，右手在额头和胸前来回移动，嘴轻声祈祷。
……	

创作者们在进行短视频创作时，可以根据自己要制作的视频风格 / 视频类型，选择适合的脚本类型。新闻类的短视频适合用脚本大纲，故事性强的短视频适合用分镜头脚本，不需要剧情的短视频适合用文学脚本。只有把脚本写好，视频的拍摄和剪辑节奏才会更清晰，作品才会更高效地产出。

三、短视频脚本创作流程

在编写短视频拍摄脚本前，创作者需要确定好短视频整体内容思路和流程，主要包括以下几个方面：

1. 确认拍摄主题

主题是赋予内容定义的，不管是剧情类视频还是带货类视频，在拍摄前期，我们都需要先定位内容的表达形式，确认想要表达的重点。

视频内容是轻快还是悲伤？中间发生怎样曲折或有趣的事情？故事背后要表达什么深意？是美食视频、服装穿搭还是小剧情？这些都要先确认好。不管是什么类型的内容，确认拍摄主题都是为了能凸显账号人设的专业度，与用户建立信任。

2. 搭建内容框架

确认好拍摄主题，接下来就是丰满内容框架，将拍摄的内容一步步细化，要考虑如何用一个视频讲好故事，体现创作者想展现给观众的点。

比如要拍一个客户与销售的故事，那么出镜的人物就是客户和销售，事件就是怎样解答客户疑问，什么样的服务打消了客户的疑虑，在写脚本时要梳理好整个故事流程的关键阶段。

3. 人物与场景

在搭建好框架后，我们需要往里面填写内容。这个短视频中需要设置几个人？他们都是承载剖析主题的哪一部分使命？拍摄地点是室内还是室外？棚拍还是绿幕抠像？

比如拍摄美食制作，主题为野生美食，我们可以设置 1 人入镜进行美食制作，场景选择在青山绿水的地方。

4. 台词设置

台词是为了镜头表达准备的，起到画龙点睛的作用。我们在写脚本时需要构思好每一个画面所对应的台词有哪些。记住不管什么类型的视频，台词文字都不能设置太多，不然成片后观众会觉得听起来太累。

5. 拍摄时间

在拍摄前我们需要确定好拍摄时间，确定下来有两个目的：一是提前和摄影师约定好时间，以免临时拍摄影响制片进度；二是确定好拍摄时间后，可以做成可落地的拍摄方案，不会产生拖拉的问题。

6. 拍摄参照

有时候我们想要的拍摄效果和最终呈现出来的效果是存在差异的，因此在拍摄前，创作者可以搜集同类的样品，与摄影师进行沟通，哪些场景和镜头的表达是你想要的，这样摄影师才能根据你的需求进行拍摄。

7. 故事线索

情景类的短视频大多是由一条主线进行串联，也可以称为故事线索。剧情是怎么发展的，是从人物身份介绍开始，还是从人物的语言碰撞开场；整体故事是采用顺叙还是倒叙的方式讲述。这些都需要创作者在写脚本的时候固定一条主线，沿着主线展开情节。

8. 镜头运用

运镜就是指镜头的运动方式，从近到远、平移推进、旋转推进，这些都是可以组合运用的。创作者要提前构思好画面的镜头需要怎样运行，摄影才能按照脚本进行拍摄。

9. 画面时长

时长指的是单个镜头时长，大致规划好每个镜头的内容会拍摄多长时间，提前标注清楚，后期在进行剪辑时才能找到重点，提高剪辑的工作效率。

10. 背景音乐

在一部影片中，符合恰当气氛的音乐是渲染剧情气氛的最佳手段和妙招。比如拍摄美女帅哥的变装，往往选择流行和快节奏的嘻哈音乐；拍摄传统文化，则需要选择慢节奏的中国风音乐。

表 4-4　短视频脚本表格示意

脚本名称								
拍摄形式			演员					
是否有样片			场地					
方向阐述			道具					
镜号	时长	景别	运镜技巧	画面内容	台词	字幕	BGM/音效	备注
1								
2								
3								

短视频创作的整个流程大约是确定本期拍摄主题→撰写脚本→视频拍摄→后期剪辑→导出成片，在短视频起号初期，要保证发出来的内容垂直度高，贴合账号人设，再根据数据效果去修改内容创作方向。

四、爆款脚本的四大黄金定律

1. 明确主题

什么是脚本主题？就是能概括视频主要内容的一句话，把握好脚本的主线，只讲一个事情，避免过多信息。这是脚本撰写的第一步，也是最关键的一步。

比如某短视频创作者所拍摄的城市宣传大片系列主题视频，系列中每一个视频都围绕着不同城市的美食、文化等特色进行拍摄，没有其他冗余的信息。

图 4-9　主题视频示意

2. 搭建吸睛框架：开头（黄金三秒定律）

节奏极快的短视频时代，如何在短时间内抓住用户的眼球？我们可以在黄金三秒上下功夫，就是在脚本的最开头，利用一点技巧，"诱惑"用户往下读。

（1）利用悬念性

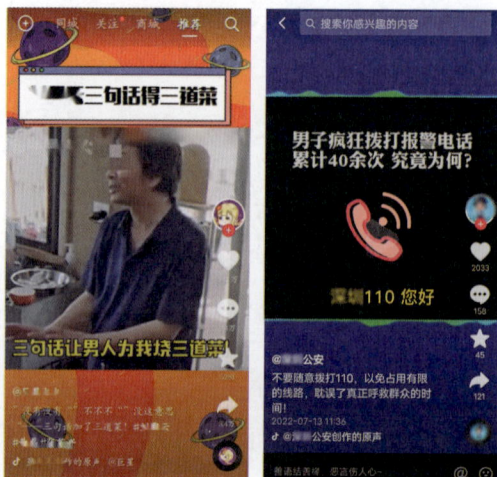

图 4-10　悬念性开头示意

画面："三句话让男人为我烧三道菜"的视频开头，就是用利用悬念性引入"三句话"究竟是哪三句呢？这样的开场能够牢牢把用户吸住。另一个视频开头展示疑问点"拨打报警电话累计 40 余次，究竟为何？"，想知道视频后续的用户会继续看视频。

（2）利用治愈力

图 4-11 治愈性开头示意

画面：每一帧都是一幅自然风光，美得像画一般，带给用户治愈感。

（3）利用冲突感

图 4-12 冲突性开头示意

画面：创作者在关于 30 岁的视频开头时利用了一种"大多数人对于 30 岁都感到焦虑，但其实 30 岁是岁月的奖励"的反差冲突感激发了读者的好奇心，吸引读者往下看。

3. 搭建吸睛框架：中部（"钩子"定律）

现在大多数平台的视频推荐机制中，完播率是一个重要指标，因此仅仅在视频脚本开头做到吸引用户是不够的，想要视频爆起来，需要提高作品的完播率，而完播率又该如何提升呢？

可以在视频内容上设置一些"钩子"，引导用户继续往下读。关于设置"钩子"

有以下两种技巧：

（1）故事情节上：人设、剧情的反转

图 4-13　情节反转示意

画面：在某短视频博主带小孩参与"宝宝爬行比赛"视频中，开头讲到佛系父母不内卷，后面情景转折——宝宝在爬行比赛中获得"第一"，最后真相浮现——原来是"倒数第一"。这样的转折，一下子吊起"钩子"，让读者对创作者接下来的内容更感兴趣。

（2）提示末尾有"彩蛋"

"彩蛋"常常作为一个很有力的"钩子"，勾住了用户的好奇心，很容易就能引导观众看到片子最后，从而提高完播率。"末尾彩蛋"可以在标题带入，也可以作为"文案"在视频内容提及。

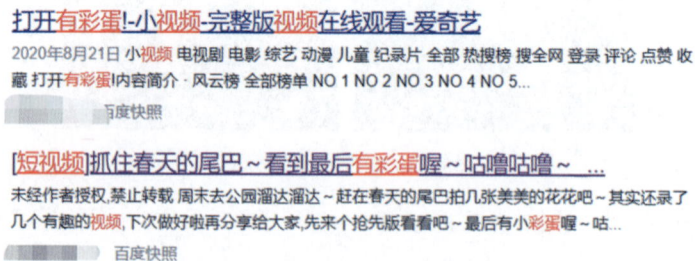

图 4-14　结尾彩蛋示意

4. 推翻"第四堵墙"，用互动感增强用户的阅片体验

"第四堵墙"指的是戏剧术语。一般一个舞台的内景只有三面墙，面对观众席的那面在物理意义上不存在的"墙"，就被称为"第四堵墙"。推翻"第四堵墙"其实就是改变用户的观影视角和体验，通过互动的形式与屏幕前的观众产生连结。

很多博主在设计内容时都会使用这一个技巧——与镜头问答，就像对着朋友说话。比如创作者在日常视频开头可以用询问的语气引入，就像面对面和朋友分享，让用户的观影体验更加沉浸式。

⬢ 案例分析

案例背景

日前，某短视频 App 用户将一部影视剧通过其账号进行传播，该用户将影视剧剪辑成一百多个片段，多数为 10 分钟以内的短视频。每个短视频已经包含该影视剧的主要剧情及内容，被该剧信息网络传播权的专有使用权人告上法庭。法院判决该用户停止侵权行为，并赔偿经济损失 37 000 元。

案例分析

2021 年 12 月，中国网络视听节目服务协会发布《网络短视频内容审核标准细则（2021）》。其中规定，短视频节目不得未经授权自行剪切、改编电影、电视剧、网络影视剧等各类视听节目及片段。

上述案件中，将他人电影、电视剧作品剪辑成多段短视频使用且涵盖主要内容，是短视频制作与传播中常见的"切条"行为。如无免责事由，未经许可将长视频剪辑成短视频使用或传播，是一种典型的侵权行为。

短视频传播速度快、范围广，且易被反复搬运，导致短视频侵权主体过于分散和隐蔽，权利人难以确定直接侵权人。同时，短视频的传播和侵权行为多发生于短视频平台，对于短视频平台内的侵权行为，权利人更倾向于将短视频平台作为起诉对象，主张短视频平台对侵权内容承担连带责任。

⬢ 任务实施

【任务书】

请学员通过查阅教材、上网搜索、听课、讨论等获取任务书中的答案或案例，并进行自我评价，确保项目顺利实施。

任务分组：4 ~ 6人一组。

任务内容	任务要求	验收方式
内容选题	了解短视频选题角度，根据账号定位规划短视频内容	内容以文档形式呈现
脚本创作	根据规划好的短视频内容进行脚本创作	脚本以表格形式呈现

【获取信息】

扫描下方二维码，获取本节课程教学课件、微课视频进行知识点学习。

教学课件

微课视频：短视频脚本构思技巧

微课视频：短视频选题策略

【知识点梳理】

一、内容选题

选题需要基于一个问题找到切入角度，创作越具体，越用实际场合去思考，这个选题就会越精准。

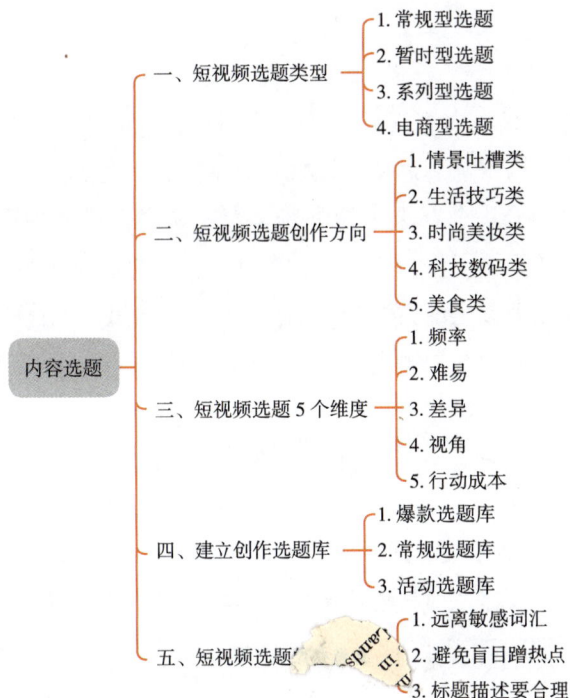

```
                        ┌─ 1.常规型选题
                        ├─ 2.暂时型选题
          一、短视频选题类型 ─┤
                        ├─ 3.系列型选题
                        └─ 4.电商型选题

                        ┌─ 1.情景吐槽类
                        ├─ 2.生活技巧类
          二、短视频选题创作方向 ─┤ 3.时尚美妆类
                        ├─ 4.科技数码类
                        └─ 5.美食类

                        ┌─ 1.频率
                        ├─ 2.难易
内容选题 ─┤ 三、短视频选题 5 个维度 ─┤ 3.差异
                        ├─ 4.视角
                        └─ 5.行动成本

                        ┌─ 1.爆款选题库
          四、建立创作选题库 ─┤ 2.常规选题库
                        └─ 3.活动选题库

                        ┌─ 1.远离敏感词汇
          五、短视频选题 ─────┤ 2.避免盲目蹭热点
                        └─ 3.标题描述要合理
```

二、脚本创作

脚本是我们拍摄视频的依据。什么时间、地点，画面中出现什么，镜头应该怎么运用，景别是什么样的，服化道的准备，都是根据脚本来创作的。

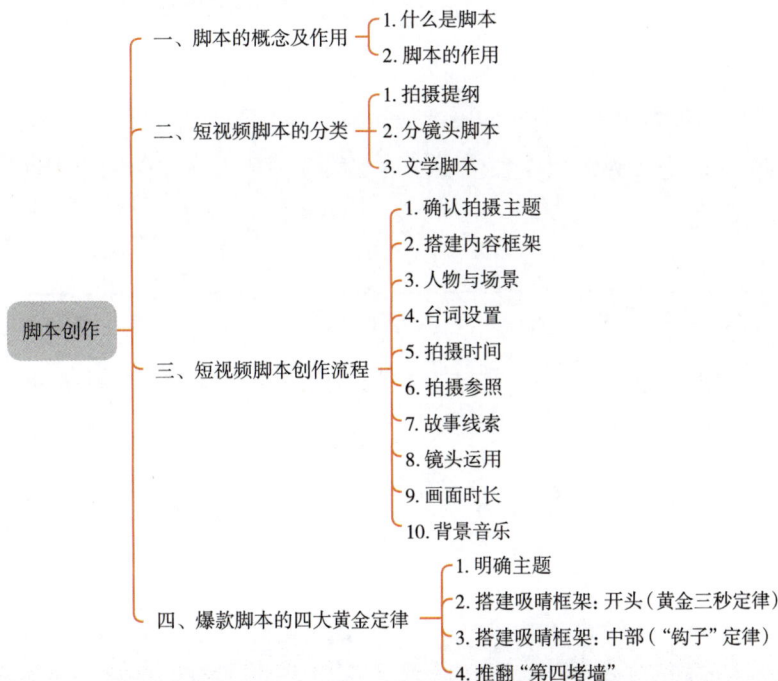

```
                        ┌─ 1.什么是脚本
          一、脚本的概念及作用 ─┤
                        └─ 2.脚本的作用

                        ┌─ 1.拍摄提纲
          二、短视频脚本的分类 ─┤ 2.分镜头脚本
                        └─ 3.文学脚本

                        ┌─ 1.确认拍摄主题
                        ├─ 2.搭建内容框架
                        ├─ 3.人物与场景
                        ├─ 4.台词设置
脚本创作 ─┤                  ├─ 5.拍摄时间
          三、短视频脚本创作流程 ─┤ 6.拍摄参照
                        ├─ 7.故事线索
                        ├─ 8.镜头运用
                        ├─ 9.画面时长
                        └─ 10.背景音乐

                        ┌─ 1.明确主题
                        ├─ 2.搭建吸睛框架：开头（黄金三秒定律）
          四、爆款脚本的四大黄金定律 ─┤ 3.搭建吸睛框架：中部（"钩子"定律）
                        └─ 4.推翻"第四堵墙"
```

【工作计划】

工作目标

本次工作内容为短视频内容策划。通过结合企业背景及账号定位，规划好本次短视频拍摄主题与内容结构，掌握好撰写短视频脚本的技巧与方式。

店铺已经注册好抖音账号，要求短视频运营团队尽快进入短视频拍摄制作流程。想要拍摄出优质的短视频，一份引人入胜的短视频脚本是必不可少的。

因此在拍摄制作短视频之前，团队成员还要完成一项重要工作，即策划短视频内容，先确定短视频的选题，然后规划短视频内容结构，最后再撰写短视频脚本。

工作步骤

（1）完成知识点的学习，认知与巩固短视频内容策划相关；

（2）请按照短视频内容策划工作过程依次完成工作计划与实施；

（3）工作过程中可采用线上线下混合学习方式，学生以小组为单位协同合作，运用网络渠道了解短视频内容规划与脚本撰写，共同完成工作任务；

（4）工作结果需要整理为相关表格或报告形式呈现。

背景资料

企业信息：重庆某零食公司主要依托互联网电商平台，销售各种零食、鲜果，开店已有半年。随着短视频兴起，店铺也准备筹备拍摄短视频，账号定位为美食种草。

当前店铺销售商品有灯影牛肉、麻花、全麦面包、曲奇饼干、柑橘、血橙等，零食类为店铺主要经营销售商品，鲜果类则会应季上市。店铺商品消费人群在24~30岁居多，其次是18~23岁、31~40岁，女性消费者较多。商品定价在9.9~35元不等，根据克数／口味分设多个SKU，满足不同人群需求。

引导问题1：策划短视频内容的关键是先确定好主题，那么我们该如何根据账号定位选择吸引观众的主题呢？请以表格形式建立美食种草类视频的常规选题库、活动选题库、热门选题库。

答题区：

常规选题库			热门选题库			活动选题库	
标题	主要内容	话题	美食热门榜	美食话题榜	美食挑战榜	节日活动	品牌活动

引导问题 2：短视频账号主打美食种草，为了方便后期带货，运营团队为账号选择了植入广告的带货变现方式，我们要如何将营销信息植入到短视频内容中？请找出 3 个对标视频，分析它们植入营销信息的方式，并进行归纳总结。

答题区：

引导问题 3：假设公司要售卖一款西梅汁饮料，要求短视频运营团队撰写一个《西梅汁饮料的 3 种搭配》短视频脚本，请你根据短视频脚本的常见思路撰写相关分镜头脚本。

答题区：

评价反馈

根据考核内容，学生完成自我小结并进行自评打分。教师根据学生活动情况进行点评并完成教师打分。最后按小组自评分 ×30%+ 学生互评 ×30%+ 教师评分 ×40% 计算得分。

表 4-5　任务综合评价表

类别	考核内容	分值	评分			得分
			自评 30%	学生互评 30%	教师评分 40%	
知识储备	了解短视频选题与内容设计	10				
	掌握独立撰写短视频分镜脚本的方法	15				
	根据选题确认短视频主要内容	15				
技能训练	短视频账号定位及规划能力	20				
	短视频内容生产能力	15				
	内容创新能力	25				
合　计		100				

课后测试

一、单选题

1. 由制作者对同类美妆产品进行试用和评测的短视频类型是（　　）。

　A. 仿妆类　　　　B. 测评类　　　　C. 技巧类　　　　D. 试用类

2. 故事性强的短视频适合用（　　）脚本。

　A. 纪实脚本　　　B. 拍摄提纲　　　C. 分镜头脚本　　D. 文学脚本

二、多选题

1. 短视频选题一般围绕（　　）类。

　A. 常规选题　　　B. 热门选题　　　C. 系列选题　　　D. 日常选题

2. 抖音短视频热门选题方向有（　　）。

　A. 生活技巧类　　B. 时尚美妆类　　C. 吐槽段子类　　D. 美食类

3. 对于短视频来说，脚本最主要的作用有（　　）。

　A. 提高拍摄效率　　　　　　　　　　B. 提高拍摄质量

　C. 确认拍摄主题　　　　　　　　　　D. 确认拍摄内容

4. 短视频脚本大致可以分为（　　　）。

   A. 纪实脚本　　　　　B. 拍摄提纲　　　　　C. 分镜头脚本　　　　　D. 文学脚本

三、判断题

1. 常规选题的作用是帮助短视频账号强化人设。　　　　　　　　　　（　　　）

2. 短视频脚本撰写的第一步是明确脚本主题。　　　　　　　　　　　（　　　）

3. 如果短视频具备较多不确定性因素，建议采用拍摄提纲脚本撰写方式。（　　　）

四、简答题

请你以短视频创作者的身份，为某搞笑短视频账号撰写一个夫妻日常斗智斗勇的短视频脚本，要求按流程撰写一个分镜头脚本。

任务 5
内容输出：短视频发布关键点

》 任务简介

在短视频领域里，创作者们只有持续输出优质的内容，视频才容易成为爆款，然而除了输出优质的视频内容外，把握好短视频的发布关键点也十分重要。

通过本任务的学习，了解短视频优质封面图设计，根据短视频内容匹配合适的标签与话题，并撰写出合适的标题，在恰当的时间点进行发布，帮助作品快速上热门，得到更多的流量以及关注。

》 学习情境描述

实习生小杜跟随着短视频运营团队成员一起拍摄了三条关于"核桃酥"产品的种草视频，并在周五至周日晚上 6 点发布，一开始有 1 000 多的播放量，到后期只有几百的播放量，团队成员也因此没有了信心。

虽然短视频运营占据了目前大多数用户的流量，但还是会存在短视频发布后看不见效果的现象，小杜认为团队成员需要一起了解并掌握短视频发布的关键技巧，掌握优质封面图的制作方式，并根据视频内容进行话题与标签打造，才能让视频有较大概率获得关注。

》 学习目标

◆ 知识目标

1. 了解短视频标签的概念。

2. 了解短视频封面图设计技巧。

3. 了解短视频标题打造。

◆ 技能目标

1. 能够根据视频内容匹配合适的话题与标签。

2. 懂得如何制作短视频优质封面图。

3. 掌握短视频爆款标题撰写技巧。

◆素质目标

1. 培养正确的行业价值观、遵守职业行为准则。

2. 具备行业领域的创新意识、创作能力。

3. 具备团队合作精神。

4. 具备企业实践活动基础。

》 思政园地

"小黄图"泛滥，辣眼睛的视频"封面党"可以休矣

随着互联网短视频的普及，以往常被诟病的"标题党"又衍生出了新形式——视频"封面党"。视频"封面党"主要分为以下两类：一类是封面与内容都低俗，另一类是封面低俗、内容优质，且封面与内容大都毫无关系。这两类形式的短视频在微信群（特别是中老年微信群）中十分常见，它们在微信等社交平台上传播，不仅污染网络环境，更重要的是这类视频也影响着未成年人的健康上网。

为吸引眼球不惜突破底线的视频"封面党"已经形成一种互联网不良风气，其恶劣影响不亚于"标题党"，需要引起相关互联网平台以及相关部门和监管机构的重视。

打击视频"封面党"，不仅是在抵制低级恶俗文化的传播，更是在保护正能量、优质网络视频"表里如一"的正常传播。作为相关部门，面对如火如荼的短视频时代，应该尽快出台相关法律法规，完善短视频传播的相关规范。作为网民，我们也要做到不制作"封面党"视频，不传播"封面党"视频，人人抵制视频"封面党"，让视频"封面党"成为"人人喊打的过街老鼠"，最终使得"封面党"在互联网上失去市场。

文章来源：半月谈新媒体

● 知识点学习

5.1　封面图设计

如果说标题是视频的躯体，那么封面图就是视频的灵魂。对于短视频运营者来说，不仅要做出有内容、有价值的作品，还要学会如何更快地利用封面来提升账号的影响力。好的短视频封面能吸引更多用户浏览点赞，如果封面独具特色，也能吸引用户对账号的关注。

一、封面图含义

短视频的封面图是视频自媒体给观众留下的第一印象，封面设计的好坏决定了观众是否会在短时间内点击视频，这也影响了视频的后续推荐和播放。

优质的封面图可从画面选取、构图布局、画面元素设置、文字添加修饰、图片色彩亮度等方面着手设计，总结内容、提炼亮点，既对视频内容进行预告，又要保持适当的神秘感，从而引导观众点击观看，增加短视频的点击率。

二、优质封面图注意事项

1. 清晰完整

封面图清晰完整，不宜太模糊或者昏暗，这样不仅会让作品显得质量低下，而且大大降低用户视觉体验。注意图片不要出现任何压缩变形的现象。

2. 引人注目

封面图要有吸睛点，可以从视频中选取最好看、最吸引眼球的镜头。画面要有侧重点，突出视频内容重点。

3. 关联性强

封面呈现内容需与标题有直接的相关性。如果封面以人物为主，则要突出人物情感；如果是以具体对象为主，则需要突出对应重点。不能为了蹭热点就胡乱加封面，使用户产生模糊认知，从而流失用户。

4. 精简有趣

封面图设计的文字要精简有趣，有别于标题。注意字体清晰，颜色醒目，不要遮挡图片主体。

①字号设计需偏大，最好不低于24号字体，有利于用户一眼看到视频要点；

②字数在15字左右，便于用户快速获取视频信息，点击观看。

5. 强化IP形象

封面图可通过固定元素、标志性设计形成一个固定形式，有意识地强化用户对其形象的记忆，增强粉丝黏性。

三、抖音封面的3个逻辑

在抖音短视频领域里，每个账号的人设与定位都有区别，所展示的封面图都会有所不同。如抖音平台的封面图核心表达：依据账号定位确定封面展示类型。

1. 以"人物"为中心

以人物为主的短视频内容一般是故事情节或者才艺表演，有故事情节的视频会包括起因、高潮、结果。能增加吸引力的封面必然是能突出剧情高潮冲突点的截图或动态图，因为故事的主要矛盾点是最能吸引人的部分，这类视频可以使用突出故事的高潮部分作为封面。

比如创作者的内容主要是本人出镜的搞笑剧情演绎类，可以看到她的视频封面都是带有剧情冲突点的动态图片，具有吸引用户点开的动作和元素，让用户一看到封面图就期待视频内容，这种封面图也适合一些打造个人 IP 的账号。

2. 以"产品"为中心

如果创作者运营账号的目的是直接卖货引流，封面图需要以产品为中心，一定要突出刺激点。比如美食类账号可以截图各色美食的动态图片作为封面，直接放出清晰、诱人的美食图刺激用户的眼球和味蕾，从而点开更多的视频，增加播放量和转化量。

对于一些服装类账号，如果是针对某一特定目标人群，服装有自身的鲜明卖点和适用场景的视频，可以在封面上直接突出卖点，让有特定需求的用户一看到封面就想点击视频，并且为后续转化奠定基础。

图 5-1　人物封面图示意　　　　图 5-2　产品封面图示意

3. 以"内容"为中心

除了以人物、产品形式作为短视频封面，有一部分的账号也采用了内容形式的封面，即以文字点明视频主要内容。文字形式的封面最大的好处就是可以直接点出视频关键要点、核心要素，让用户一眼就能明白视频主要内容。

创作者可以提取视频关键点，制成文字贴在视频上，这样可以很直观让用户区分每个视频的重点和不同。文字形式可以用疑问句或是省略号的形式，让用户更有情景代入或激起共鸣。

图 5-3　内容封面图示意

四、封面文案的 6 种写法

1. 做总结

关键字：盘点、全套、合集、榜单、清单……

例如，化妆品的评测类视频，封面文案会写"最好用的粉饼大盘点"，让人一眼就看到感觉干货满满，想要点赞收藏。

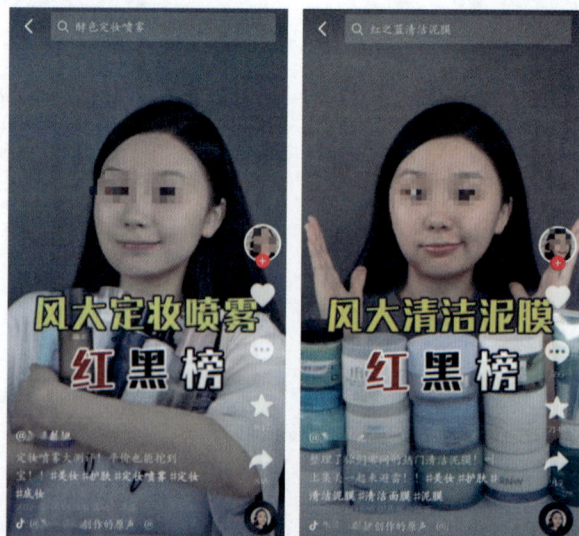

图 5-4　做总结封面图示意

2. 设剧情

关键字：××系列之（上、下）、当我×× 的第（123）天……

例如：化妆类账号可以取名"普通人自学化妆的第一天"，美食类账号可以取名"挑战宅家做饭 100 天"，打卡挑战记录类可以开设合集，记录打卡过程，吸引同类型兴趣爱好的人一起坚持。如果观众对当期内容比较感兴趣的话，很大概率会关注账号开启追剧模式。

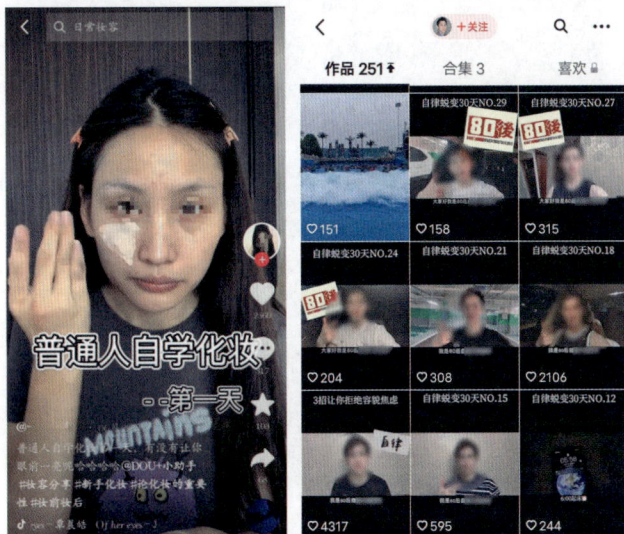

图 5-5　设剧情封面图示意

3. 列数字

关键字：××元搞定、低至××元、×招教你、×大排名……

例如：带货类的短视频账号，封面文案可以设为"低至 10 元的×× 化妆品"，列数字的本质是为了制造观众落差感，从价格上吸引观众。

图 5-6　列数字封面图示意

4. 做对比

关键字：×× VS ××、PK、区别……

例如：剧情类短视频账号可以尝试取名"一个人时 VS 和闺蜜在一起时""男朋友卖萌 VS 女朋友卖萌"，创作者关于对比类的内容可以发散思维，贴合观众生活进行创作。

图 5-7　做对比封面图示意

5. 提问题

关键字：如何做到，怎样搞定，是你吗，你同意吗……

例如：美妆类账号做测评类内容时，封面文案可以设为"×× 粉底液真的好用吗？"，用疑问的形式与观众内心进行互动。

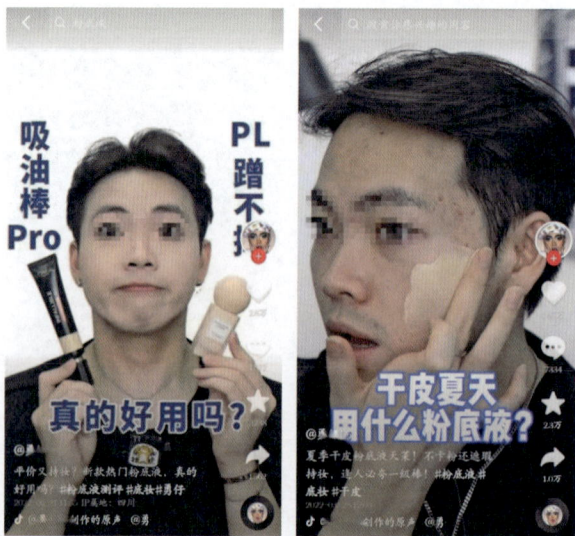

图 5-8　提问题封面图示意

6. 做背书

关键字：××力荐、××同款、××最爱、××秘诀……

例如：美妆类账号的封面文案可以设为"××同款化妆品盘点"，服装类账号的封面文案可以设为"××夏日穿搭秘诀"。利用名人效应吸引粉丝与观众。

图 5-9　做背书封面图示意

总结小技巧

（1）封面图最好使用固定风格，可以加深观众的印象。

（2）字体一定要清晰且大，最好加上底板或者黑边。

（3）封面字不要太多，摆放在居中或者靠近中间部分，方便显示。

5.2　短视频标签话题关键词

一、短视频标签

1. 什么是标签

通常我们发布视频的时候，系统会根据我们的账号内容打上相对应的标签，再推给喜欢这类标签的用户。同理，我们刷视频的时候，系统也会根据我们的标签推送相应的标签视频。

2. 标签的分类

标签通常分为 3 类：账号标签、内容标签、粉丝标签。

（1）账号标签

指创作者的账号定位，比如你的账号经常发布游戏类的视频，长久下去系统就会记住你的账号发游戏视频，从而贴上游戏账号的标签。

（2）内容标签

通常指账号发布的内容，也叫作品标签。比如你发布的是数学教程视频，系统会通过你的账号、视频的标题、视频内容里的图片、视频里的文字、视频里的语音等多个维度进行分析，最终才能确定你发布的是教学相关的内容，并生成老师、数学老师、过程、教学等标签，接下来就是把你的这些标签分别推荐给喜欢这些标签的用户。

（3）粉丝标签

粉丝标签也叫兴趣标签，用户在抖音的所有行为轨迹都会被系统收纳进数据库，而兴趣标签主要是参考用户观看不同视频的点赞、评论转发、转粉观看时长和完播率，从而判断用户喜欢什么样的内容。因为每个人的喜好和行为轨迹都不一样，所以会根据这些指标形成每个人的个性化兴趣标签系统，再给用户推送视频。

图 5-10　粉丝标签示意

3. 标签的重要性

抖音的流量推荐机制是倒三角形的，每个人发布的作品都会系统推送给固定数量的用户观看，这叫初始流量，当这些用户观看了你的视频并产生了互动后，系统会评估你的视频是否会推荐给更多用户观看，如果达标了就会进入下一个流量池，以此类推获得相对应的曝光。

表 5-1　抖音流量池示意

八次曝光：3 000 万 + 播放量
七次曝光：700 万 ~ 1 100 万播放量
六次曝光：200 万 ~ 300 万播放量
五次曝光：50 万 ~ 60 万播放量
四次曝光：10 万 ~ 12 万播放量

续表

三次曝光：1.2 万～5 万播放量
二次曝光：3 000+ 播放量
首次曝光：300 播放量

举例：创作者拍摄了一条关于美食制作的 A 视频，并进行发布，如果账号被系统打上美食制作的标签，那么系统会自动将 A 视频推送给 300 个喜欢美食制作的用户观看（注意：推送的用户取决于你账号标签是否精准），因为账号标签与视频内容是相匹配的，所以系统推荐的用户都喜欢看 A 视频，这 300 位用户中，很大一部分人都会看完，然后产生点赞、评论、收藏、转发等动作。

当这些互动上升到一定比例后，A 视频就会再次被系统推给 3 000+ 的用户观看，这些用户观看完后又会产生播放跟互动，再被系统评估推荐给更多用户，最终 A 视频可以达到 30 000+ 的用户观看，而这时账号获得了最大程度的曝光，越来越多的用户关注账号，利于后续的涨粉变现。

反之，如果因为账号没有被打上美食制作的标签或者是标签不精准，系统在首次推送的 300 名用户中，可能会有一部分用户喜欢其他标签的内容，比如：游戏、动漫、汽车等，而这部分用户看到 A 视频时可能并不会产生互动，A 视频的完播率跟互动率会降低，系统会判定 A 视频不达标，不能推送给更多用户观看，最终 A 视频只能获得最基础的流量。

由此可见标签的重要性，它关乎短视频是否能获得更大的曝光度。

4. 短视频账号如何打标签

打标签就是让系统精准匹配我们账号的标签，抖音系统会给每个账号建立一套数据模型，通过 AI 算法来给账号打标签，但是初始的标签是不精确的。

比如创作者发布了一个做菜视频，视频是一个美女在野外做菜的内容，系统可能会给账号标签定为美女或者野外探险，然后将这条视频推送给喜欢美女或是野外探险内容的用户，最后我们所得到的用户与账号标签是不匹配的。

因此创作者要不断强化美食标签，让系统认定账户是做美食的。通常可以采用以下几种方式来给账号打标签。

（1）账号添加标签

创作者可以通过设置昵称、个人简介、主页背景图来为个人账号特点、标识，增加账号辨别度。这样利于确定账号定位方向，也有利于让用户快速了解账号基础信息。如果用户对视频感兴趣，就会关注账号。

图 5-11　账号添加标签示意

（2）发布添加标签

当我们发布视频的时候，可以根据自己做的赛道添加相应的关键词话题标签，或者是跟我们赛道有关的标签。注意添加的话题关键词一定要精准，不然容易导致标签混乱。

图 5-12　发布添加标签示意

（3）内容添加标签

内容指的是短视频里面的文字，可以多加入跟账号赛道有关联的关键词。比如说美食制作类视频，视频文案可以适当多出现几次用到的材料名称关键词，让系统更倾向这个标签。

图 5-13　文案添加标签示意

（4）创作者添加标签

创作者可以在抖音→首页下方点击"我"，点击右上角"三条横线"→【创作者服务中心】→进行认证，如果是企业账号可以选择企业认证，如果是个人自媒体可以选择优质创作者认证。

选择创作领域，比如美食领域，那就选择美食→美食自媒体→确认，这个也是最快速给自己账号贴标签的办法。

注意此方法需要满足 4 个条件：实名认证、绑定手机号、近 0 天发布作品 ≥ 3、粉丝数量 ≥ 10 000，如果满足了这 4 个要求，就可以点击下一步进行认证。

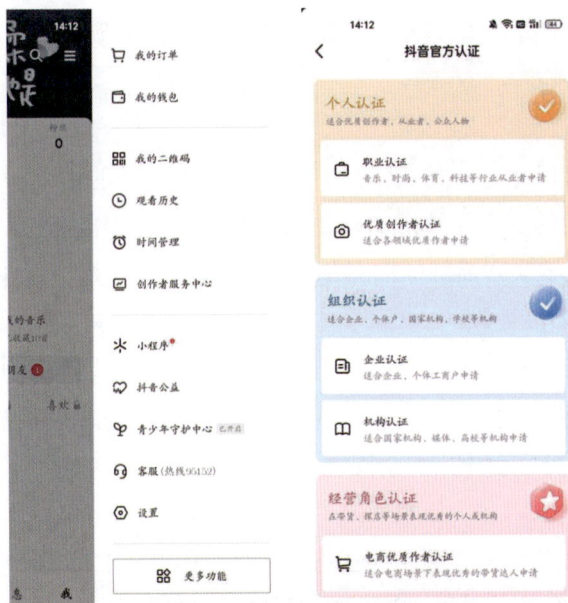

图 5-14　创作者标签示意

（5）星图添加标签

创作者可以利用星图平台申请或修改账号的标签，粉丝满 1 万后注册星图即可申请或修改账号标签。但是星图审核较为严格，必须保证近期发布的十条视频都与标签内容相关，才可以进行审核。

（6）DOU+ 投放相似达人

DOU+ 投放可以给账号添加流量曝光的同时吸引精准用户关注，并且还能通过 DOU+ 投放相似达人来矫正自己的标签，让 AI 系统进行标签的判断。

给账号打标签是比较漫长的过程，过程的长短取决于账号内容的数据大小，想要让系统给账户打上精准的标签，前提是我们的作品播放互动等数据必须足够高，只有这样我们的数据模型才能足够精准。

二、短视频话题

对于短视频创作者来说，如何保证生产出源源不断的优质短视频？怎样的短视频话题更加受用户的欢迎？这些都是创作者需要考虑的问题。

1. 话题的作用

短视频平台大多数都会自带一个话题功能，抖音平台在发布视频时就会有一个添加话题的选项。创建话题是为了更好地在短视频平台留下你的痕迹，因为短视频平台都是优先创建的原则，如果这几个字没有在互联网上出现，或者说没有被创建过，那么作为第 1 个创建的创作者，这个话题是属于你的。另外如果创建的话题有趣，互动性较强，还可以激发大家的参与，来增加话题的流量以及账号的权重。

2. 话题分类

在短视频平台，话题其实是有分类的。不同的话题可以起到不同的作用，对视频的引流效果也有所不同。

（1）关键词

这里的关键词可以是行业的关键词，可以是包含产品的关键词，也可以从目标用户的痛点和需求里找的词组。越是垂直的账号使用的话题越要垂直，一方面要实现精准获客，另一方面也要实现品牌的差异化。比如说："＃自媒体行业干货""＃广告文案撰写""＃机械行业短视频""＃××本地美食排行榜"等，这些都可以算作关键词。

除此之外，我们也可以利用目标用户的特点进行设计话题，比如说："＃森系女孩爱用眼影""＃新手小白剪辑教程""＃营销入门必看十本书"。既能够获得精准用户，也能作为文案的一部分吸引用户点击观看。

（2）热点话题

在文案中添加热门话题可以为自己的视频增加曝光量，在这个大类下，我们可以蹭的热点话题有：社会热点话题、行业热点话题、官方推荐话题。

图 5-15　关键字话题示意

　　①社会热点话题是指一些比较热门的社会话题，比如说"＃什么是快乐星球"成为抖音的爆款话题，同类型标题格式衍生出来的话题标签就有"＃什么是幸福""＃什么是朋友"等。除此之外，还有一些节假日也属于热门话题，比如"＃五一小长假"话题、"＃端午节"话题等。

图 5-16　社会热点话题示意

②行业热点话题就是行业内比较热门的话题。可以是行业最新动态："＃肯德基疯狂星期四""＃小米新Logo"等，也可以是行业常备热点话题，例如装修行业"＃装修10个坑"、摄影剪辑技术的"＃入门剪辑"等。

③官方推荐话题比较特殊，是由官方自己进行设计推荐的话题，这类话题一般是有官方流量推动的，对于短视频运营者来说，参与这些话题还能瓜分流量奖励。

图5-17　官方推荐话题示意

（3）话题第三类——品牌自建

如果是为企业、品牌、产品服务的创作者们，在运营账号时，不管是蹭热点还是选择其他的话题标签，都会比较犹豫，选择第一类的关键词作为话题又比较难出圈。

这时可以通过发起或者营造热点话题，吸引更多用户参与到话题当中，参与的人数越多越有利于我们的曝光。简单来说就是自己制造话题，比如创建美食话题："＃北京胡同里的美食"，发动同城的粉丝参与到这个话题之中，参加的人越多，所获得的曝光就越多。

注意，在发起自建话题时，创作者要保证发布的视频质量，不然视频很有可能会被其他视频挤下去，用户在这个话题下找不到我们创作的视频。

3. 如何选择话题

（1）借助营销日历

营销日历其实就是将全年/全月的重大节假日和活动时间呈现出来，主要可以运用在追踪时间热点上，根据节日节点制造合适的话题。

图 5-18　2022 年 8 月营销日历示意

（2）关注同行动态

不同的领域都有一批出色的头部短视频账号，我们可以定期研究同行做出的爆款话题，结合自己账号特点，借鉴引用或者延伸话题。

（3）关注各大热搜榜单

爆款短视频话题也讲究"蹭热点"，可以平台自带的热搜榜单，筛选出合适的话题进行参与。

图 5-19　抖音热搜榜单示意

（4）积极寻求用户需求

短视频话题还可以借助用户和粉丝的力量。通过评论区咨询"大家下一期想要看什么内容"这样的方式可以直接了解用户需求，从而确定短视频接下来的话题，更好地进行内容创作。

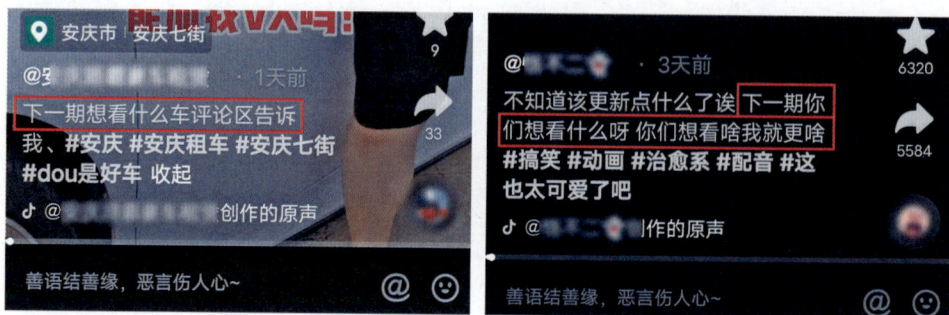

图 5-20   互动示意

三、短视频关键词

1. 热点关键词

蹭热点是一个较为常见的提高流量的方式，但热点当中也是需要有一些关键词的，创作者需要通过一些关键词来蹭上这个热点。视频带了关键词就可以被搜索出来，相关话题推荐也会在话题收录中。

2. 短视频关键词排名

短视频关键词排名是一种通过技术手段提高视频在用户搜索页面排名的方法，当用户产生购买欲望时，通常会在短视频软件中搜索某类词语。比如想要购买零食，就会搜索"零食"二字，通过这种依靠关键词搜索获得的视频便都是与零食有关的一些推荐视频。

优化短视频关键词可以让用户在搜索相关词组时，把我们的视频排到他可以第一眼看到的位置，从而使用户产生观看欲望，促进购买力或是提升品牌印象与好感度。

5.3   短视频标题打造

标题是用户看到视频时产生的第一印象，好的标题能吸引用户注意，让用户观看下去，从而影响平台的推荐算法；如果标题不吸引人，那么制作的视频很有可能石沉大海。如何才能写好短视频的标题？我们可以搜集一些爆款视频，从中总结爆款标题的规律。

一、爆款标题技巧

1. 提出疑问

疑问式标题可以起到抛砖引玉的作用，用一句话让用户产生继续了解内容走向的好奇心。不过需要注意的是，如果采用疑问式标题作为开头，那么视频内容中最好要有普通人意想不到的结局，有转折的效果才能将疑问式标题的作用发挥到最大。

示例：

"在海上工作 5 年是一种怎样的体验？"

"你去过流浪狗救助基地吗？"

图 5-21　提出疑问标题示意

2. 设置悬念

这种标题是"故事的一半"，故意留下悬念，以引起用户的好奇心。创作者可以在标题中加上"万万没想到""最终结局是这样"等关键词。但是这种标题的使用侧重于视频本身的内容，我们要确保视频内容能够达到用户的预期，不要虎头蛇尾，否则很容易引起用户的反感。

示例：

"这是真的吗，真有这么好？"

"流浪汉的善举令人感动，结局令人意外。"

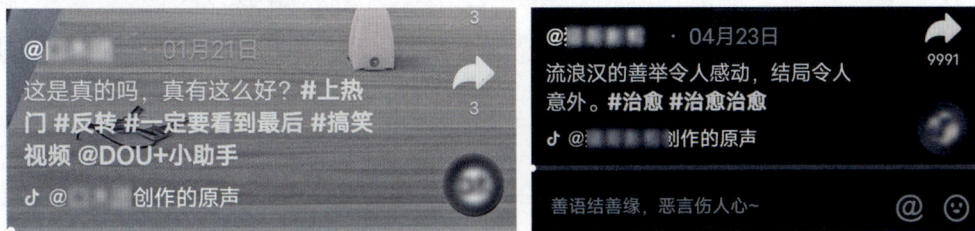

图 5-22　设置悬念标题示意

3. 列举数字

标题中列出数字是一种常见的技巧。数字可以让视频更有说服力和吸引力，同时也能更好地展现视频重点，标题中的数字列举可以分为两类：

（1）对比效应

通过数字，用户可以形成强烈的心理反差，打破之前的认知并产生"这个视频的内容很独特"想法，即使知道标题有些夸张，但还是想一探究竟，这类视频适合教学和技术内容。

示例：

"3 分钟高效燃脂训练"

"挑战 100 种方式打开暑假生活"

图 5-23　对比效应标题示意

（2）内容分解

通过列举"三个步骤""五个技巧"等数字，快速告诉用户视频的内容逻辑是什么，用户很容易就能了解是哪几个步骤。用户在观看时目的性很强，学习视频中的知识点也更有效。

示例：

"容貌焦虑的女生三步逆袭"

"五个技巧让你背书过目不忘"

图 5-24　内容分解标题示意

4. 制造危机

"不这样，结果便会那样"是制造危机式标题的典型写法。一旦有能威胁到用户所关心的事物，用户就会变得紧张又好奇，想要防止自己踩坑。制造危机还有另一种写法，即直接说出忌讳的事情，如"什么事情千万不能做"，虽然没有点明后果，但坏结果却不言而喻。

图 5-25　制造危机标题示意

示例：

"面试 6 大忌讳，千万要注意避开"

"这些词真的是违禁词吗？真的不能说吗？"

5. 营造猎奇

猎奇是人的共性，人们会点赞转发那些看起来不太可能实现，结果却令人大吃一惊的视频。作为短视频创作者，我们可以利用人们的猎奇心理，结合生活、情感、励志、创业等话题，给视频打上【这怎么可能】的"标签"，用"投入与收获不成正比"作为切入点吸引观众的关注，提高视频播放量。

示例：

"挑战 100 块在上海吃一个礼拜。"

"花 1 000 万总结的短视频经验，分享给你！"

图 5-26   营造猎奇标题示意

6. 体验式分享

体验式标题可以将用户快速带入特定的场景中，让用户跟随创作者产生一种未知的体验，或是某种精神上的认知，其目的是吸引用户观看自己所生产的内容。体验式标题常出现在美食探店类的视频中，可以带给用户一种全新的视觉体验，会让很多没有去过门店的客户产生好奇。

例如：

"体验一家无人零售麻辣烫"

"住天庭是什么感觉"

图 5-27   体验式标题示意

7. 时间紧迫

限时标题对应的内容通常是报道最新的信息或新闻，会在时间上给用户一种紧迫感。一般可以用"最近""最新消息"之类的词在标题的开头，能激起用户的求知心理，当然也要求你的内容足够"新"。

示例：

"青海大通山洪最新进展"

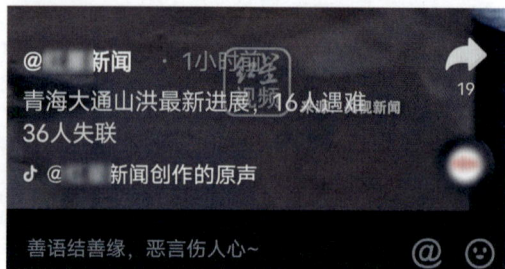

图 5-28　体验式标题示意

8. 目标指向

这种类型的标题通常有明确的目标用户，内容针对的是自己的账号受众，用户看到后会自动代入自己，适合有垂直内容的账号。

示例：

"小个子显高穿搭法则"

"一次过四六级的超级套路"

图 5-29　目标指向标题示意

9. 组合热点

在标题中加入与热点事件相关的词语，很容易提升视频的知名度，也就是通常所说的"蹭热点""借势营销"。这种视频内容可以根据账号自身定位进行多角度选择。

示例：

"跟着刘某某教练减脂操的一个月汇报成果"

"董某某也有编不下去的时候"

图 5-30　组合热点标题示意

二、标题注意事项

①避免词汇太专业、冷门、生僻，覆盖人群太少，不利于机器人识别，可能只有行业内专业人士能看懂，这样的标题点击量会很少，机器人也会降低推荐。

②避免缩写词汇。第一是用户看不懂，看到标题也不会点击；第二是平台机器人无法识别，也会降低推荐量。

③善于运用开放式文案，抛出话题引导用户留言互动。标题平淡无法吸引潜在客户点击，但这并不代表视频内容不行，虽然机器人能够识别，但是推荐之后，用户不点击，机器人会自动认为用户不喜欢该视频，并降低推荐。

④标题字数不要太多，建议文案 15 ~ 20 字为宜，最多不超过 55 个字；展现在手机上面是 1 行 ~ 2 行半。字数太多会影响视觉体验，不方便用户第一时间获取重要信息，而且抖音的视频展现方式类似于信息流形式，不感兴趣的内容用户 1 秒就划过去了，根本来不及看到标题信息。

⑤添加热门话题标签、@ 好友或者官方小助手，这在一定程度上也能加大内容被曝光的机会。

⑥适当口语化表达，避免官方语态。

⑦尝试多样性句式。除陈述句式外，还可以尝试疑问、反问、感叹、设问等句式，引发用户思考，增强代入感。

⑧合理断句。通常来讲三段式标题较为合适，除字数足够外，用户也易于理解，减少阅读负担；还能承载更多内容；层层递进表述更为清晰。

⬡ 案例分析

案例背景

某短视频平台的一位博主凭借短视频标题爆火："体验 75 000 块钱一晚的中国大饭店总统套房""5 000 块一位的私房菜套餐""花一万多块钱剪个头发"等。看到这样的视频标题，大家出于好奇心都会想点进去看看，而这位博主也凭借着一系列体验式炫富的视频，迅速吸引了 2 700 万的粉丝，成了短视频平台上一位炙手可热的所谓的大 V。

这位博主火了之后，吸引了无数的跟风拍摄者，在多个短视频平台上，打着"揭秘""体验"旗号，以高昂消费为主题的短视频内容随处可见。

然而有记者调查发现，这类创作者在一掷千金的背后，其实有远不止千金的回报。他们费尽心思制作这些炫富短视频的目的是在吸引到足够的粉丝之后，再收割变现。最简单的变现方式就是在视频当中嵌入广告。比如前不久，一条"探秘 5 亿豪宅别墅"的视频火遍全网，视频对豪宅中的奢侈装潢、院内豪车、停机坪等进行了反复渲染，但看到最后就会发现是一些卖房、卖车、卖手表的广告。

案例分析

在这种商业合作下，这些充斥着高消费内容的短视频容易让年轻人迷失方向，一些看过"炫富"短视频的青少年会无意识地模仿炫富短视频里的穿着和打扮，也会经常讨论一些高档餐厅和豪车。对于还未正确树立起消费观的青少年而言，这种宣扬攀比拜金的炫富短视频，无疑是一碗毒鸡汤。

某日报对此点名批评了一批以体验奢侈生活为卖点的炫富短视频，批评这些主播一味追逐流量，却把社会责任放在一边；抖音、快手、小红书等平台也开展了打击"炫富"专项治理行动，对于一批涉嫌刻意炫富、恶意炒作的账号进行了禁言和封禁等处理。

有专家表示，要想真正杜绝这类乱象，还需各大短视频平台切实扛起社会责任，优化内容展示标准，形成正向引导，让用户更清楚地知道什么内容的视频能播，什么视频不能播。另外，一旦发现有用户发布违规视频，除了关停账号以外，还应将其列入黑名单，禁止其重新注册账号，这样才能营造出一个清朗的互联网环境。

⬢ **任务实施**

【任务书】

请学员通过查阅教材、上网搜索、听课、讨论等获取任务书中的答案或案例，并进行自我评价，确保项目顺利实施。

任务分组：4 ~ 6 人一组。

任务内容	任务要求	验收方式
封面图设计	参考爆款视频的封面图进行分析，并掌握优质封面图设计技巧	提交设计好的封面图
短视频标签话题关键字	分别为不同类型的短视频策划关联的标签与话题	以文档形式提交并说明理由
短视频标题创作	了解爆款短视频标题如何撰写，掌握短视频标题技巧	以文档形式提交

【获取信息】

扫描下方二维码，获取本节课程教学课件、微课视频进行知识点学习。

教学课件

微课视频

【知识点梳理】

一、封面图设计

一个好的短视频封面，可以吸引更多的用户点赞浏览你的作品；如果你的封面独具特色，还会吸引用户关注账号。

```
                          一、封面图含义 ——— 短视频的封面图是第一印象

                                              1. 清晰完整

                                              2. 引人注目

                          二、优质封面图注意事项 —— 3. 关联性强

                                              4. 精简有趣

                                              5. 强化 IP 形象

          封面图设计                          1. 以"人物"为中心

                          三、抖音封面的 3 个逻辑 —— 2. 以"产品"为中心

                                              3. 以"内容"为中心

                                              1. 做总结

                                              2. 设剧情

                                              3. 列数字
                          四、封面文案的 6 种写法 ——
                                              4. 做对比

                                              5. 提问题

                                              6. 做背书
```

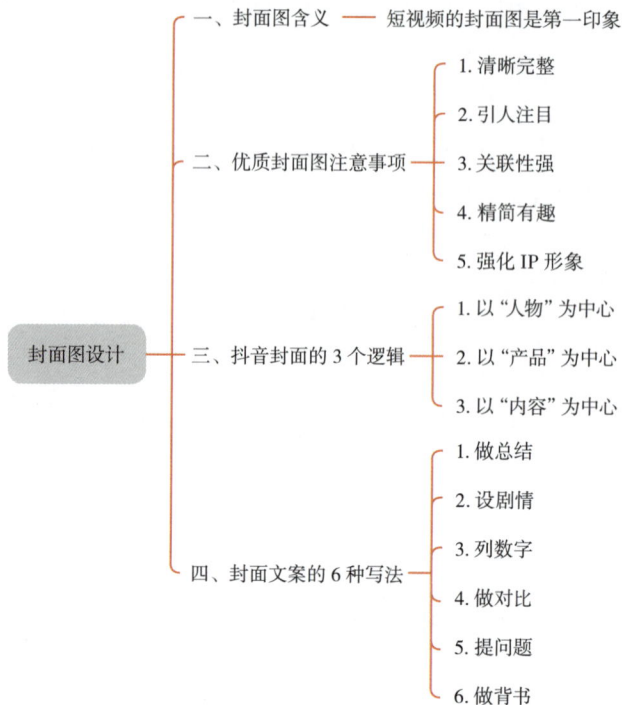

二、短视频标签话题关键词

通常我们发布视频的时候，系统会根据我们的账号内容打上相对应的标签，再推给喜欢这类标签的用户，同理我们刷视频的时候，系统也会根据我们的标签推送相应的标签视频。

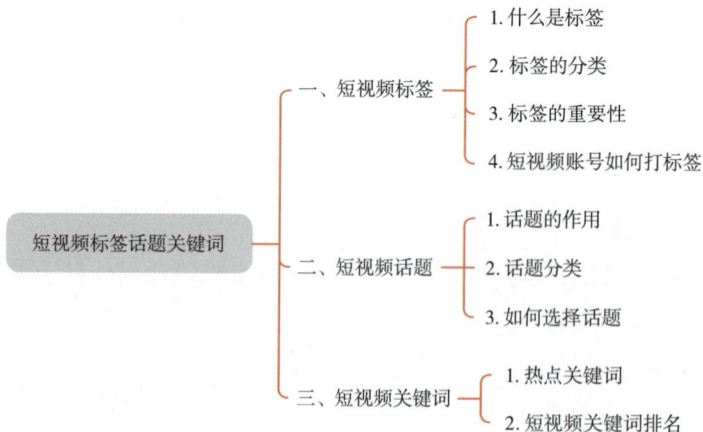

```
                                              1. 什么是标签

                                              2. 标签的分类
                          一、短视频标签 ——
                                              3. 标签的重要性

                                              4. 短视频账号如何打标签

    短视频标签话题关键词                        1. 话题的作用

                          二、短视频话题 ——— 2. 话题分类

                                              3. 如何选择话题

                          三、短视频关键词 —— 1. 热点关键词

                                              2. 短视频关键词排名
```

三、短视频标题打造

标题是用户看到视频的第一印象，好的标题能吸引用户的注意，让用户能继续看下去，从而影响平台的推荐算法，慢慢扩大影响。

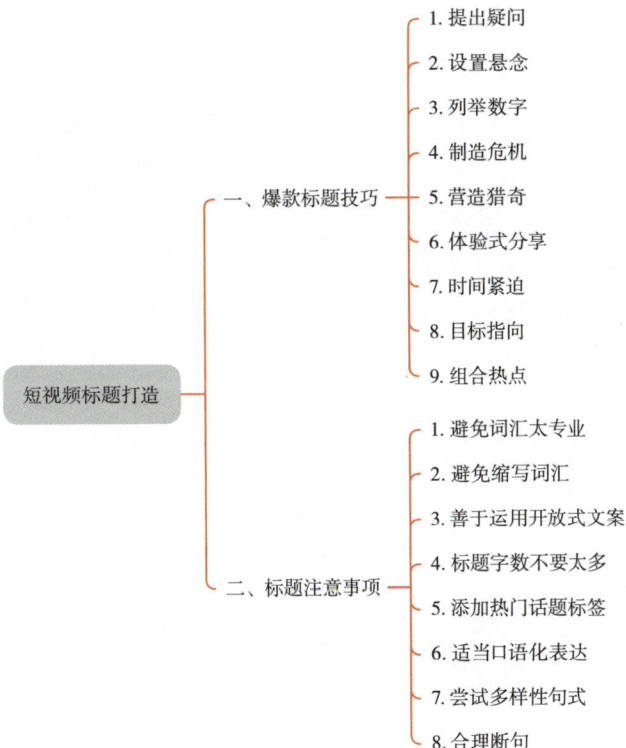

```
                                           ┌─ 1. 提出疑问
                                           ├─ 2. 设置悬念
                                           ├─ 3. 列举数字
                                           ├─ 4. 制造危机
                           一、爆款标题技巧 ─┼─ 5. 营造猎奇
                                           ├─ 6. 体验式分享
                                           ├─ 7. 时间紧迫
                                           ├─ 8. 目标指向
           ┌───────────┐                   └─ 9. 组合热点
           │ 短视频标题打造 │
           └───────────┘                   ┌─ 1. 避免词汇太专业
                                           ├─ 2. 避免缩写词汇
                                           ├─ 3. 善于运用开放式文案
                                           ├─ 4. 标题字数不要太多
                           二、标题注意事项 ─┼─ 5. 添加热门话题标签
                                           ├─ 6. 适当口语化表达
                                           ├─ 7. 尝试多样性句式
                                           └─ 8. 合理断句
```

【工作计划】

工作目标

本次工作内容为短视频内容输出。通过结合企业背景及短视频账号定位，为拍摄好的短视频定位标签，规划好短视频封面及发布时的标题，掌握短视频爆款标题技巧。

店铺为了迎接"618"活动，特地拍摄了一系列零食种草类的视频，为了测试哪一种视频对用户吸引力更大。视频分为三种风格类型：卡点音乐种草类、零食试吃测评类、零食工厂探访类。视频已经拍摄完成，接下来就要进行视频封面设计及标题撰写等工作。

工作步骤

（1）完成知识点的学习，认知与巩固短视频内容输出相关；

（2）请按照短视频内容输出工作过程依次完成工作计划与实施；

（3）工作过程中可采用线上线下混合学习方式，学生以小组为单位协同合作，运用所学知识及网络渠道了解短视频封面设计及标题撰写，共同完成工作任务；

（4）工作结果需要整理到相关表格或报告形式呈现。

背景资料

企业信息：重庆某零食公司主要依托互联网电商平台，销售各种零食、鲜果，开店已有半年。随着短视频兴起，店铺也准备筹备拍摄短视频，账号定位为美食种草。

当前店铺销售商品有灯影牛肉、麻花、全麦面包、曲奇饼干、柑橘、血橙等，零食类为店铺主要经营销售商品，鲜果类则会应季上市。店铺商品消费人群在 24~30 岁居多，其次是 18~23 岁、31~40 岁，女性消费者较多。商品定价在 9.9~35 元不等，根据克数 / 口味分设多个 SKU，满足不同人群需求。

引导问题 1：为了迎接"618"活动，团队拍摄了三种不同风格的视频：卡点音乐种草类、零食试吃测评类、零食工厂探访类。为了更好地呈现视频效果，团队成员需要对视频封面进行设计，请在短视频平台分别搜集与这三种风格相似的爆款视频（各三个），并分析每个爆款视频的封面图是如何设计的？以表格形式提交。

答题区：

卡点种草		零食试吃		工厂探访	
封面示意（截图）	分析	封面示意（截图）	分析	封面示意（截图）	分析

引导问题 2：在完成搜集分析爆款短视频的封面设计后，就要开始着手设计需要发布的视频封面图，首先要确认这三种视频标题要撰写成什么风格？可以先参考搜集的爆款视频标题，并分析其标题是如何撰写的，从中总结规律。

答题区：

卡点种草		零食试吃		工厂探访	
标题示意	分析	标题示意	分析	标题示意	分析

引导问题 3：总结了爆款视频标题的规律与技巧后，成员需要为店铺内制作的视频撰写标题。请参考爆款标题的撰写规律，分别为店铺的三种类型短视频进行标题撰写，并指出标题运用了哪种技巧？

答题区：

引导问题 4：在完成标题撰写后，就可以进行封面图设计，设计封面图时需要提取标题关键字放上去，成员需要根据之前总结的爆款视频封面图设计的规律与技巧，分别为三种短视频进行封面图设计。

答题区：

引导问题 5：完成了封面图设计与标题撰写后，就可以发布短视频，发布前需要思考这三种风格不同的视频分别适合什么样的标签与话题？请为这三种视频分别设计标签与话题，并说明理由。

答题区：

● 评价反馈

根据考核内容，学生完成自我小结并进行自评打分。教师根据学生活动情况进行点评并完成教师打分。最后按小组自评分 ×30%+ 学生互评 ×30%+ 教师评分 ×40% 计算得分。

表 5-2　任务综合评价表

类别	考核内容	分值	评分			得分
			自评 30%	学生互评 30%	教师评分 40%	
知识储备	了解短视频标签与话题含义	10				
	掌握短视频爆款封面设计	15				
	掌握短视频标题撰写技巧	15				
	学会相关信息搜集与整合	15				
技能训练	热点话题跟踪能力	20				
	内容创新创造力	25				
合　计		100				

● 课后测试

一、单选题

1. 一般来说，短视频的灵魂是（　　　　）。

　A. 标题　　　　　　B. 话题　　　　　　C. 关键字　　　　　　D. 封面图

2. 短视频封面文案"盘点秋冬季黄皮适合的评价口红"属于（　　　　）写法。

　A. 做总结　　　　　B. 列数字　　　　　C. 做对比　　　　　　D. 提问题

二、多选题

1. 短视频优质封面图注意事项包括（　　　　　　）。

　A. 清晰且完整　　　B. 关联性强　　　　C. 具有标志性　　　　D. 强化 IP 形象

2. 抖音短视频的标签分类有（　　　　　）。

　A. 账号标签　　　　B. 内容标签　　　　C 粉丝标签　　　　　D. 话题标签

3. 短视频的话题分类有（　　　　　）。

　A. 关键词分类　　　B. 品牌分类　　　　C. 热点分类　　　　　D.IP 分类

4. 属于短视频标题技巧中的内容分解技巧的标题有（　　　　　）。

　A. "小个子女生的三步显高穿衣技巧"

　B. "五个技巧让你背英语单词快速通关"

　C. "见家长 6 大忌讳，千万要注意避开"

　D. "女生最讨厌男生这几种行为"

三、判断题

1. 抖音的流量推荐机制是正三角形。　　　　　　　　　　　　　　　　（　　　）

2. 短视频标题撰写时要善于运营开放式文案，抛出话题引导用户留言互动。

　　　　　　　　　　　　　　　　　　　　　　　　　　　　　　　（　　　）

3. 短视频标题文案的字数建议越多越好，才能将视频内容讲解清楚。　（　　　）

四、简答题

某一个短视频内容：创作者早起花五分钟时间来制作一顿减脂早餐，早餐是全麦鸡蛋三明治。该视频的标题是"花式减脂，在家也能健康塑形"，请分析该短视频的标题选取是否合理？如果不合理，请你运用所学知识为该视频重新设计贴合内容的标题（不少于两个）。

任务 6

运营推广：助推短视频热度

》 任务简介

随着互联网的发展，短视频已经成为用户流量的重要来源，短视频推广也成为主流推广之一，其蕴含的商业价值不言而喻。短视频推广对比传统的网络推广互动性更强，品牌可以第一时间得到客户反馈的信息，从而进行更有针对性地改进，使得消费者有更好的体验，销售效果得到更有效地提升。通过本任务的学习，了解不同短视频平台的推荐机制，掌握爆款短视频的逻辑思维，并熟练运用短视频推广工具，助推短视频热度。

》 学习情境描述

实习生小杜已经跟着短视频运营团队一起了解并制作发布短视频，有一些短视频播放量与点赞数据在刚发布的时候都不错，但几天后再看却没有进一步的上涨。小杜不经开始思考如何让短视频能得到更多客户的吸引？

他了解到正确的营销认知＋熟练的技能使用，是短视频推广运营做出效果的根本，为此团队成员需要一起了解短视频运营推广方式，通过掌握爆款短视频的特点，搭载短视频推广平台，让短视频热度持续上涨。

》 学习目标

◆知识目标

1.了解短视频平台推荐机制。

2.了解爆款短视频的逻辑思维。

3.了解短视频推广工具的分类。

◆技能目标

1.能够运用短视频推广工具进行助推引流。

2.掌握制作爆款短视频的技巧。

3. 掌握不同短视频平台的推荐机制。

◆素质目标

1. 具备正确的行业价值观、遵守职业行为准则。

2. 树立短视频推广引流的正确意识。

3. 具备良好的沟通能力和团队能力。

》 思政园地

好客山东短视频融合营销项目入选全国国内旅游宣传推广典型案例

随着移动互联网和智能手机的普及，近年来短视频服务在以移动、社交和视频等功能为基础的新媒体平台上迅速崛起。山东省文化和旅游厅紧跟时代需求和热点，依托深厚文化底蕴和得天独厚自然风光，开启了短视频平台营销传播的"好客山东"之路。

依据"精品内容打造文旅爆款"的短视频理念，"好客山东"不断突破难点和挑战，创作出博山琉璃、稻田画、章丘大葱、青岛国际啤酒节、沂蒙山系列视频等一大批创意新颖、拍制精良的短视频作品。

除了深耕优质文旅短视频内容，"好客山东"抖音号还积极策划开展短视频营销推广活动，2021 年暑期发起"＃打卡好客山东"短视频话题活动，号召广大网友畅游好客山东，累计收获播放量超 3 亿次。同时建立起政府、企业、媒体、游客、主播等多主体参与的营销机制和短视频营销矩阵联盟，通过微视、西瓜、头条、腾讯、秒拍等平台进行短视频投放宣传，最大程度发挥短视频营销特点和优势，全面提升"好客山东"品牌知名度、美誉度和影响力。

而在运营短视频账号过程中，"好客山东"抖音号不忘创号初心，始终站在用户角度，注重发布接地气、与人民群众生活息息相关的文旅短视频，积极向广大网友推荐山东各地著名景点游玩攻略、特色美食、历史文化等，及时发布景区景点最新资讯、优惠政策信息、疫情防控知识等，最大限度为广大网友出游提供官方指南和参考，同时充分利用评论区及私信区，了解网友意见反馈，积极为广大群众答疑解惑。

文章来源：文旅山东

● 知识点学习

6.1　平台推荐机制

一、算法机制

我们在手机上浏览信息或观看短视频时，往往并非人工推荐，而是计算机通过大数据分析产生的算法推荐。系统基于转化人群，根据标签进行不同程度的分配，让观众看到自己喜欢的内容，屏蔽没有兴趣的内容。

因此对短视频创作者而言，要让自己的作品得到更多人的喜爱与欢迎，就要了解不同平台的算法推荐原理，将自己的视频内容分发给更多的目标用户群体，从而实现成为热门内容的目标。

2022年8月12日，国家网信办公开发布了境内互联网信息服务算法名称及备案编号。相关企业使用的算法信息，均可通过互联网信息服务算法备案系统进行查询。目前有30条备案，涵盖各大互联网平台，比如腾讯、百度、抖音、淘宝、美团等。在查询系统中，创作者可以清楚地了解到每个平台的算法原理和运行机制、应用场景等信息。

二、抖音平台推荐机制

根据抖音平台向互联网信息服务算法备案系统备案登记信息显示，平台算法类型属于个性化推送类，算法名称为抖音个性化推荐算法。

1.算法基本原理

抖音个性化推荐算法基于系统收集的用户设备信息、位置信息以及在使用产品时的行为信息（行为信息包括用户在访问/使用产品时的点击、关注、收藏、搜索、查询、浏览、下载、分享及交易的操作相关记录），通过对上述信息进行自动分析和计算，根据计算结果从信息候选池中筛选出用户可能更感兴趣的内容进行推送。

抖音个性化推荐算法会根据用户在使用产品过程中的浏览行为对推荐模型进行实时反馈，不断调整优化推荐结果，更好地向用户提供优质内容。

2.算法运行机制

抖音个性化推送算法主要是基于用户历史的点击、时长、点赞、评论、分享、转发、不喜欢等行为数据，通过深度学习技术框架建立模型，预估用户对某个内容产生互动的概率，针对预估内容使用排序、打散、干预等机制和策略后，再向用户进行推荐。

用户行为参考（用户、内容、互动）三个维度作为样本进入机器学习模型里训练，训练的结果用于更新用户模型和推荐新的内容。

为了避免"信息茧房"问题的出现，抖音个性化推荐算法专门设计了"兴趣探索"机制。一方面每次推荐都会选择用户过去不常观看的内容类目进行一定比例的推荐，另一方面每次获取推荐内容的过程中会特别增加一条随机内容来保障用户可见内容的多样性。

3.算法应用场景

主要用于抖音短视频、今日头条、西瓜视频等产品的图文或视频、商品及服务（广告）等内容的推荐。

4.算法目的意图

帮助用户提高获取优质信息的效率。

5.抖音推荐机制流程

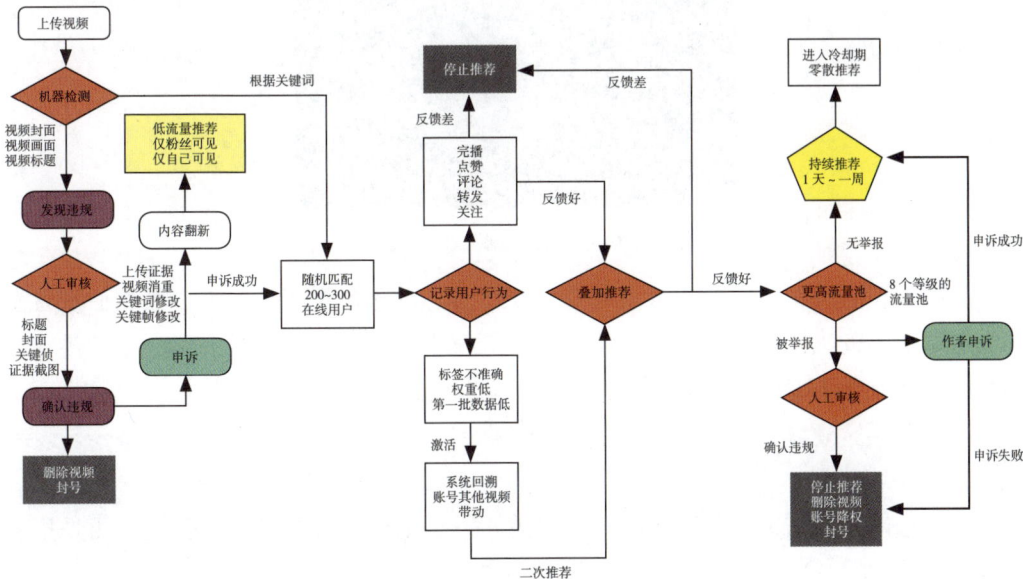

图 6-1　抖音推荐机制流程示意

抖音推荐机制分为以下 4 步。

（1）第一步：初审

当我们发布了一个短视频 A 后，首先面临的是初审。

初审第一步是机器审阅，由经过提前设置好的人工智能模型来辨认视频 A 中的画面和关键词。这里从两方面进行：一是检查视频、文案中是否存在违规行为，如果疑似存在违规行为，就会被机器拦截，经过飘黄、标红等提示方式创作者留意审改；二是经过抽取视频中的画面、关键帧，与抖音大数据库中已存在的海量作品进行匹配消重，内容重复的视频会进行低流量引荐，或是降权引荐（让视频仅粉丝可见、仅自己可见）。

初审第二步是人工审阅，人工检查主要是两方面：一是视频标题、封面截图和视频关键帧；二是针对机器审阅筛选出疑似违规视频，以及简单呈现违规领域的视频，抖音审阅人员进行逐个细致审阅。

假如确定违规，将依据违规账号进行删除视频、降权通告、封禁账号等处罚；如果没有出现任何违规现象，平台会将视频 A 推荐进入流量池。

（2）第二步：冷启动

冷启动过程是指当创作者的视频上传并通过系统审核后，会根据账号权重（如账号定位标签、视频质量、是否参与热门话题等）给予一定的初始推荐流量，将视频推送给一定量的用户。而这一定量的用户会从以下这些人群当中选取：

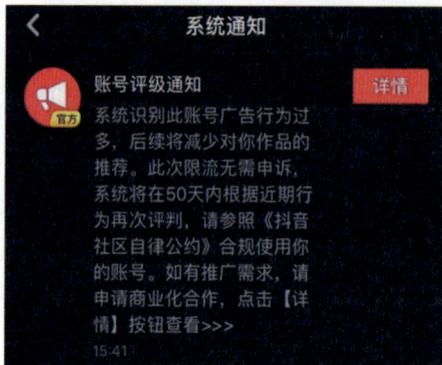

图 6-2　账号违规通知示意

你的粉丝、通讯录的好友或者可能认识的人、地理位置相近的人、有相似观看喜好（即同标签的人）以及随机进行推荐。视频反馈合格的话就会进入下一个流量池，不合格的话就会止步当前流量池。

而系统判定视频是否符合推荐的 5 个指标有：完播率＞点赞率＞评论率＞转发率＞关注率。

①完播率＝观看时间／作品时间。完播并不是用户要整个视频都看完，而是指播放视频总长度的一半。平台的合格线通常是 15%~20%。提高完播率的方式通常是开头设置悬念或者引导打开评论区，拉长观看时间。

②点赞率＝点赞量／播放量。点赞量越高推荐量才会越高。首次推荐的点赞率需要达到 3%~5%，即每 100 个播放量需要有 3~5 个点赞。

③评论率＝评论量／播放量。可以在发视频时设置一些互动问题，或是视频中可以被吐槽的点，引导用户留言评论，并给予回应，提升评论区的互动率；

④转发率＝转发量／播放量。转发率对于还在初级流量池中的视频影响并不大，但想要突破流量层级，转发率是较为关键的一个指标；

⑤关注率＝关注量／播放量。关注率即路转粉的比例，也指单条视频为账号带来的新增粉丝率，关注率同样是冲击高级流量池的关键数据。

（3）第三步：推荐（数据加权 & 叠加推荐）

①数据加权：抖音会依据视频在冷启动时期曝光所产出的数据，结合账号分值来剖析是否给账号加权。如完播率、点赞、转发、转粉等数据，如果数据表现良好，那么系统会给账号更高的权重，后续变现也较为容易实现；

②叠加推荐：在首次推荐时，如果视频数据反馈较好，官方会挑选前 10% 的视频进行第二次推荐，第二次推荐反馈数据依旧良好的话，平台将进行第三次推荐，而在第三次推荐时会强化人群标签分发，让内容分发得更加精准，类似猜你喜爱的打标签，视频与用户之间会进行标签匹配。

（4）第四步：复审上热门

当进行到这一步时，视频的各项数据都在往热门视频层级数据冲击，平台会进行

机器算法 + 人工审核机制，一般来说在 100 万到 1 000 万播放之间会再一次进行人工审核，这时审核会根据平台调性和价值观等去衡量该视频是否可以进行热门推荐，超过 3 000 万的播放量即被称为爆款热门视频。

（5）流量触顶（热度冷却）

一个短视频经过双重审阅、初始引荐、叠加引荐、热门推荐层层引爆之后，短时间内会给账号带来高曝光、高互动和高涨粉率。而这种高推荐曝光的爆款视频乃至整个账号上热门到冷却的时间，一般不会超过一周，以至于后续发布的一些视频也很难有较高的推荐量。

因为抖音每天的日活是有限的，即平台内的总推荐量是基本固定的，若视频内容相关标签的人群完成推荐后，其他非精准标签人群反应效果差，就会中止推荐；且平台也希望账号是经过一轮轮检测筛选的优质账号，能够持续输出优质内容，而不是一蹴而就。

6. 延后"引爆"

对于一部分创作者而言，有些视频发布的当天、一周甚至一月内都数据平平，但忽然有一天就火了。原因可能有以下两点：

（1）以前发布的视频内容足够优秀，账号所发布的视频满足垂直内容，标签变得更明晰，平台能够匹配到更精准的用户，并且从数据库里中找到了"优质的旧视频"，即优质内容 + 精准用户，给予了更多曝光；

（2）"爆款效应"，当账号中某个视频取得很多曝光时，就会带来巨量访客进入主页并观看历史视频。假如这时主页中的某个视频经过了前期冷启动推荐，不断地积累数据，而这些访客给该视频带来的高曝光量，刚好达到了反馈值，就可以使得平台将该视频推荐进入下一个流量池。

三、快手平台的算法机制

在快手平台上，机器给予推荐的方式是依据用户喜好、社交属性给予均等推荐，不会像抖音上的热门内容一直滚动下去，而是给予每个人一样的曝光量，吸引更多的目标受众。根据快手平台向互联网信息服务算法备案系统备案登记信息显示，平台算法类型属于个性化推送类，算法名称为快手个性化推送算法。

1. 算法基本原理

推荐算法的基本原理是通过对作品集（即快手短视频作品）与用户的特征分析，向用户推荐感兴趣的短视频作品。快手个性化推送算法结构采取任务共享神经网络结构，通过网络自适应学习，建立用户兴趣特征表征向量，在召回阶段过滤掉用户已经浏览过的视频内容，同时根据视频内容的相似度过滤掉高度同质的视频内容。通过不断获取用户反馈，积累规则，优化排序结果。

2. 算法运营机制

该算法落地在快手 App 短视频推荐功能，用户在浏览视频进行刷新时，根据用户的历史浏览习惯，包括点击、评论、转发等，结合长期与近期的兴趣以及当前热点内容召回作品集，经过粗排、精排后展示给用户，根据用户浏览的反馈，调整下一次推荐的内容。同时该算法自动减少分发用户明确反馈不感兴趣的内容，满足用户需求。

3. 算法应用场景

快手 App 精选视频。

4. 算法目的意图

该算法致力于为快手用户提供具有个性化、多样性、高质量的视频推荐服务，提升用户满足感、幸福感。

5. 快手的三种算法驱动

（1）流量池分配

快手的流量池是指作品因获得不同曝光率而得到的不同流量位置。快手对于任何一个作品，甚至是广告作品，都会分配一个基础的播放量。流量池的播放量大概为 0 ~ 200 次，而 150 ~ 200 区间的播放量数据非常重要，因为快手会根据作品的点赞率、评论率及转发率来判定是否要推送到下一个流量池中。

（2）叠加推荐

创作者在平台发布一个视频时，系统会分配一定的推荐量，当该视频的热度不断上升时，系统会通过加权的方式给予该视频更多的推荐。除此之外，系统还会根据短视频的播完率、点赞数、评论率和转发率得出推荐数，因此，要想获得更高的叠加推荐，我们可以通过短视频的标题引导用户进行评论等。

（3）热度加权

快手平台的热门视频播放量一般都是在百万次播放级别，这是因为这些短视频是经过一层层热度所带来的结果的。通常而言，快手各项数据对热度加权影响的重要程度为：转发率＞评论率＞点赞率。因此创作者在选题时，可以通过热门话题来吸引用户转发、评论、点赞，以增加短视频的加权热度。

6. 基尼系数机制

在快手平台的推荐排序引擎中，存在着一个社区机制里的基尼系数概念。

基尼系数[1]一般是用来衡量一个国家或地区居民收入差距的指标，国家以此控制民众的贫富差距不要太大。快手平台中采用基尼系数来实现一个"公平"的理念，遏制头部大号流量，把流量分给更多的普通内容生产者，让每个创作者都能得到一定的关注。

对于专业的内容生产者而言，在内容制作上大力投入，生产出许多精良的作品，

---

1 基尼系数（英文：Gini index，Gini Coefficient）是指国际上通用的、用以衡量一个国家或地区居民收入差距的常用指标。基尼系数最大为"1"，最小等于"0"。基尼系数越接近 0 表明收入分配越趋向平等。

粉丝量得到快速上涨。久而久之就会发现粉丝数越多，上热门的概率越小；而对普通内容生产者，在基尼系数下，每一个创作的视频都能得到一定量的反馈，让创作者有信心能够持续输出内容。

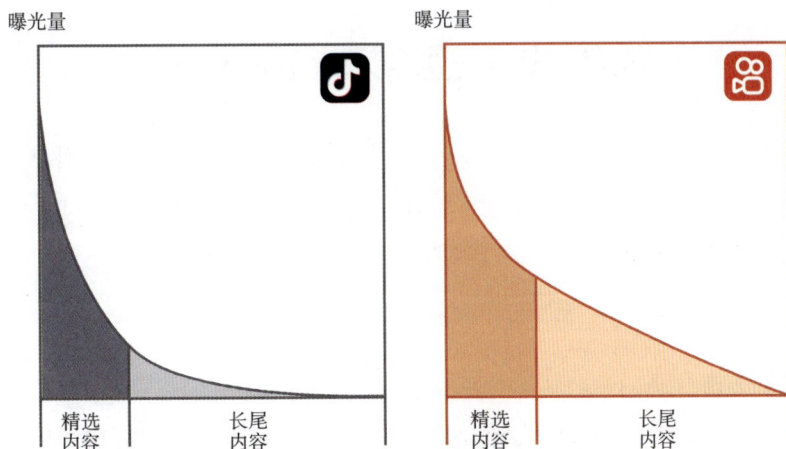

图 6-3　抖音（左）、快手（右）曝光量分发差异图
图片来源：东方证券研究所

　　快手在算法里设定了一条规则，头部视频的流量，不能超过总流量的 30%。头部内容再好，70% 的总流量要分配给腰部和脚部的优质内容创作者。在基尼系数机制下，快手平台通过头部流量调控等手段，每一个创作者的视频都是通过算法进行分发，每一个视频都是一个公平的起点，没有人工运营的流量池，保证每一个普通用户的内容都被展示，最终出现超强的社区生态。

四、其他平台的算法机制

1. bilibili（B 站）平台的算法机制

　　B 站的特色是悬浮于视频上方的实时评论功能，称为"弹幕"，这种独特的视频体验让基于互联网的弹幕能够超越时空限制，构建出一种奇妙的共时性[1]的关系，即不同时期的观众所发布的弹幕能够在这一时刻被关联，形成一种虚拟的部落式观影氛围，让 B 站成为极具互动分享和二次创造的文化社区。

　　B 站目前也是众多网络热门词汇的发源地之一，B 站的分发机制则更多依据用户兴趣、粉丝关系、互动频度区分对待，让用户在平台上可以找到自己感兴趣的 UP 主和圈子，找到志同道合的朋友。

2. 视频号算法机制

　　视频号是属于微信生态下的短视频创作平台，其推荐机制是结合熟人关系及微生

1　共时性（Synchronicity）：又名"同步性"。指两个或多个毫无因果关系的事件同时在这一刻发生，其间似隐含某种联系的现象。

态构建的。例如朋友圈、微信社群，重在个人 IP 的影响力。它的算法首先是由自己微信的熟人进行观看、点赞、评论、转发，我们将其称为社交流量；其次是经过关注来源的视频，我们将它称为关注流量；最后是推荐视频，通过三级算法将作品送上热门。

6.2　爆款短视频背后的逻辑

短视频作为产品营销的核心赛道之一，不论是个人还是商家，都有很大的机会能从中获得流量实现变现。然而真正想打造持续受欢迎的爆款短视频，还需要掌握其背后运作的底层逻辑，对每个环节做到精细化运营，才能持续打造爆款。

一、算法识别流程

首先我们要清楚热门视频内容之所以受欢迎，是因为它们掌握了"识别流程"。

识别流程就是让机器快速识别创作者的指令，可以第一时间将内容匹配给精准的用户群体，通过一层层曝光让视频内容与用户之间形成畅通的沟通机制。

站在用户的角度来讲，识别流程就是通过内容标签的选择，找到喜爱的创作者与内容，通过自己对作品的评论、分享、点赞与停留时长等行为，让机器推荐更多自己喜爱的内容。

站在创作者的角度来讲，为了让机器快速识别内容并匹配给喜爱这些内容的用户，在发布内容时要选对分类标签、文字标题中的关键词、话题标题、视频封面等。

可以说，受欢迎的短视频内容都需要掌握机器推荐机制和用户心理。

二、稀缺价值法

所有内容的核心本质是提供价值，热门短视频受欢迎不是偶然的，也不是独立的个体事件，而是依据找到了创作者与内容的竞争力，成为用户心目中不可或缺的选择，这就是稀缺价值法。稀缺价值法分为三点：你所在内容领域的核心价值是什么；你可以提供哪个环节的价值输出；做好价值输出，需要你具备什么能力。

例如创作者李某柒创作的短视频，在国内外吸引了众多观众。她在自己所属的内容领域中提供的价值是返璞归真的生活方式，以创作各种美食为主要切入点，营造平凡生活中拥有的幸福人生哲学。并且在进行这些内容输出时，李某柒需要拥有过硬的视频制作能力、制作美食（手工品）的操作能力等，这就是李某柒的独特竞争力。

三、马斯洛需求层次理论

马斯洛需求层次理论大致分为人的功能需求与情感需求，具体来讲可以分为 5 个层次：生理需求、安全需求、社交需求、尊重需求和自我实现需求。而这 5 种需求恰巧是热门短视频内容受欢迎的底层逻辑之一，每一层需求都诠释了某一类热门短视频爆火的真正原因。

图 6-4　马斯洛需求层次理论示意

1. 生理需求

生理需求指人为了维持自身生存所需要的基本需求，包括衣食住行等方面，这些需求是每个人赖以生存的根本，缺一不可。

生理需求表现在短视频创作上可以分为美食、颜值、美妆、穿搭、旅行、家居等品类，每一部分都对应着生理需求中的基本需求，也构成了短视频平台上热门内容背后的底层逻辑。

比如创作者"肥某猪的日常"制作柚子糖的视频得到了 383 万点赞、12.3 万人评论、25.3 万人分享；"小某某海星"秋天露营美食分享的视频得到了 247 万点赞、9.1 万人评论、21.4 万人分享。可以说围绕美食的内容创作在各个平台都颇受用户喜爱，这背后符合马斯洛理论中的生理需求，是每个人都离不开的生活中基本的饮食需求。

图 6-5　短视频生理需求示意

2. 安全需求

安全需求指人类为了保障自身安全，摆脱各类危险、威胁而产生的需求，可以分为保障生命安全与财产安全两部分。

安全需求在短视频领域对应的往往是围绕健康、安全知识普及、保护财产等相关内容，比如母婴知识、育儿百科、医学健康常识、养生知识普及，以及跟财富、财产相关的专业内容。正因为每个人都有不可或缺的安全需求，才使健康、财富安全领域的内容受到欢迎。

在短视频领域，这两大领域往往从用户在现实生活中面临的具体困境入手，做垂直化运营深耕，为用户呈现相关领域的热门内容。

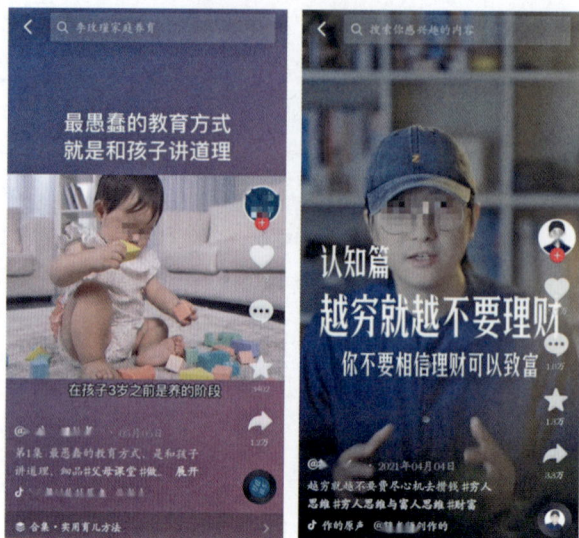

图 6-6　短视频安全需求示意

3. 社交需求

社交需求对内是指用户渴望归属某一个群体，比如家庭、团队等，在这个集体中感受到关心与照顾；对外是指用户与其他人交往时产生的各种感情，如肯定、感动等。通过这些感情需求给用户带来心灵上的慰藉。

如抖音是一款音乐创意短视频社交软件，不仅是短视频的分享平台，更是其粉丝社群的社交平台。依靠优质内容来进行带动感兴趣的用户关注，由此建立起一种关系链接。

图 6-7　短视频归属需求示意

如 2020 年"某某日报"账号发布了一条讲述父母为孩子做康复训练的视频，视频中一人跪在地上挪动儿子的双脚一步步向前走，一人弓着腰搀扶着已经成年的儿子，让人看了潸然泪下。这则短视频内容现如今点赞量已达到 651 万。

4. 尊重需求

尊重需求指我们在社会中的自我定位，以及他人对于我们能力的肯定与认可。尊重需求分为内部尊重与外部尊重。内部尊重是指自己在不同场景中有充足的自信，可以将其理解为自尊；外部尊重即我们在现实世界中渴望得到尊重与认可，拥有一定的地位，并得到他人的信任。

尊重需求在短视频领域集中表现为才艺展现、知识传递、经历分享等，通过内容的塑造，让用户喜欢自己、认可自己、信赖自己，从中找到尊重，找到自己的位置。在短视频创作领域，可以通过展示个人优势找到尊重，也可以展示自己由坏到好、由幼稚到成熟、自己克服困难、解决问题的过程，从中获取被尊重的感觉。

图 6-8　短视频尊重需求示意

5. 自我实现需求

自我实现需求是指一个人努力摆脱现状，渴求拥有更美好生活的本能，也是实现自我价值的一种方式。在短视频领域，自我实现需求往往对应三类内容：无人能及的高超才艺；努力奋斗成功后的分享；不断挑战自己的真实记录。

其中不断挑战自己的真实记录是通过一次次完成高难度的动作、艰苦的锻炼，实现最初的承诺，比如健身、减肥等；努力奋斗成功后的分享，往往是成功后的感悟、所想以及展示。自我实现需求就是不断挑战自我，让人可望而不可即，最终让观众钦佩与喜爱。

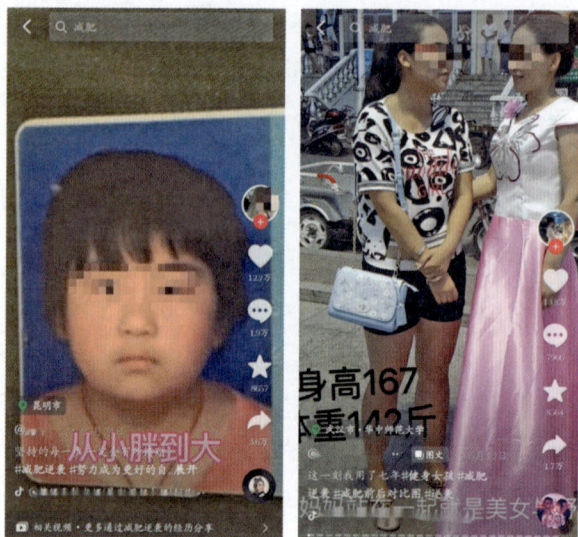

图6-9 短视频自我实现需求示意

四、改良创新法

所谓改良创新法，就是在原有内容领域找到在某个短视频平台已经被验证的、数据反馈优质、用户喜好的成熟内容，在此基础上进行创新升级，加入一些自己的专属元素。这个方法，也被称作微创新，可以用公式表述为：

被验证的用户喜好的内容＋场景化需求（不同受众需求）＋自身优势。

在抖音上，同样是美食领域，创作者"潘某某"亲手制作的水果奶茶内容，得到了113万人点赞，1.5万人评论，2.3万人转发；创作者"忍不住的某某"给家人制作秋梨膏的短视频内容，收获了110万人点赞，2.7万人评论，1.6万人转发。

图6-10 改良创新法示意

两者都是面对受众群体进行细分并创作内容，我们可以分析原有视频的缺点加以改进，比如画面、起承转合的衔接、人物的造型设计等，最后加入自己的特点或者巧思，把别人没有做到的内容延伸至自己的创作中。只有改良创新，才能在差异化的基础上成功找到适合自己的创作之路。

五、可复制的爆款实操方法

明白了爆款短视频的底层逻辑后，我们就可以尝试进行爆款短视频创作。

爆款视频都是有一定的套路或公式：

$$爆款 = 黄金 3 秒开头 +2 \sim 5 个爆点 + 白金结尾$$

用好这个公式，可以让视频快速获得点赞和评论。

1. 前 3 秒吸引用户

视频开头可以减少铺垫，直接抛出激烈的冲突点，这种做法能快速引起用户的注意力。冲突点可以是大家痛恨的行为、激烈的争吵、引人深思的问题、热点事件等。在进行短视频创作前，需要注意黄金 3 秒的视频开头能否吸引用户。

2. 有足够多的爆点

开头 3 秒吸引住用户后，接下来就需要在视频中设置多个信息点。一般来说，每个爆款视频都会具备 2 ～ 5 个爆点，即用户可以进行讨论的点。在抖音平台，一个视频能否成为爆款的核心是互动率与完播率数据值的大小。其公式表达为：

$$互动率 [（点赞数 + 评论数 + 转发数）/ 观看人数] \times 完播率（看完人数 / 观看人数）$$

这个数值越大，视频越容易进入下一个流量池。而互动率中权重最大的是评论数，如果视频拥有足够多的信息密度，就给了用户足够多的评论点，这样视频互动率数值就会变大。因此一条视频需要具备 2 ～ 5 个爆点，获得更多的流量，成为爆款视频。

3. 白金结尾

在短视频领域里，好的结尾分为以下 3 种。

（1）互动式结尾

互动式结尾指视频结束时和用户互动，比如问一下用户有没有类似的经历，可以在评论区留言分享。

（2）共鸣式结尾

共鸣式结尾指视频结尾处放一句容易让人产生共鸣的话，吸引用户转发。

（3）反转式结尾

反转式结尾指通过讲述、表情、动作在视频结尾部分强行反转，制造反差，给人留下反差后的惊喜或笑料。

4. 发布后的实时维护

在视频发布后，创作者可以自行评论并引导观众一起互动；适当删除不利评论；

多与粉丝互动评论。

6.3　各平台推广工具

一、抖音推广工具——DOU+

DOU+ 是抖音官方平台推出的一款视频 / 直播间加热工具，可为短视频或直播间提高曝光量及互动量。注册了抖音的用户均可投放 DOU+，可以选择自投，也可以代投（帮其他人投放）。

1. 选择投放方式

DOU+ 投放页面分为批量投放和单视频。两种投放方式除了"期望提升"和"投放时长"有所不同外，其余设置一样。

批量投放的期望提升有主页浏览量、点赞评论量、粉丝量三项，而单视频除了有这三项外，还有一项表单提交；批量投放的投放时长可为 6 ～ 12 小时，而单视频的投放时长相对来说选择更多一些，可投放 2 ～ 24 小时。

图 6-11　DOU+（手机端）
推广页面示意

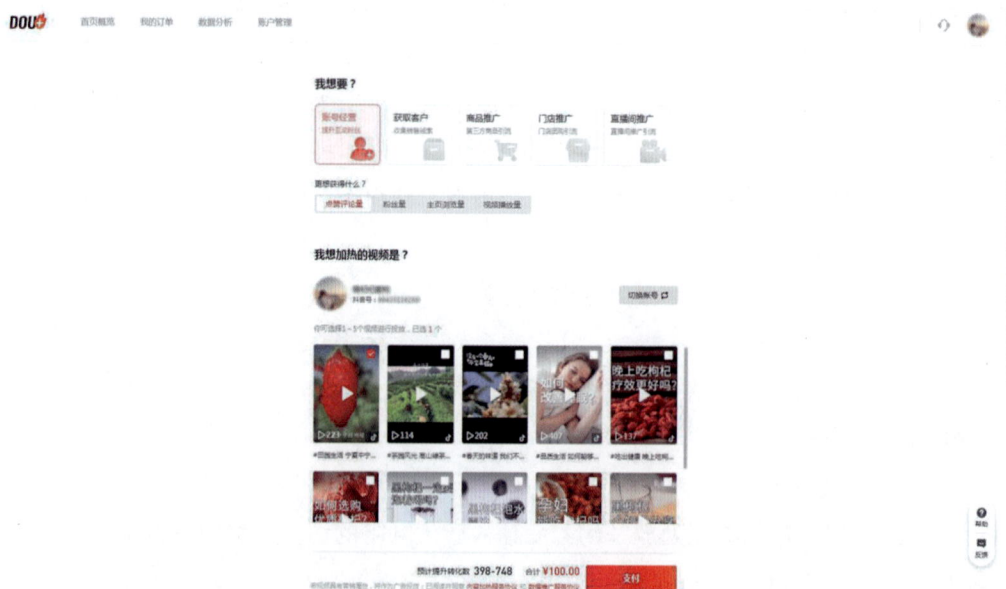

图 6-12　DOU+（网页端）推广页面示意

资金充足的情况下，我们可以选择系统智能推荐进行点赞、评论量的提升，再进行一波涨粉投放。这样的投放方式可以使账号得到快速成长。

如果资金没有那么充足，建议大家尽量不要投系统智能推荐，可以选择自定义定向推荐。因为选择系统智能投放时，平台会将视频推送给在抖音常常有点赞、评论、转发行为的活跃用户，但这些用户却不一定是我们的目标用户，这时我们会因为用户的标签过多过杂导致账号标签被打乱，不能被系统精准地推送给目标群体。因此自定义定向推荐更适合我们寻找目标用户。

2. 自定义定向形式

在自定义定向的界面里，我们可以选择视频推送用户的性别、年龄、地域的选择。DOU+ 的自定义定向版有两种投放形式：

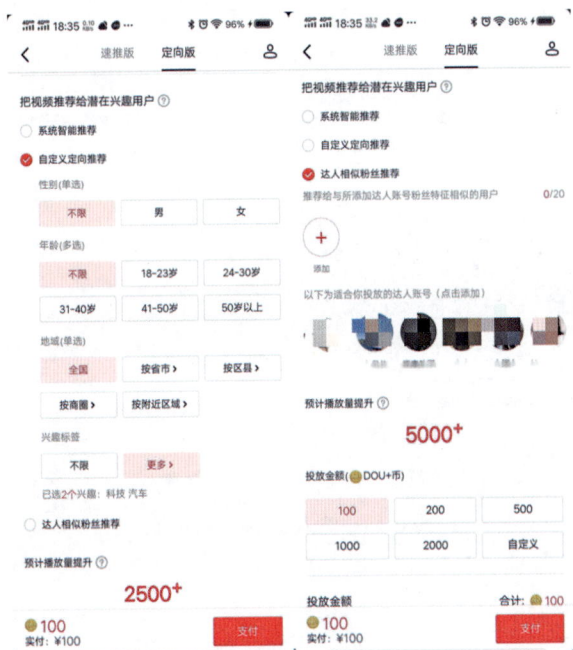

图 6-13　DOU+ 用户描述页面示意

（1）自定义定向推荐

可以选择性别、年龄、地域和兴趣四大特征标签。其中，兴趣标签是改版后新增的选项，且可以选择多个兴趣。

相较于改版前，兴趣标签可以大大提高投放的精度，但是对比巨量信息流广告能提供的定向标签来说，整体还是比较粗放。而且，通过此方法进行投放，整个 CPM 的价格翻了一倍，就是说同样的价钱，我们获得的播放量会比其他方式投放要少一半。

（2）达人相似粉丝推荐

推荐给所添加的达人粉丝特征相似的用户，目标达人的粉丝画像越聚焦，投放就越精准。

这种投放方式性价比较高，但是流程也更复杂，需要通过抖音星图平台或者其他第三方数据平台，锁定目标达人，然后再回到 DOU+ 进行投放。

3. 匹配相似达人

以卡思数据平台为例，需要经过以下三个步骤找到与你粉丝画像匹配的达人：

（1）初筛

在达人搜索功能中，先选择账号所处的内容赛道，然后为该赛道的账号从不同角度添加限制，比如我们要做一个美妆教程类的账号，就可以先选择美妆标签，然后选择年龄在 18 ～ 32 岁之间，女性粉丝占比 80% 以上。

图 6-14　达人搜索页面示意

（2）精筛

经过初筛，我们可以看到很多符合要求的账号，接下来选择按近 30 日增粉进行排序。近 30 日增粉较多，代表该达人比较活跃，且内容质量佳，可以在一定程度上过滤掉静默粉丝过多的账号。然后对筛选结果逐一判断，要重点判断内容调性是否与你相符，尤其是爆款视频的内容调性。

（3）投放

经过精筛后，就已经能够锁定一批达人了，再回到 DOU+ 投放页面，选择这些账号进行投放。投放结束后，可以通过抖音的创作者服务平台（creator.douyin.com）查看视频数据和用户画像，也可以通过第三方平台对视频进行监测，查看单个视频下的用户画像。

如果目标用户定位准确，再对具体数据进行分析，基于数据寻找内容的优化空间。

对于垂类账号来说，冷启动过程中配合 DOU+ 进行投放会更加有效，当账号特征足够明显的时候，就可以不用自定义定向方式进行投放，直接使用系统智能推荐即可。

4. 投放技巧

①选择小金额、低时长进行投放。投放结束后，第一时间看结算报表和视频监控数据，若效果极佳，可以追投；若效果不佳，及时止损。

②尽量不要选择头部、超头部的达人进行投放。粉丝量越大，粉丝特征越分散。应该选择近期点赞数和播放量都不错的新人账号，小号所对应的粉丝更加精准。

③投 DOU+ 要在视频发布初期。越往后，效果越不明显。一般的做法是等视频发布 1～2 个小时之后，如果看到视频有爆的苗头，就用 DOU+ 助推一把，让视频爆的概率更大。

④多利用流量高峰期。根据抖音的大数据显示，早上 7:00 至 9:00；中午 12:00 至 14:00；下午 17:00 至 18:00；以及晚上 21:00 至 00:00，是抖音平台用户活跃的黄金时间段，要想在这些时间段呈现你的视频给用户，就要提前进行 DOU+ 投放审核，一般来说，DOU+ 审核需要 30～60 分钟，做好规划才能收割更多流量。

二、快手推广工具——粉条

快手粉条是快手官方推出的付费推广功能，包含作品推广、直播推广、智能推广三大产品功能。

作品推广是指为作品付费推广，购买后可增加作品在快手同城页、发现页、关注页的流量曝光，精准触达目标粉丝，帮助实现作品互动、涨粉等目标；直播推广是指付费推广直播间，购买直播推广后，平台将直播间推荐给更多兴趣用户，为直播间引流；智能推广是一款智能自动涨粉工具，设置好涨粉数及金额，系统自动投放作品为账号涨粉。

1. 如何购买作品推广

点击快手 App 主页左上角，打开侧边栏，点击【更多】→【创作者中心】→【作品推广】，进入推广作品页面后点击需要投放推广的作品。因曝光量不同，所需要的投放费用也有所不同，创作者可以根据自己的投放需求进行选择。

图 6-15 快手作品推广页面示意

2. 作品推广投放技巧

我们在购买作品推广时，可以通过少额、短时间的投放测试来确定哪种"期望增加"（即推广目标）更适合我们的账号，初始投放建议选择 4 000 ~ 6 000 的曝光量，如果投放数据还不错，就可以加大投放力度。

（1）期望增加

"期望增加"中可以选择粉丝数、播放量、点赞评论及直播间引流人数这几类推广目标。

如果是商家，想通过视频进行卖货转化或者纯粹推广本条视频内容，可以选择期望提高"播放量"；如果想要和粉丝进行更多互动，可以选择期望增加"点赞评论"，它可以有效帮助快手账号增加粉丝黏性。

粉丝量较少的账号，可以选择期望增加"粉丝量"，能够凝聚人气，从而达到涨粉的效果；账号主页装修精美的创作者，可以尝试选择"个人主页访问量"，它能够在短时间内把更多新粉丝吸引过来且留存住；喜欢直播的创作者，可以选择期望增加"直播引流人数"，让直播间累积到更多的人气。

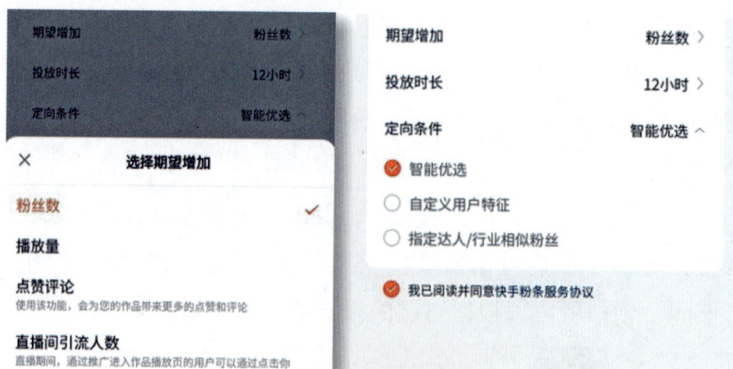

图 6-16　快手期望增加示意

（2）投放时长

快手作品推广的时长可选择 1 小时、2 小时、6 小时、12 小时及 24 小时。快手用户最活跃的时间是晚上 18 点—21 点，这部分时间是广告投放的高峰期时段，其他时间段相对来说流量较少。

投放时间太长，会错过助推的黄金时间段，流量虽然增加了，但获取不到有效粉丝。因此建议创作者选择适合的投放时长，6 小时或 12 小时最佳，可以根据流量集中程度选择投放时长。

如果上午购买投放时长，可选择较长的 12 小时投放；若在下午 5 点后投放，则可以选择 6 小时的短时间集中投放，尽量把投放时长往平台用户集中的时间段靠拢。

（3）定向条件

在这一模块中，创作者可以根据自己的目标用户特征选择智能优选、自定义用户

特征或指定达人 / 行业相似粉丝进行推广，对目标用户的特征进行设置，可以获取到更精准的粉丝。

3. 如何查看作品推广展示效果

当作品通过审核开始投放后，我们可以在 App 内依次点击【更多】→【创作者中心】→【作品推广】→【我的订单】，进入订单详情页面即可查看投放中或投放完成的效果，快手平台会统计出作品曝光量、播放量等详细信息。

图 6-17　快手作品推广展示效果

在进行作品推广时，创作者要做好数据的监测及分析工作，通过监测观察短视频的增长数据，了解视频的增长趋势、爆发时间，及时调整视频的投放策略。

三、B 站推广工具——起飞

B 站起飞是官方推出的一款内容推广加热工具，可以帮品牌把原生内容推广给更多的兴趣用户，让你的内容被更多用户看到，扩大传播范围，提升内容营销效果。

1. 内容起飞与商业起飞

B 站的起飞分为内容起飞和商业起飞两大类，两者在后台操作、定向维度等方面差别不大，主要区别是在助推"内容"的性质上。

B 站官方规定内容起飞只能推广非商业化的内容，例如个人 UP 主的原创视频；商单合作的推广视频无法使用内容起飞，只能进行商业起飞。

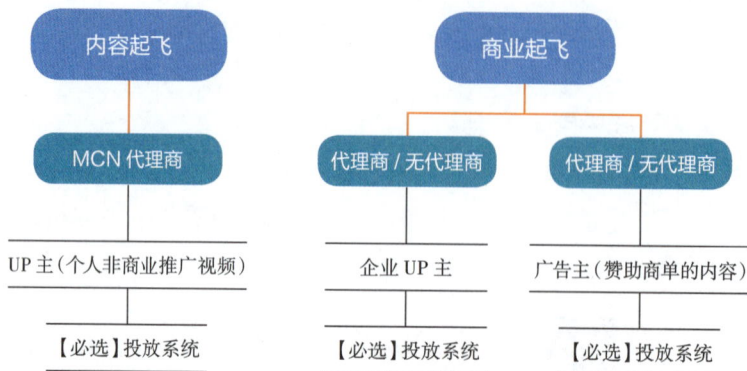

图 6-18　B 站推广流程示意

2. 起飞的作用和优势

B 站起飞的主要作用是帮助内容进行更大的曝光。起飞可以助推加热的内容形式非常丰富，包括：视频、UP 主动态、活动、话题、直播间等，基本囊括了 B 站大部分的内容，降低了参与门槛，并不是一定要产出一个精致的长视频才能进行投放，投放话题活动、直播间起飞也是一种玩法。

起飞的展现形式也是十分多元化，包括：信息流小卡、播放页推荐、竖版信息流、信息流大卡等，基本上平台可见的区域都可以进行起飞投放，每种区域带来的营销效果也不同，方便客户按需使用。

图 6-19　起飞播放页推广示意

起飞的投放后台功能也十分强大，既有面对小白的托管投放，也有进阶的多组合优选投放。支持不同场景、不同展现位的组合投放，满足多元化曝光需求。

例如我们的需求是"增粉"，那么就可以不投放自动播放的广告位，以节省预算，数据上着重关注点击率和点击成本。如果需求是"增加视频播放量"，那么就投放至竖版、横版的自动播放版位，重点关注视频的播放率和播放成本。

而且，起飞的投放是逻辑是"即刻投放"，内容发布后就可投放，有助于视频快速登上热门，获取更多流量。

● 案例分析

案例背景

2021 年 4 月 22 日，由《航某某》IP 改编，东映正版授权的 3D 动作手游《航某某航线》正式上线。上线首日，《航某某航线》即登顶 iOS 免费总榜榜首，并在次日登上游戏畅销榜第 5 位。除了游戏本身的内容品质打磨过关外，此次《航某某航线》最大的特色在于其内容话题在抖音上的全面爆发与走红。在公测次日 19 时前，《航某某航线》单独游戏话题总数突破 14 亿，拿下 7 个抖音热搜，围绕游戏策划的各种挑战赛还分别登上抖音热榜和抖音挑战榜 Top1。

其中，"wanted 漫画脸变身"贴纸结合《航某某》IP 标志性的 Wanted 标识，让更多粉丝通过抖音拥有了自己的"航某某门面"，甚至吸引了多位明星主动下场参与贴纸互动；另一款"AR 梅利号"则通过 AR 技术的使用，让用户可以在熟悉的场景体验梅利号降临的惊喜感和反差感，各大报社账号、各区域大 V 都纷纷参与互动，让航某某中经典的梅利号站上了各种网红地标。

案例分析

《航某某航线》将抖音作为整个内容宣发策略的核心，在抖音上采取了官方游戏直播、KOL 视频、贴纸、挑战赛、名人参与等多种手段实现全民内容创作。另外《航某某航线》所属公司深谙抖音的"游戏规则"，利用抖音旗下"游戏发行人计划"合作的达人资源，使各领域达人都参与进来，这场"航某某"风暴席卷了游戏、coser、二次元等多个领域。

游戏官方还通过抖音"全民任务"的形式激励普通用户参与内容创作。为辅助和激励用户创作出更优质的内容，抖音更是推出了 wanted 漫画脸、AR 梅利号、最强航海王等多款相关主题的贴纸功能。目前，抖音上关于《航某某航线》的话题已多达 100 多个，视频播放量超过 100 亿次。

这场官方—KOL 和名人—普通用户的全民创作，达成了完整的生态闭环，再辅以重点投放到抖音渠道的流量，实现了以优质 UCG 内容为核心的、品效合一的协同整合营销。

任务实施

【任务书】

请学员通过查阅教材、上网搜索、听课、讨论等获取任务书中的答案或案例，并进行自我评价，确保项目顺利实施。

任务分组：4～6人一组。

任务内容	任务要求	验收方式
寻找相似达人	利用第三方平台寻找与账号定位调性相似的达人进行DOU+投放	以文档形式提交
抖音平台投放工具——DOU+	能够从视频数据中分析该视频是否可以进行抖+投放，并作出判断	以文档形式提交

【获取信息】

扫描下方二维码，获取本节课程教学课件、微课视频进行知识点学习。

教学课件

微课视频

【知识点梳理】

一、平台推荐机制

对短视频创作者而言，要让自己的作品得到更多人的喜爱与欢迎，就要了解不同平台的算法推荐原理，将自己的视频内容分发给更多的目标用户群体，实现热门视频的梦想。

```
                          ┌─ 一、算法机制 ─── 系统根据标签进行不同程度的分配
                          │
                          │                      ┌─ 1.算法基本原理
                          │                      │
                          │                      ├─ 2.算法运行机制
                          │                      │
                          │                      ├─ 3.算法应用场景
                          │  ┌─ 二、抖音平台推荐机制 ┤
                          │  │                    ├─ 4.算法目的意图
                          │  │                    │
     ┌──────────┐         │  │                    ├─ 5.抖音推荐机制流程
     │ 平台推荐机制 │────────┤  │                    │
     └──────────┘         │  │                    └─ 6.延后"引爆"
                          │  │
                          │  │                    ┌─ 1.算法基本原理
                          │  │                    │
                          │  │                    ├─ 2.算法运营机制
                          │  │                    │
                          │  ├─ 三、快手平台的算法机制 ┤ 3.算法应用场景
                          │  │                    │
                          │  │                    ├─ 4.算法目的意图
                          │  │                    │
                          │  │                    └─ 5.快手的三种算法驱动
                          │  │
                          │  │                    ┌─ 1.bilibili（B 站）平台的算法机制
                          └─ 四、其他平台的算法机制 ┤
                                                 └─ 2.视频号算法机制
```

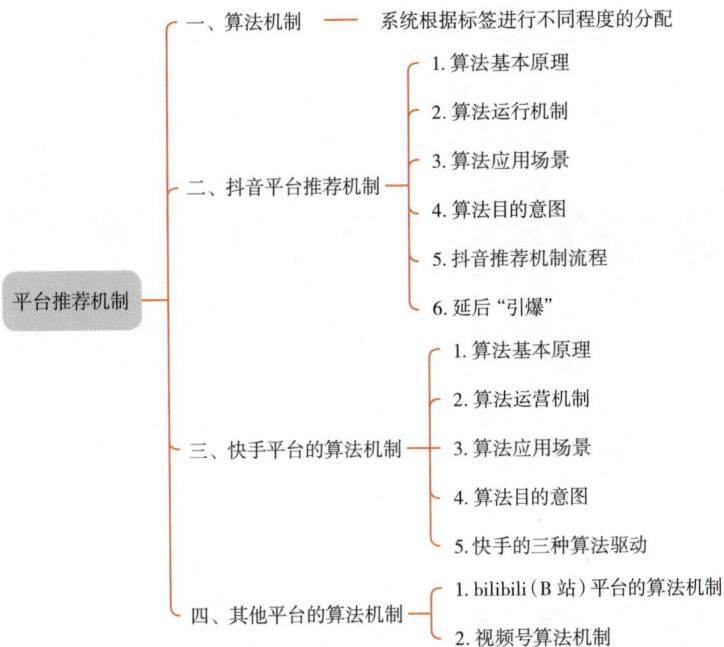

二、爆款短视频背后的逻辑

真正想打造持续受欢迎的爆款短视频，必须掌握它们背后运作的底层逻辑，对每个环节做到精细化运营，才能持续打造爆款。

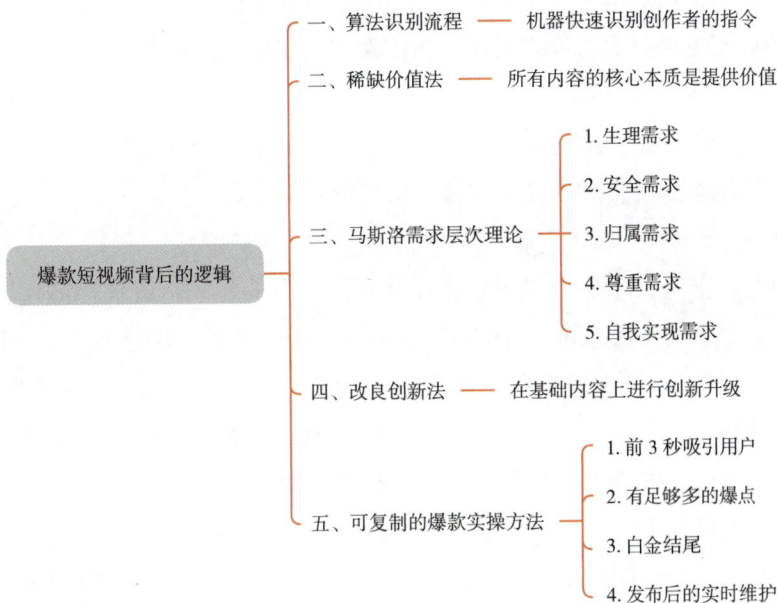

```
                              ┌─ 一、算法识别流程 ─── 机器快速识别创作者的指令
                              │
                              ├─ 二、稀缺价值法 ─── 所有内容的核心本质是提供价值
                              │
                              │                      ┌─ 1.生理需求
                              │                      │
                              │                      ├─ 2.安全需求
                              │                      │
      ┌────────────────┐      ├─ 三、马斯洛需求层次理论 ┤ 3.归属需求
      │ 爆款短视频背后的逻辑 │──────┤                      │
      └────────────────┘      │                      ├─ 4.尊重需求
                              │                      │
                              │                      └─ 5.自我实现需求
                              │
                              ├─ 四、改良创新法 ─── 在基础内容上进行创新升级
                              │
                              │                      ┌─ 1.前 3 秒吸引用户
                              │                      │
                              │                      ├─ 2.有足够多的爆点
                              └─ 五、可复制的爆款实操方法 ┤
                                                     ├─ 3.白金结尾
                                                     │
                                                     └─ 4.发布后的实时维护
```

三、各平台推广工具

了解不同平台的推广工具，才能为企业/视频进行有效广告投放，从而进行推广营销。

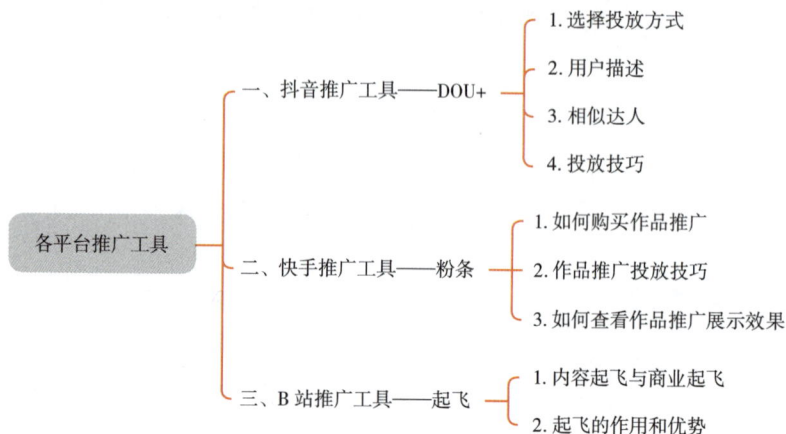

```
                                              ┌─ 1. 选择投放方式
                                              ├─ 2. 用户描述
                          一、抖音推广工具——DOU+ ┤
                                              ├─ 3. 相似达人
                                              └─ 4. 投放技巧

                                              ┌─ 1. 如何购买作品推广
各平台推广工具            二、快手推广工具——粉条 ┼─ 2. 作品推广投放技巧
                                              └─ 3. 如何查看作品推广展示效果

                          三、B站推广工具——起飞 ┬─ 1. 内容起飞与商业起飞
                                              └─ 2. 起飞的作用和优势
```

【工作计划】

工作目标

本次工作内容为短视频运营推广。通过结合企业背景及短视频账号定位，为拍摄好的短视频选择合适的推广方式进行助推流量，掌握平台内短视频推广方式与技巧。

为了迎接七夕，店铺打算上新三款零食大礼包，运营团队为这三款礼包拍摄了拆箱测评的短视频，并商量进行 DOU+ 投放，尝试拓宽新品面向人群。

工作步骤

（1）完成知识点的学习，认知与巩固短视频运营推广相关；

（2）请按照短视频运营推广工作过程依次完成工作计划与实施；

（3）工作过程中可采用线上线下混合学习方式，学生以小组为单位协同合作，运用所学知识及网络渠道了解短视频平台推广方式，共同完成工作任务；

（4）工作结果需要整理到相关表格或报告形式呈现。

背景资料

企业信息：重庆某零食公司主要依托互联网电商平台，销售各种零食、鲜果，开店已有半年。随着短视频兴起，店铺也准备筹备拍摄短视频，账号定位为美食种草。

为了迎接七夕，店铺准备上新三款零食大礼包：坚果零食大礼包、辣味零食大礼包、饼干糖果大礼包，主打送给闺蜜、情侣。店铺运营团队为这三款礼包拍摄了拆箱测评的短视频，并商量进行 DOU+ 投放，尝试拓宽新品面向人群。

满足不同人群需求。

引导问题 1：运营团队已经准备好了需要进行推广的视频，在投放抖+之前需要先搜集相似定位的账号，用来对照粉丝画像进行推广选择。请利用第三方平台搜集三个零食测评的账号，并尝试分析其粉丝画像，以表格形式提交。

答题区：

账号名称	粉丝总量	账号粉丝画像		
		性别分布	年龄分布	地域分布

引导问题 2：运营团队在发布三条短视频后，发现这三条短视频都有了一定的基础流量，即 1 000+ 的点赞，这时候可以进行抖＋投放吗？如果可以，他们要选择哪种投放方式？请说明理由，并选择投放金额。

答题区：

引导问题 3：投放完第一波抖＋后，其中有一条坚果零食大礼包的开箱测评视频播放量达到了 38 万，点赞量为 6.4 万，在这种情况下，这条短视频可以进行追投吗？请说明理由并附上追投时的投放方式。

答题区：

● 评价反馈

根据考核内容，学生完成自我小结并进行自评打分。教师根据学生活动情况进行点评并完成教师打分。最后按小组自评分 ×30%+ 学生互评 ×30%+ 教师评分 ×40% 计算得分。

表 6-1　任务综合评价表

类别	考核内容	分值	评分			得分
			自评 30%	学生互评 30%	教师评分 40%	
知识储备	了解各平台推广工具	10				
	掌握抖音算法推荐机制	15				
	掌握爆款短视频底层逻辑	15				
	学会相关信息搜集与整合	15				
技能训练	平台规则有效使用力	20				
	流量经营能力	25				
合　计		100				

● 课后测试

一、单选题

1. 抖音平台算法类型属于（　　　）。

　　A. 个性化推送类　　B. 生成合成类　　　C. 排序精选类　　　D. 检索过滤类

2. 构建奇妙共时性的关系，形成虚拟的部落式观影氛围的平台是（　　　）。

　　A. 抖音　　　　　　B. 快手　　　　　　C. B 站　　　　　　D. 视频号

二、多选题

1. 抖音平台的违规视频会有（　　　　）处罚。

　　A. 删除视频　　　B. 修改视频　　　C. 降权通告　　　D. 封禁账号

2. 快手平台的算法驱动有（　　　　）。

　　A. 流量池分配　　　　　　　　B. 叠加推荐

　　C. 社交流量　　　　　　　　　D. 热度加权

3. 爆款短视频的操作步骤有（　　　　）。

　　A. 黄金 3 秒开头　　B. 多个爆点信息　　C. 白金结尾　　　D. 实时维护

4. 快手作品推广的时长选择一般有（　　　　）。

　　A. 30 分钟　　　　B. 12 小时　　　　C. 24 小时　　　　D. 48 小时

5. 用户行为参考（　　　　　）作为样本进入机器学习模型里训练，训练的结果用于更新用户模型和推荐新的内容。

　　A. 用户　　　　　　　B. 设置　　　　　　　C. 内容　　　　　　　D. 互动

三、判断题

1. 抖音平台的推荐属于中心化。　　　　　　　　　　　　　　　　　（　　）

2. 在原有内容领域找到爆款视频并进行创新升级属于改良创新法。　　（　　）

3. 资金充足的情况下，抖＋投放可以选择自定义定向推荐。　　　　　（　　）

四、简答题

假设某一个短视频在没有进行抖＋投放前，它的播放量为 1 万，点赞量为 2 000，评论为 150，是否为该视频可以进行抖＋投放？如果可以，在投放时应该选择哪一种投放方式？请说明理由并附上建议投放的金额。

任务 7
数据复盘：解析短视频存在的问题

》 任务简介

短视频数据复盘，是指对过去完成的抖音短视频运营所做的深度思维演练。只有做好科学专业的数据复盘，从整体抖音运营的诉求以及投入产出等目标维度进行对比，才能知道账号的成果与不足，为接下来的运营战略提供更具价值的可行方案。

通过本任务的学习，了解短视频平台流量结构，了解粉丝画像的分析技巧，掌握推广流量数据的分析步骤，从而找到优化短视频的方向。

》 学习情境描述

实习生小杜与短视频运营团队成员一起运营公司的零食账号有一段时间了，目前的粉丝数接近 20 万人。他们计划每天都发布短视频，目标是每个抖音短视频的点赞数达到 1 万，但实际上每个视频的点赞数只有几百。小杜需要与团队成员一起讨论并进行账号数据复盘，从整体抖音运营的诉求及投入产出等目标维度进行对比，找到目标未能实现的原因，从而优化账号与作品。

》 学习目标

◆知识目标

1. 了解粉丝画像分析过程。

2. 了解付费推广数据分析技巧。

3. 了解平台流量构成方式。

◆技能目标

1. 能够对账号粉丝画像进行分析。

2. 懂得分析付费推广后获得的数据。

3. 掌握平台流量结构分析步骤。

◆素质目标

1. 培养正确的行业价值观、遵守职业行为准则。

2. 培养数据分析思维，能够对各项数据有充分的了解和把握。

3. 培养工作总结、复盘习惯，能够避免错误与遗漏的可能。

》 思政园地

高端美妆营销如何创新突围？看法国品牌护肤品的抖音 618 新解法

2022 年 6 月，法国品牌护肤品针对旗下明星产品全能乳液，首次打造中国专属定制的限量款瓶身"凤舞莺歌"，并以文化交流与价值共鸣为发力点，在抖音 618 节点营销中，除了邀请抖音美妆 KOL 开箱测评之外，品牌提炼全能乳液"凤舞莺歌"的设计亮点，将灵鸟、红色小花蕾、蓝色长枝等特色元素，结合到挑战赛的贴纸设计中，在抖音平台发起"＃全能凤舞抖音挑战赛"。挑战赛中，用户做出比心动作，即可触发主题贴纸的动态特效，视频页面就会被缤纷色彩点缀。

这场由品牌官方发起的"全能凤舞挑战赛"，获得超 2 000 万次的传播量。与此同时，品牌发布"＃全力维稳能量新生"的互动话题，激起用户的创作热情。整个 618 活动中，品牌站内总曝光量超 6 500 万，依托抖音平台强大的粉丝基数，法国品牌护肤品达到扩大品牌声量的目的。

品牌先以新品开箱视频和抖音挑战赛，与目标受众产生心智关联，进而构建直播场域，圈粉核心用户，为积累品牌资产的长线建设打下坚实的基础。营销环境瞬息万变，法国品牌护肤品正以不变的品牌初心应对外界的多变，持续以一个记忆点深植大众心智。面向中国消费者，以"东方美学"作为切入点，紧抓 618 大促节点，选择用户基数大、高互动黏性的抖音平台，构建关注—转化的营销闭环，完成高端美妆营销的创新突围。

文章来源：数英网

● 知识点学习

7.1　平台流量结构分析

一、短视频平台流量池

在短视频平台中，每个用户拍的任意一个视频，无论视频内容是否有质量，在发布后都会获得一定的播放量，这是因为平台会根据特有的算法给每个人的每个作品都分配一个流量池。而平台是否会继续将作品推送给更多人，主要由视频在当前流量池中的表现来决定。

平台打造流量池的原因有两点：让不具备与大 V 粉丝数可比的小号也有和大 V 竞争的机会；平台自己的算法会让所有作品有质量的账号获得更多流量的支持。

大多数账号在一开始发布作品的时候，只会获得初始播放量，大概有 100 ~ 500 的播放量。只要作品不存在不适宜公开，也就是违规，或是带有违禁字词、敏感字词的情况下，平台都会给到账号下的作品 100 ~ 500 的播放量，也就是推荐。之后再根据你这个作品获得推荐的反馈数据来决定是否继续推流或停止推流。

流量池也可以算作对你视频的层层检验，在保证视频质量的前提下，才会一层一层地跳入更高级的流量池，直到视频最后直接推送给平台的大部分用户。

流量池每一轮推荐量的数据范围：

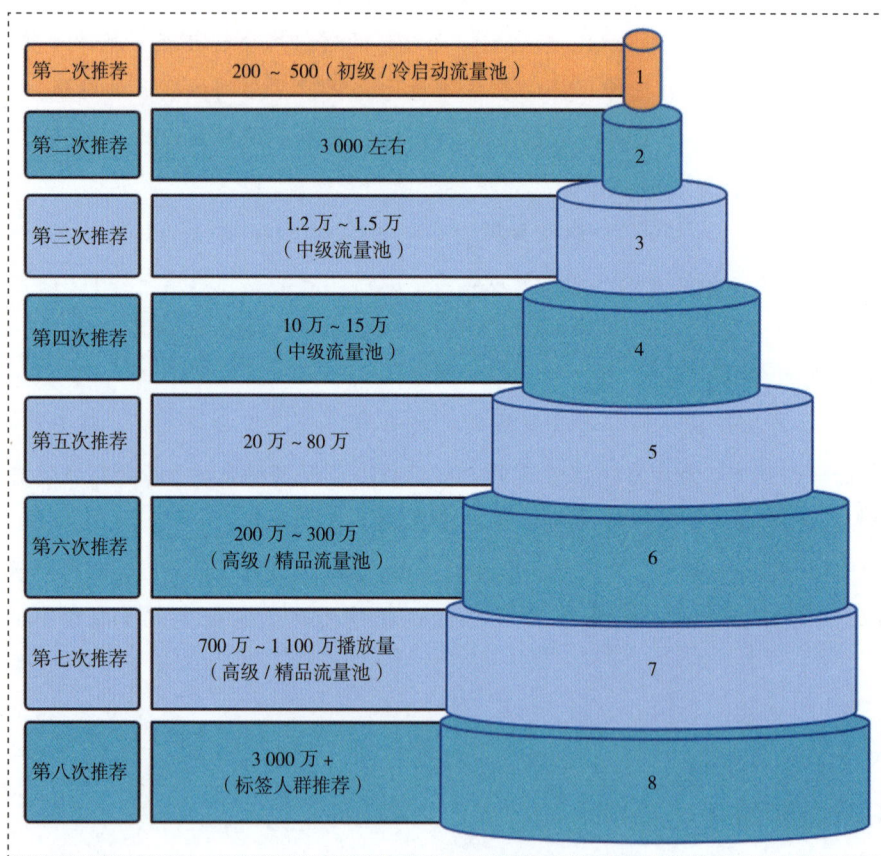

第一次推荐	200 ~ 500（初级 / 冷启动流量池）	1
第二次推荐	3 000 左右	2
第三次推荐	1.2 万 ~ 1.5 万（中级流量池）	3
第四次推荐	10 万 ~ 15 万（中级流量池）	4
第五次推荐	20 万 ~ 80 万	5
第六次推荐	200 万 ~ 300 万（高级 / 精品流量池）	6
第七次推荐	700 万 ~ 1 100 万播放量（高级 / 精品流量池）	7
第八次推荐	3 000 万 +（标签人群推荐）	8

图 7-1　抖音流量池示意

二、短视频数据分析

对于短视频创作来说，抖音数据分析是必不可少的。在抖音平台中想要查看单个视频的数据表现如何，可以打开抖音，选择需要分析的作品，点击底部"数据分析"，跳转到该视频的数据表现。

图 7-2　抖音短视频数据分析示意

通过短视频数据分析，我们可以了解账户的运营情况，优化主题选择的内容，提高粉丝的黏性。创作者们想要了解账号视频是否存在问题，可以从以下几个数据进行分析。

图 7-3　抖音账号核心数据概览

1. 点赞率

计算公式：点赞率 = 点赞数 / 播放量 ×100%

点赞率反映了用户视频在流量池中的受欢迎程度。经过大量实际测试后得出的抖音点赞率阈值是 3%，即系统会默认点赞率在 3% 以下的视频质量较差，对于这类视频将下调推荐量或不推荐。因此创作者需要保证自己视频内容的质量，增加视频点赞率。

2. 赞评比

计算公式：赞评比 = 评论量 / 点赞数 ×100%

赞评比反映了视频在目标用户中的受欢迎程度和视频交互的效果。对于高质量的热门视频，其赞评比一般为 10% ~ 50%，大多数热门视频的赞评比为 30% 左右。如果视频赞评比不到 10%，将很难成为热门视频。

3. 完播率

计算公式：完播率 = 播放完成量 / 播放量 ×100%

完播率反映了短视频的质量，完播率越高，视频越容易进入下一流量池；反之，视频的完播率越低，视频越难进入下一流量池。在抖音平台中，完播率在 30% 以上能给视频带来更多的流量。提高完播率的重要途径是在保证内容完整性的前提下，尽可能缩短视频长度。

4. 赞转比

计算公式：赞转比 = 转发量 / 点赞数 ×100%

赞转比数据反映的是该短视频对粉丝提供的价值有多少，是抖音测试视频贡献值的关键环节。一般来说，爆款视频的转发数量必须高于评论数量，特别是垂直细分领域的账户视频，高转发数量是创建爆款视频的关键部分。

5. 吸粉率

计算公式：吸粉率 = 作品吸粉量 / 视频播放量 ×100%

当用户产生关注行为的时候，不仅仅是用户认可了我们当前的视频，也是认可了我们主页内的视频。在抖音平台内，吸粉率在 1% 以上的视频属于质量较好的视频，保持视频发布频次、创作有趣或有用的视频都是提升吸粉率的关键，不过一定要保持短视频作品质量。

图 7-4 抖音作品数据粉丝变化示意

在短视频的日常运营中，我们要注重提高数据分析的意识，定期做复盘总结，逐步形成良好的数据分析能力，提高数据分析运营能力。

7.2　粉丝画像分析

一、什么是粉丝画像

在短视频平台的运营后台中，会有一个关于粉丝的数据分析，而其中的一个关键数据就是粉丝画像。粉丝画像其实就是根据粉丝属性、粉丝习惯、粉丝偏好、粉丝行为等信息而抽象描述出来的标签化粉丝模型，通过这个模型可以让创作者更好地认识粉丝、了解粉丝、理解粉丝，这样才能够更加精准为粉丝提供服务，优化内容，提供更好的粉丝体验。

二、抖音粉丝画像入口

在抖音短视频平台，我们可以通过创作者服务中心来查看自己的粉丝画像。

①打开抖音软件，点击下方"我"选项，点击右上角"三条横线"。

②找到创作者服务中心，该页面显示账号数据信息、短视频信息等功能页面。点击账号数据右上角的"详情"进入数据中心，进入"粉丝数据"。该页面可以看到粉丝特征（性别年龄、热门在线时长）、粉丝分布（性别分布、设备分布、活跃度分布）、粉丝关注来源、粉丝互动贡献、粉丝兴趣分布等。

图 7-5　抖音平台创作者服务中心入口示意

图 7-6　账号数据中心

三、粉丝数据

不同的平台对粉丝画像产生的数据会有所差别，但粉丝画像的信息大致相同。

1.人口属性

人口属性是指人口所固有的性质和特点，包括姓名、性别、年龄、婚否、联系方式、住址等。抖音平台数据的人口属性指的是性别、年龄分布，可了解到本账号视频更受哪类人群喜爱。

以图 7-7 数据为例。从粉丝性别分布来看，40% 粉丝为女性，男性粉丝占比 60%；从年龄分布来看，31 ~ 40 岁年龄段占比 48%。该账号视频内容更受 31 ~ 40 岁男性欢迎。

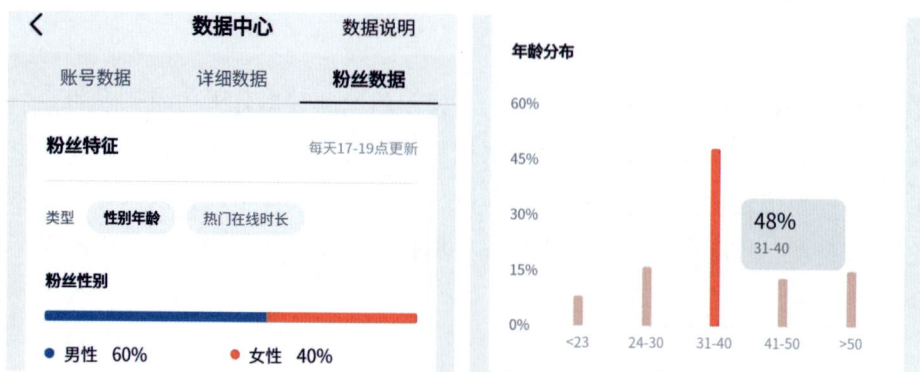

图 7-7　粉丝画像之人口属性

2. 兴趣特征

人们对某类视频内容感兴趣时，便会对它产生特别的注意。不同年龄阶段人群有不同的社会阅历，其兴趣也相差甚远，如有些人关注亲子教育，有些人关注文化历史，有些人关注娱乐游戏等。创作者需要关注粉丝的兴趣特征，了解用户想看什么、喜欢看什么。

以图 7-8 知识科普账号数据为例，随拍、美食、时尚与我们的用户重合度较高，创作者可在选题、设计内容时增加用户兴趣的相关内容，用户对内容产生更多观看想法，有助于提升视频完播率。

图 7-8　粉丝画像之兴趣分布

3. 地域属性

由于我国南北双方所处的地理位置、气候特征、历史文化、风俗习惯以及政治经济活动等方面的不同，造成了我国南北方自然景观和人文景观的显著差异。粉丝的行为有时候会带有较强的地域属性，地域属性包括粉丝所在的城市、粉丝所处的社区或粉丝的一些行为路径等。

4. 设备属性

设备属性就是粉丝使用的终端特征，比如是安卓，还是苹果。

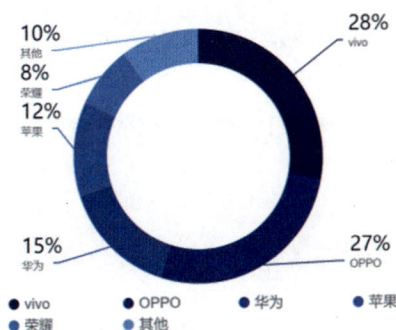

图 7-9　粉丝画像之设备属性

5. 社交特征

抖音平台是一款音乐创意短视频社交软件，创作者记录和分享生活视频，观众观看视频产生评论交流、点赞、分享等行为，通过社交互动来加持普通人视频动态的内容价值，让普通人也得到关注。从分析关注来源可以得知，60%的粉丝都是通过视频详情页吸引所关注的，粉丝互动行为更多在播放上。

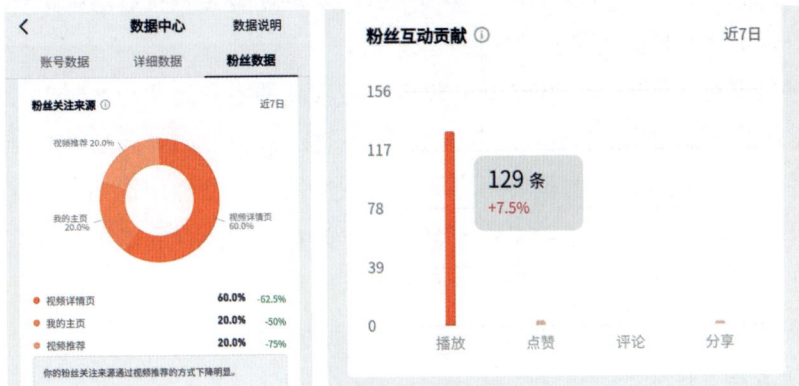

图 7-10　粉丝画像之社交属性

6. 行为特征

不同粉丝有不同的行为路径和行为倾向，如热门在线时长，清楚粉丝活跃在哪个时间段，掌握粉丝的生活规律，才能更好地进行短视频引流与变现。

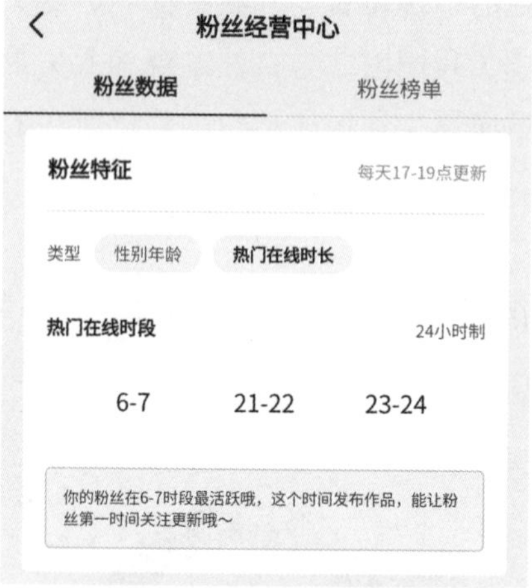

图 7-11　粉丝画像之行为特征

四、粉丝画像分析

通过不同的信息可以对粉丝数据进行分析，并建立标签。标签可分为静态标签和动态标签，如粉丝的基本信息是静态的，但是粉丝的心理、态度、行为等则是动态的。所以分析粉丝画像时，要从两个方面进行。

1. 分析用户静态标签

（1）分析用户来源

分析用户来源，了解粉丝是通过哪些渠道来关注的，后期可以针对性地出一些方案来刺激有效渠道的用户数量的增长，或保持长期引流的效果。

（2）性别属性区分

通过性别区分，我们可以观察账号所吸引的人群标签是否符合后期的转化人群方向，是否符合最终变现的流量。

例如某零食测评账号，以甜食类、包装颜值较高的零食测评为账号定位，吸引爱吃甜食、重产品颜值的用户。其账号粉丝数据显示核心人群为 19 ~ 35 岁的年轻人群，其中女性占比接近 66%。从数据可得出账号所关注的人群女性用户偏多，女性更加关注甜食、产品颜值。因此账号后期的内容可以根据女性对甜食的需求和颜值进行重点设计，满足大部分群体的需求。若账号原定位是想吸引男性用户的，则需要重新收集当前男性用户需求，然后对视频的整体内容设计进行调整。

（3）地域属性区分

一般来说，通过地域的区分，能够了解粉丝对短视频平台内容的态度，是抱有地域情感的多，还是更想了解当地的外地人多。

（4）机型属性区分

根据机型，可以知道粉丝大概的经济分布与消费能力水平等。

2. 分析用户动态标签

①用户最爱看的是哪些内容？

②用户最爱分享的是哪些内容？

③用户最爱发表看法的是哪些内容？

我们可以通过一个用户分析表，来了解应该如何进行分析。

表 7-1　用户分析表

日期	发布时间段	标题	链接	内容标签	情绪标签	播放量	点赞量	评论数	分享数	收藏数

我们在发布完一个视频后，可以进行以上数据收集，更直观清晰地挖掘出账号粉丝大多是什么性别、什么年龄段、什么消费水平、来自哪里、居住在哪里、对于什么样的内容感兴趣、喜欢分享什么样的内容、喜欢对什么样的内容发表看法等。

当我们对用户了解更深入之后，接下来就是制定"匹配内容"。根据分析后的结果，对视频内容进行调整与优化，为粉丝提供更好的体验。

7.3　付费推广数据

一、抖音付费广告类型

1. 抖音开屏广告

抖音开屏广告是在抖音 App 启动时首屏强制展现的广告，在进入抖音第一入口，开屏广告展示 3~5 秒，如果点击画面即可跳转至相应广告页面。如果不点击广告，在广告播完后可马上进入 App，也不影响用户体验。大尺寸展示，极具视觉冲击力，可跳转至广告页，更便捷，可提升营销效果。

开屏广告有静态、动态、视频三种形式，分别为静态 3 秒、动态 4 秒、视频 5 秒，计费方式可分为 CPT[1]、GD[2] 这两种方式。此方式适合预算高的企业、品牌进行投放。

1　CPT：即 Cost Per Timed 的缩写，指的是按时长付费。这是包时段投放广告的一种形式，广告主选择广告位和投放时间，费用与广告点击量无关。常见案例为 App 开屏广告。

2　GD：即保量交付广告（Guaranteed Delivery，合约广告）。GD 需要和工作人员具体对接，按 CPM（即 Cost Per Mille 的缩写，指的是按千次展示付费）计费，确定好预算后一次性投放。这种方式的优点是确保了未来某段时间能够获得预期的流量。

图 7-12　抖音开屏广告示意

缺点：由于开屏广告带有强制性观看的性质，对内容的创意要求较高。广告面向全体用户，非定向投放给某类群体用户，针对性宣传目的较低。

2.抖音信息流广告

抖音信息流视频目前有横版视频、竖版视频两种。这种广告形式也具有大多数信息流广告的共性，就是原生性强，而且账号强聚粉。抖音信息流广告支持分享传播，而且售卖方式灵活，支持 CPC、CPM、OCPC 等方式计费。

①CPM：10 元 /1 000 次曝光（按千次展示扣费，观看视频 5 秒以上计一次曝光）；

②CPC：1 ～ 2 元（曝光免费、按单次点击扣费）；

③OCPM：10 ～ 30/1 000 次曝光（按整体出价，按 CPM 模式扣费，流量更大更精准）。

每个 IP 地址 24 小时内最多推送 1 次广告，每个 IP 地址 24 小时内无论点击多少次均只计一次点击，且两种计费模式不重复扣费。

3.抖音挑战赛

抖音挑战赛分为超级挑战赛、品牌挑战赛和区域挑战赛这 3 种形式，这种广告形式号召力强，通过不同用户之间的传播分享容易形成蝴蝶效应，所以对品牌曝光、传播、知名度提升等方面都有很好推动作用。

发起一次抖音挑战赛，可以获得抖音开屏、信息流、KOL、热搜、站内私信、定制贴纸全方位的商业化流量入口，因此相较于其他推广形式，抖音挑战赛更多的是能够实现品牌的推广诉求，通过"全新玩法＋全新资源"，来吸引更多用户主动参与，从而强化他们对企业品牌的认知和印象。这两种方式都适合预算高有实力的企业和品牌。

二、抖音 DOU+ 推广

DOU+ 是抖音平台的一款视频加热工具，购买并使用 DOU+ 后，可实现将视频推荐给更多的兴趣用户，并提升视频的播放量和互动量。简单来说这是一个可以帮助视频上热门的工具，但是需要用钱购买，用户用钱来买曝光让自己的视频上热门，花的钱越多视频的曝光量就越大，火起来的概率就越高。目前抖音 DOU+ 功能购买收费标准是 100 元 /5 000 人。

1. DOU+ 推广方式

①选择"系统智能投放"：系统会智能选择可能对该视频感兴趣的用户或是潜在粉丝。

图 7-13　DOU+ 系统智能推荐设置

②选择"自定义投放"：自主选择想要看到视频的用户类型，可定向性别、年龄、地域、兴趣等。

图 7-14　DOU+ 自定义投放设置

③选择"达人相似粉丝投放"：通过添加与自己视频定位相似的达人账号（5 个左右），系统会依次自动推荐给对同一类型视频感兴趣的用户。

2. 抖音 DOU+ 与付费推广区别

抖音 DOU+ 主要促进视频播放量、点赞数据增长。因为抖音 DOU+ 投放要求较为严格，视频中不可出现联系方式、促销活动、优惠信息、产品细节、品牌等细节信息，所以抖音 DOU+ 更适用于非产品推广类视频使用。

付费推广主要以商品推广、销售为目的，适用于明确的产品推广。

3. DOU+ 投放数据分析

在抖音短视频平台，一分钟以下的视频作品，均播时长占比大于 50%，就可以尝试投放 DOU+ 进行测试。均播时长是指作品平均播放时长除以作品总时长。比如，视频作品总时长 50 秒，平均播放时长大于 25 秒，这时就可以针对该视频投放 DOU+ 进行测试，初次投放时可以进行小额投放，避免投入过多金钱却没有较好的收益效果。

当我们的作品的 DOU+ 投放完成之后，该如何判断是否要继续追投？

一般情况下，判断作品是否需要追投 DOU+，需要先确定我们投放的目的。目标确定之后，投放 DOU+ 所得到的成本和我们的目标相比，是否能够承担，这是我们追投 DOU+ 的基本判断条件。

比如我们投放的目的是增长粉丝量，在投放完 100 元的 DOU+ 后，最终只增长了 50 个粉丝，那么一个粉丝的成本就是 2 元，对于这个成本，我们是否能够接受。如果可以接受就继续投放；如果觉得价格偏高，就放弃这条作品，继续优化下一个作品，做下一次投放。

又比如我们投放的目的是想要上热门，那么这时需要关注的数据就是作品的播放量，在投放完 100 元 DOU+ 之后，我们只获得了几百或几千的播放量，并没有带来额外的自然流量，相对于热门作品几百上千万的播放量来说，我们的播放量远远不够，因此这条作品也可以考虑放弃，继续优化下一条视频作品。

在进行投放时，我们需要不断测试和调整优化，包括视频的投放时间、文案风格、物料风格、年龄段、出价等各项指标的不断测试。例如，不同文案素材是否可以匹配同一视频素材，可以准备不同的素材进行 AB 测试，最终选择出最合适的投放策略。

⬡ 案例分析

案例背景

2021 年 8 月 18 日至 2021 年 8 月 31 日期间，手游《某某全明星》邀请游戏主播周某某与某某大司马进行游戏宣传，有效地将主播效应发挥到最大，为游戏带来更多的玩家粉丝以及人气和话题；除了邀请游戏主播外，游戏也在推广内容中进行了许多关于游戏职业和玩法特色的体验视频。

推广平台上，抖音平台中相关话题"＃荣★全明星"的视频播放量累计已超过 5 400 万，话题"＃某某增幅王"的相关视频播放次数高达 4 216 万。今日头条搜索《某某全明星》相关视频可发现几乎全为游戏体验视频内容，每个视频的点击量均在 1 000 以上，人气虽然没有抖音表现好，但从内容的角度看，今日头条更偏向于游戏特色展示，而抖音则偏向于创意输出。

案例分析

整体来看，《某某全明星》此次的宣传主要集中在游戏内容运营福利活动推送与游戏外主播宣传抖音话题推广上。游戏没有进行多渠道的推广营销，但是精准的游戏定位推广还是吸引了许多潜在玩家的关注，为游戏带来了一波话题和人气。

周某某与某某大司马都是长期进行 LOL 相关内容输出的主播，因此他们的粉丝都带有一定电竞属性，同时这些粉丝喜欢的游戏也较偏向于竞技类，这种偏向正好与《某某全明星》的游戏特色相符，因此更能提高玩家对游戏的兴趣度，提高转化率。

而一系列的体验视频可以让玩家更为直观地了解游戏的职业选择和战斗打击感，使对此感兴趣的玩家能够从视频中提高代入感继而下载游戏，成为游戏真正的活跃玩家。

⬡ 任务实施

【任务书】

请学员通过查阅教材、上网搜索、听课、讨论等获取任务书中的答案或案例，并进行自我评价，确保项目顺利实施。

任务分组：4 ~ 6 人一组。

任务内容	任务要求	验收方式
平台流量结构分析	能够掌握不同数据分析工具进行短视频后台数据分析	文档形式提交
粉丝画像分析	根据短视频账号后台粉丝画像模块进行分析	文档形式提交
付费推广数据	能够根据 DOU+ 投放数据判断视频质量	文档形式提交

【获取信息】

扫描下方二维码，获取本节课程教学课件、微课视频进行知识点学习。

教学课件

微课视频

【知识点梳理】

一、平台流量结构分析

在一个短视频平台中的所有用户拍的任意一个视频，在发布之后一定会获得一定的播放量，这是因为平台会根据特有的算法给每个人的每个作品都分配一个流量池。

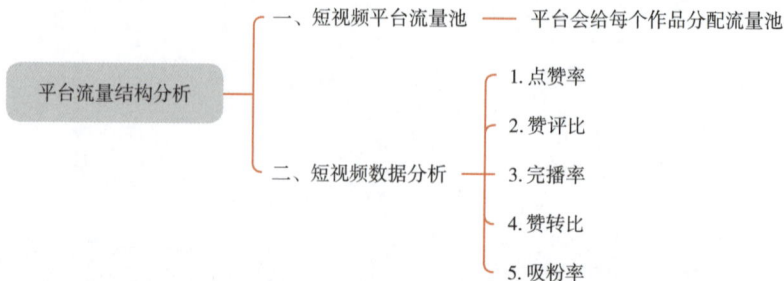

二、粉丝画像分析

粉丝画像其实就是根据粉丝属性、粉丝习惯、粉丝偏好、粉丝行为等信息而抽象描述出来的标签化粉丝模型。

粉丝画像分析

- 一、什么是粉丝画像 —— 标签化粉丝模型
- 二、抖音粉丝画像入口 —— 创作者服务中心
- 三、粉丝数据
  - 1. 人口属性
  - 2. 兴趣特征
  - 3. 地域属性
  - 4. 设备属性
  - 5. 社交特征
  - 6. 行为特征
- 四、粉丝画像分析
  - 1. 分析用户静态标签
  - 2. 分析用户动态标签

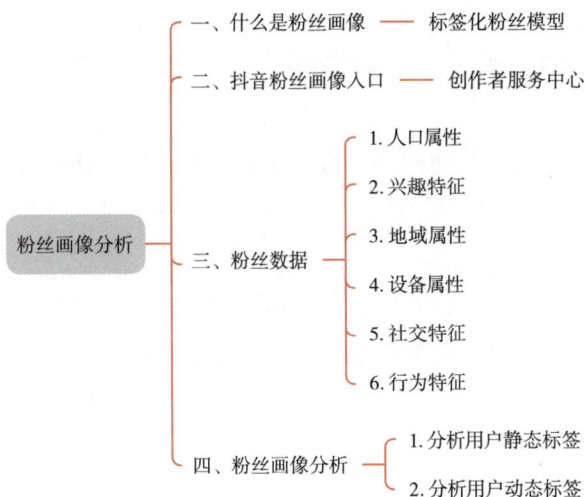

三、付费推广数据

抖音付费推广是指在官方预留的视频广告空位投放广告。

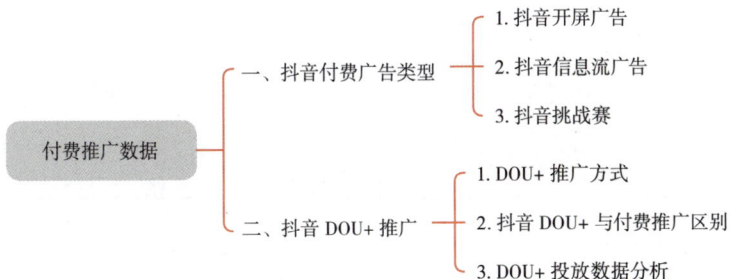

付费推广数据

- 一、抖音付费广告类型
  - 1. 抖音开屏广告
  - 2. 抖音信息流广告
  - 3. 抖音挑战赛
- 二、抖音 DOU+ 推广
  - 1. DOU+ 推广方式
  - 2. 抖音 DOU+ 与付费推广区别
  - 3. DOU+ 投放数据分析

【工作计划】

工作目标

本次工作内容为短视频数据复盘。通过结合企业背景及短视频账号定位，为已发布的短视频进行数据上的分析复盘，掌握数据分析与复盘技巧。

店铺的零食种草抖音号已经运营了一段时间，也发布了接近 50 个短视频，运营团队决定进行一次账号视频数据复盘，总结播放量高的短视频规律，借此优化视频内容。

工作步骤

（1）完成知识点的学习，认知与巩固短视频数据复盘相关。

（2）请按照短视频数据复盘工作过程依次完成工作计划与实施。

（3）工作过程中可采用线上线下混合学习方式，学生以小组为单位协同合作，运用短视频后台进行视频数据分析，共同完成工作任务。

（4）工作结果需要整理到相关表格或报告形式呈现。

背景资料

企业信息：重庆某零食公司主要依托互联网电商平台，销售各种零食、鲜果，开店已有半年。随着短视频兴起，店铺也在抖音平台上开通了短视频账号，账号定位为美食种草。

目前账号已经发布几十个短视频，有些视频数据不错，播放量接近 10 万，但有些播放量只有几百或一千左右。短视频运营团队成员需要针对这段时间发布的视频数据进行复盘与分析。

引导问题 1：在进行数据复盘工作前，团队成员认为除了利用抖音工作后台观察数据之外，还可以充分利用第三方数据分析工具来提高短视频运营效率，优化运营策略。请利用网络平台了解不少于两个抖音第三方数据分析工具，并使用文档整理相关信息。

答题区：

引导问题 2：在短视频数据分析中，粉丝画像也是不能忽视的模块之一。该团队运营店铺带货的短视频账号后台关于视频受众分析模块的数据如下所示，请列出图中所示数据，根据粉丝画像数据策划该账号可以发布哪些视频内容，并说明理由。

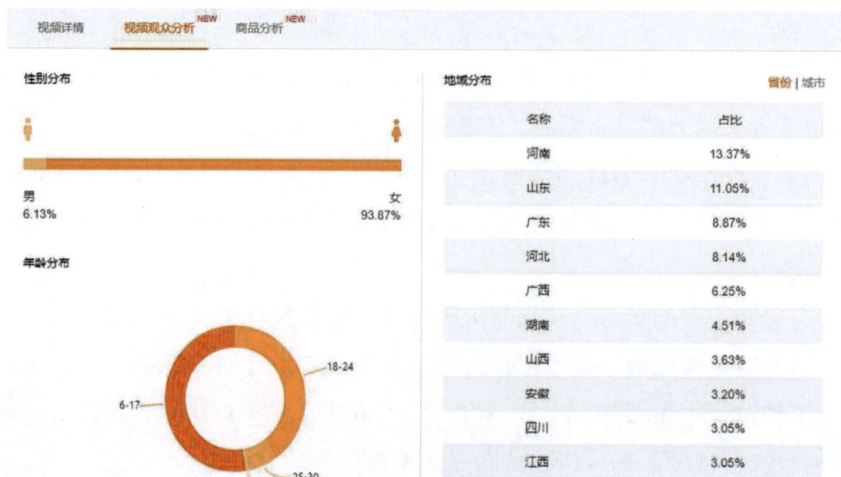

图 7-15　视频受众数据示意

答题区：

引导问题 3：团队成员翻到近期有一条种草类短视频投放了 100 元人民币的 DOU+，投放完成后的数据显示如下图。从投放数据上看该视频内容质量是否良好？是否能够继续投放？请说明理由。

图 7-16　DOU+ 投放数据示意

答题区：

评价反馈

根据考核内容，学生完成自我小结并进行自评打分。教师根据学生活动情况进行点评并完成教师打分。最后按小组自评分 ×30%+ 学生互评 ×30%+ 教师评分 ×40% 计算得分。

表 7-2　任务综合评价表

类别	考核内容	分值	评分			得分
			自评 30%	学生互评 30%	教师评分 40%	
知识储备	了解短视频平台流量结构	10				
	掌握短视频账号粉丝画像分析	15				
	掌握短视频付费推广数据分析	15				
	学会相关信息搜集与整合	15				
技能训练	短视频数据分析能力	20				
	数据整合与复盘能力	25				
合　计		100				

课后测试

一、单选题

1. 抖音平台的初级流量池数据范围一般在（　　）。

　A. 200 ~ 500　　　B. 300 ~ 600　　　C. 400 ~ 700　　　D. 500 ~ 800

2. 抖音短视频 App 官方宣布的优质视频点赞率是（　　）。

　A. 1%　　　　　B. 2%　　　　　C. 3%　　　　　D. 4%

二、多选题

1. 抖音流量池的参考标准有（　　）。

　A. 点赞量　　　B. 转发量　　　C. 评论量　　　D. 浏览量

2. 能够帮助创作者更好地创作视频的短视频数据有（　　）。

　A. 点赞率　　　B. 完播率　　　C. 互动率　　　D. 吸粉率

3. 分析粉丝画像时，静态用户标签有（　　）。

　A. 用户来源　　　B. 地域属性　　　C. 性别属性　　　D. 内容属性

4.抖音付费广告类型分为（　　　）。

  A. 挑战赛　　　　　　B. DOU+ 推广　　　　C. 开屏广告　　　　D. 信息流广告

三、判断题

1.抖音 DOU+ 最主要功能是促进视频播放量和点赞数。　　　　　　　　（　　）

2.抖音开屏广告有静态、动态、视频 3 种形式，静态 3 秒、动态 5 秒、视频 7 秒。

                                                       （　　）

3.粉丝画像是根据粉丝属性、习惯偏好等信息而抽象描述出来的标签化粉丝模型。

                                                       （　　）

四、简答题

针对店铺内的短视频账号定位为零食种草，请在抖音平台内选择一个对标账号，并利用用户分析表对其账号 7 天内发布的视频数据进行搜集，分析账号哪些视频数据较好，哪些视频数据较差，以此优化本店铺的短视频内容。

日期	发布时间段	标题	链接	内容标签	情绪标签	播放量	点赞量	评论数	分享数	收藏数

任务 8
流量变现：挖掘短视频商业价值

》 **任务简介**

商业变现是短视频创作者的原动力，也是永恒的主题。短视频的商业模式要依据自身的产品特性而定，在不改变内容形态且保证用户的观看体验的前提下实现收益最大化，因此"短视频 +"成为比传统广告更合适的商业广告模式。

通过本任务的学习，了解短视频内容价值，掌握短视频不同变现渠道，掌握不同短视频带货方式，找到合适自己短视频账号的变现模式，实现流量高效转化。

》 **学习情境描述**

实习生小杜发现公司的短视频账号目前数据稳定，流量也不错，加上公司自身有货源渠道，运营团队成员商量挖掘这个短视频账号的变现方式。运营团队成员们需要根据账号创作的零食种草内容，了解短视频不同的变现渠道，找到合适的变现模式，实现流量变现。

》 **学习目标**

◆知识目标

1. 了解短视频内容价值的区别。

2. 了解短视频变现的不同渠道。

3. 了解短视频商业广告分类。

◆技能目标

1. 能够通过账号定位匹配合适的变现渠道。

2. 掌握短视频内容价值的创造方式。

3. 根据自身优势筛选合适的带货模式。

◆素质目标

1. 培养正确的行业价值观，遵守职业行为准则。

2.培养价值变现意识，能够创作有价值、有意义的短视频。

3.具备团队合作精神。

》 思政园地

一条视频带货 1 200 万元，短视频带货一哥"骆某某"是如何炼成的？

先思考变现出口，再思考内容方向。

以骆某某所在的美妆领域为例，美妆护肤产品上游同质化严重，质量参差不齐，又是个"进攻"性品类，极度依赖营销，所以市场上缺少一个能够帮助大家分辨优劣的人。而美妆领域的已有头部达人发挥着类似的作用，这看起来好像已经是一个饱和的状态，但仔细分析可以发现，其中仍然有升级空间。

骆某某不仅是一个卖货者，他用他的专业，以损失掉自己的商业利益，帮助用户排雷，拔草很多垃圾网红产品、流量产品，同时严格筛选种草产品。种草之后必须要求厂商保证每天监控平台，以确保每个不满意的消费者得到满意的售后服务。骆某某和团队还亲自参与售后工作，而不是丢给厂商和发货端，尽量做到整个过程的可控。

在为用户发声和为品牌背书之间，骆某某选择了前者，并且一直贯彻用户思维，真正想用户所想为用户发声。正是因为这样，在已有头部达人的领域中仍然可以跑出骆某某，他不仅创造了巨大的销售数据，还有远远低于行业平均水平的退货率，退货率仅为千分之二。

文章来源：新消费智库

● 知识点学习

8.1　短视频内容价值

基于互联网的信息去中心化特征，普通用户的空间话语权得到了极大释放，每个人都找到了一个自我展示和表达自我的平台，使得内容消费者与内容提供者的角色互为转化，呈现了人人皆媒体、人人皆可创作。随着移动互联网普及率上升、网络提速降费，也让碎片化时代的上网体验得到更好的保障，打破了短视频消费的时间和空间局限，促使短视频也有了更广的用户群体。

一、优质短视频所具备的内容价值

（1）创造新鲜体验

展示新鲜事与另一种生活，带给用户新的认知和动力，激发好奇心。

（2）引发情感共鸣

引发情感链接，加强用户黏性，真情实感。

（3）提供信息资讯

汇总有质量的实时资讯，在快节奏、碎片化的浏览习惯中尤为重要。

（4）呈现令人认同的价值观

视频是展示价值观的一种形式，可以获得用户认同增强黏性。

二、优质短视频内容价值的核心条件

1.第一个条件：好玩有趣

短视频吸引观众的敲门砖是：有趣。现在生活节奏过快，人们生活压力巨大，越来越多的人通过看短视频来放松休闲打发时间，也说明了娱乐消遣是短视频用户的首要需求。

娱乐的好玩、有趣能使人们对其感兴趣并进行消费（花费时间、金钱等），满足娱乐条件能使人心情放松，同时能促使用户主动分享转发。

快手短视频在创立之初迅速爆火的原因之一，是其娱乐性极高，通过好玩有趣、幽默搞怪的方式吸引了第一批短视频用户。

2.第二个条件：获取信息或知识

在用户碎片化阅读的互联网时代，获取知识的途径也更加多元化。有很大一部分观众希望通过看短视频来获取对自己有用的信息，从而增加自己的知识面。这也是为什么越来越多的平台，鼓励短视频创作者进行知识创作和科普分享，让用户可以通过互联网工具提升自身知识获取量。

因此，有价值的干货分享也是短视频创作吸引用户的重要条件。在碎片化的时间里能获取自身知识量，何乐而不为？

3.第三个条件：有创意，内容丰富

短视频想要吸引大量粉丝关注从而产生流量变现，这就需要短视频拥有独特创意。通过创意的加入，可以让短视频产生差异化，从而在市场上走得更远。创作者需要根据账号人设、视频内容、粉丝人群的定位，从用户思维角度出发，对产品的差异化进行思考。

现在消费者的要求越来越高，他们更加追求生活品质感。当你的视频元素丰满，调性也符合账号定位时，会增加用户心中的好感度，甚至会激活一个产品在市场的影响力。

在短视频内容更有趣、更有料、更有态度的情形下，用户不仅会完整观看该视频，而且可能重复观看乃至于分享传播该视频。

三、各平台短视频内容价值传播

1.记录美好生活

现如今，短视频 App 依旧占据着视频播放类 APP 用户数量的头部位置，从抖音的品牌标语"记录美好生活"与快手品牌标语"记录世界纪录你"，可以发现大部分普通用户都利用短视频来记录生活、记录成长。每个人都有一份记录自己生活点滴的诉求和情怀，短视频平台正是满足了大部分人的愿望，它能够将生活的点滴记录下来，多年以后，当我们回顾过去的成长和生活，依然有迹可循。

图 8-1 记录生活示意

2.传播知识与文化

快节奏时代里，很多人只能利用碎片化的时间去学习碎片化知识。在抖音带动下，短视频行业自 2019 年起展开从"娱乐化"向"知识化"的生态转型，2021 年度抖音上的泛知识[1]内容增长迅猛，播放量年同比增长达 74%，成最受用户欢迎的内容之一。

知识传播：以短视频为媒介，以知识为内容，短视频成为知识传播者和知识学习者互动交流的平台，每个人都能成为知识的生产者和传递者。在分享泛知识内容的创作者中，既有知名院士、专家学者，也有各行各业的行家里手、民间高手。创作者发布所学知识，建立学习交流空间，观众在遇到想学的问题和想解决的问题时，可以各取所需，各得其所。

---

1 泛知识："泛知识"概念迄今并无准确界定，基本特征是指个人基于自身需求、借助互联网平台所提供的各种资源，自行安排学习场景与内容的新型学习类型，也可称为"泛知识"消费。"泛知识"学习是随着互联网和知识网络化而兴起的新型学习模式，其并不是传统专业知识学习模式的替代品，而是补充品。

文化传播：在海外社交媒体平台，众多有关中华美食、古风服饰、自然风光的短视频颇具传播力，通过视频镜头方式把中国的传统纸砚、刺绣、古法制作的美食、桂花酒等手作、手艺推出本地、推向国门，让世界知晓、了解更真实的中国。如2022年北京冬奥会开幕式直播的二十四节气倒计时，一诗一画中尽显中式浪漫、人类情怀，传播也因此展现出中华优秀传统文化中更具当代价值、世界意义的精髓。

3. 为产品引流

对于一个产品而言，不管是做电子商务还是传统生意，客流量决定生死，比如一个健康的淘宝店铺，其流量来源渠道有10%来源于站外，而现有将近6亿日活跃用户数的短视频平台，无疑是站外推广得很好的平台之一。对于传统商家而言，线上引流也是必不可少，短视频使"打卡经济"得以更好发展，也推动了传统店铺生意的步步上升。例如，大唐不夜城的不倒翁，凭借短视频传播，带动了当地旅游经济的发展。

图8-2　产品引流示意

4. 品牌传播与危机公关

短视频可以帮助企业和个人进行品牌传播，企业或个人通过短视频清晰表达品牌内涵，展示自身的形象，并通过留言、私信等回复，与粉丝进行实时交流，快速消除影响，不让负面信息大量传播，缩小了与粉丝之间的距离。在信息高速发展的今天，谁也不能预料哪个环节会出现问题，因此当事件发生后，短视频平台是一个很好的发声利器，是一个很好的公关阵地。

5. 扶贫助农

每个地区都具有悠久的历史底蕴和优质的特色产品，但有些地区因信息渠道不通畅、基础设施建设不完备等原因，许多特色产品并未转换成实际收入。而目前已有不少短视频平台从内容生产、分发、变现等多个环节，为贫困地区的人们提供支持，助力扶贫，形成"短视频＋扶贫"模式。

这一模式的基本内涵，是指贫困地区的用户，通过在短视频平台开立账号，拍摄并上传家乡原生或加工的土特产品、自然风光或人文景点、独特的生产生活场景等，利用短视频平台给予的流量倾斜、电商导入等支持，让更多人深入全面地了解当地人们的生存发展状况与风土人情，产生贴近感，继而通过平台购买当地产品或带动当地旅游等。

图 8-3　扶贫助农示意

8.2　变现渠道

一、广告变现

广告变现大概分为 4 种，有软广、冠名、贴片、代言。

1. 软广

即软文广告，指为减少公众的广告躲避而将显明的、凸现的广告形式，通过更巧妙的、更迂回的、更隐蔽的方式传达宣传本意，使消费者在不知不觉中把广告所传达的内容接受下来的一类广告。软广告是相对于硬广告或纯广告而言的。

图8-4 软广示意

比如，美食制作类的博主在视频中突出了食材是鸡汤面之光，着重说到汤鲜，但并没有添加太多商业表述，让读者潜意识中接受这种表达方式，可以达到较好的转化效果。

2.冠名

在短视频行业，冠名广告通常体现为字幕明细、添加话题、添加挑战、特别鸣谢等。与软广相似，但相比之下冠名广告会更强调广告主的品牌。

比如，生活类博主在接到某品牌手机的广告时，在视频文案中自带该品牌话题，视频内容中也多次提及品牌，让观众了解到该视频是某品牌手机的冠名视频。

图8-5 冠名示意

3.贴片

贴片广告是指视频的片头片尾，或者是插片播放的广告，它是创作者制作成本比较小的一种广告形式，一般广告内容放在视频片尾5 ~ 10秒，不会影响创作内容的本身，这种片尾植入软广的形式容易被广大用户接受。

比如，创作类博主在接到关于某品牌牛奶的广告时，在结尾处标明品牌与其标语，让受众了解这是一条某品牌牛奶的冠名广告。

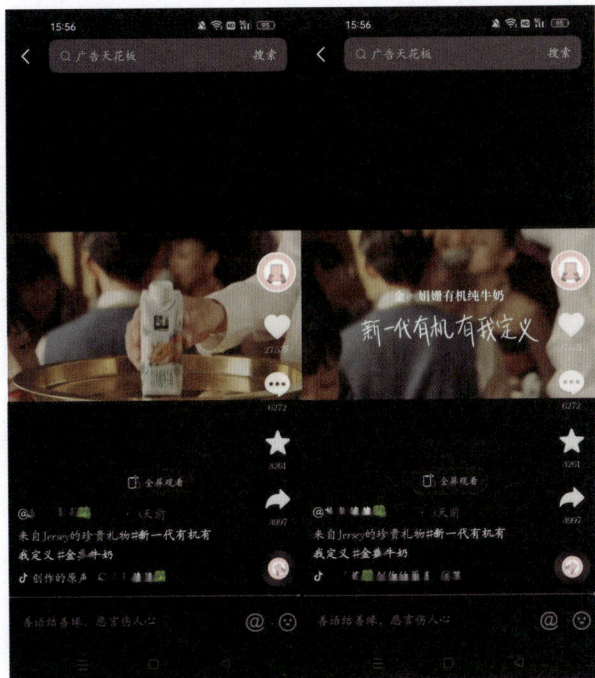

图 8-6　贴片示意

4. 代言

我们经常能在电视上看到的一些品牌广告标注某明星代言，泛指明星在某方面或某种产品作为代表进行发言。

比如，某首饰品牌发布的短视频中，邀请了一位明星拍摄佩戴饰品的视频，同时也宣布该明星为品牌代言人，既体现了明星的商业价值，也激发了粉丝群体的消费能力，扩大了品牌影响力。

在广告植入时创作者必须要关注用户的体验。现在的短视频互动性更强，用户参与度更高，广告的产品是否正规、产品本身、是否会影响用户的体验，都是在变现的过程中必须把关的问题。用户对广告植入并不排斥，但是广告要有足够的创意，才能吸引用户。

二、电商变现

电商变现有两种模式，第一种叫一类电商，第二种叫二类电商。它们的差别在于购买平台的直接性，比如说淘宝、京东以购物为主的平台，叫一类电商。抖音这种点击链接跳转到淘宝、京东等购物的平台，叫二类电商。

抖音电商变现的产品内容样式不计其数，有以故事为主软植入产品的形式，也有开门见山介绍产品特点的形式。电商功能是短视频功能特性的延展，越来越多的博主以电商变现的方式，来为自己的账号增加收入，短视频电商的变现也越来越被大家认可。

消费者在一个密闭的空间下只能选择买或者不买，没办法持续性地货比三家，这样能极大地提高转化率。

三、直播变现

直播带货是抖音直播中主要的一种变现手段。通过提前做粉丝运营、直播预告、供应链和商品选品，直播人员在直播时就可以将要带货的商品面向广大精准粉丝和用户。直播中，当直播人员通过介绍商品、优惠活动、打折福利等信息，传递给粉丝和用户，每当有粉丝和用户下单时，就会形成一个转化。一场好的直播，短短几个小时就可以达到数千万的销售额。

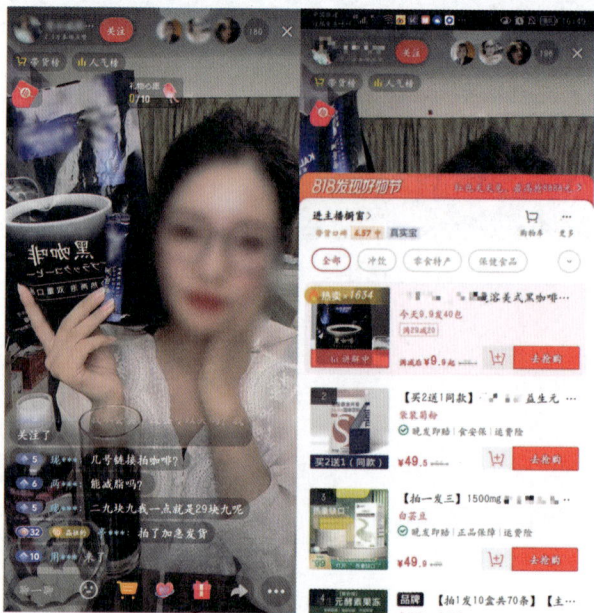

图 8-7　直播带货示意

直播带货的方式，可以让粉丝和用户更直观地把握商品，不过直播人员需要重视选品的质量，这点尤为重要。如果商品本身出现了问题，直播人员不仅会面临消费者大批量退款，也会影响直播人员本身的形象、口碑和信誉。除此之外，在购物便捷程度上，直播人员也需要不断做出优化。如果购物手续太过复杂，消费者很可能会因为嫌太麻烦，就不愿意下单购买。

四、课程变现

课程变现是最经典的内容变现方式，也称为卖课知识付费，是一种借助抖音巨大的消费市场与变现力量出现的新型内容营销。

在抖音平台上，创作者可以利用自己的技能制作视频，比如英语教学、PS 制作、

Pr 课程、摄影教学等课程小视频，抖音被赋予了学习型平台的新标签，各种各样的知识技能都可以拿来展现变卖。

短视频流行下带来的学习交流，知识共享的新渠道背后，同样有巨大的市场牵动。有卖就会有人买，这种方式非常适合有专业知识专业技能的人才，能最大限度为自己创造价值。

五、咨询变现

咨询是商业模式和底层逻辑对接的产物，从买家角度出发促成交易。这种模式和课程变现相似，不同的是咨询变现是卖方静止的状态下，买方动态地寻找。在抖音咨询变现的方式中，对创作者技能条件的认证和自我价值的营销要求较高。

比如，对某方面知识的掌握和学习，如果有一个老师跟我交流，让我感到很舒服，知识能让我去受用，我就会持续地向他学习，与他成为师生关系。这种方式买方具有较大的黏性，因为即使有另外的老师可以选择，但买方还需要与新老师磨合，产生不必要的程序。这种咨询变现的模式，还可以为创作者引流到其他平台上，产生更大的收益。

六、出版变现

出版变现是创作者利用自身的资质与经验，出版书籍来作为盈利方式。出版变现要求作者的素质极高，技能条件要求高，但同时能带来长期的利润与整体的收益。

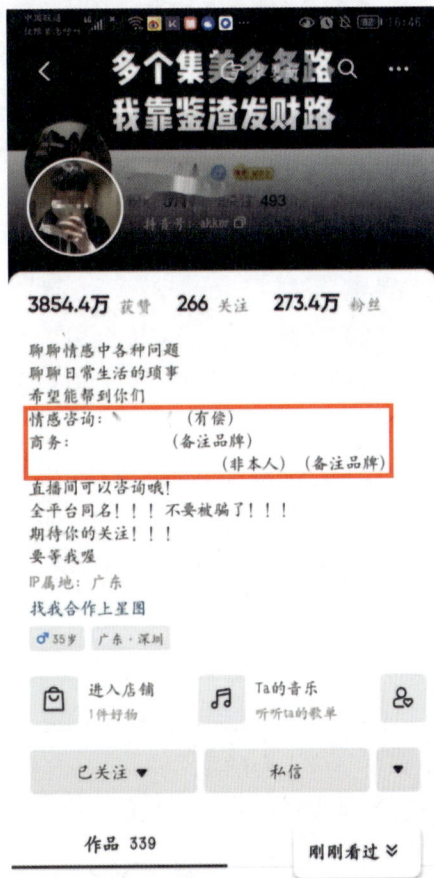

图 8-8　咨询变现示意

书籍的出版本身具有时代性，而短视频现在已成为一个较为完整的系统且盛行的领域，短视频平台的运营操作经验和操作知识，也应该被当作成熟的知识来传播。如何做出抖音爆款短视频等主题，都是对短视频领域内容集合而出版变现的先例。短视频为书籍出版做推广，书籍出版为短视频创作传达内容。一方有平台粉丝，一方传递内容价值，观众能接收到内容的价值，则变现成功。

不过无论选择哪一种变现方式，都需要创作者根据自身的内容和擅长的变现领域去判断。

8.3 商业广告（星图广告平台）

星图平台是抖音的官方推广任务接单平台，可实现订单接收、签约达人管理、项目汇总、数据查看等功能，实现内容交易过程中多重交易角色的连接与沟通。

图 8-9　星图平台首页示意

譬如，品牌主发布内容需求，在平台上选择合适的明星 / 达人进行内容营销。MCN 公司或达人可在承接订单后查看需求。如此一来，在内容的沟通与修改、数据沉淀和效果输出上，抖音都能通过星图实现一站式在线管理，使内容交易更加规范和高效。

在 MCN/ 达人招募的同时，抖音还开启了星图服务商的认证，由星图服务商负责全程把控视频的内容策划、执行拍摄、后期制作，以及线上活动发起等。抖音此举就是为了能够为 MCN 机构和品牌主提供更专业的内容服务。

1. 入驻星图平台

星图目前有 4 个入口：客户、达人 / 创作者、MCN 及优质服务商。

其中，达人或创作者只要开通 "抖音、西瓜视频、今日头条、即合" 其中之一的账号（需要对应平台的账号进入，如西瓜视频账号无法对应进入抖音星图），符合对应平台资质门槛及星图入驻要求，即可申请入驻。

图 8-10　达人登录页面示意

达人入驻星图门槛：

①抖音达人入驻，需要满足粉丝数（今日头条+西瓜视频粉丝总数）≥1万；

②西瓜和火山端达人想要入驻到星图接单，必须粉丝在5万以上；

③达人可以通过和MCN签约入驻，称之为MCN签约达人。

需要注意的是，健康领域作者须有黄V认证和健康资质、财经领域作者须有财经资质，方可入驻。

MCN机构入驻门槛：

①成立时间超过一年，不足一年但达人资源丰富且内容独特可申请单独特批；

②公司必须有合法资质，机构旗下达人不少于5人，有一定粉丝量和服务运营能力。

为什么有些账号粉丝超过10万，仍然无法入驻？

➢ 账号领域敏感：无法入驻。

➢ 账号状态异常（违规、限流中）：无法入驻。

2. 星图平台常用玩法

（1）达人玩法

品牌主根据达人以往拍摄的视频风格、擅长行业、视频内容，挑选达人进行内容交易，以便更好促进产品的推广。

（2）流量玩法

不同类型的短视频达人拥有不同定位的粉丝群体，平台可智能整合达人与粉丝的互动流量，定位拥有高忠诚度、高兴趣度、高参与度粉丝群体的短视频达人，供客户选择。

（3）营销玩法

星图平台会根据品牌主需求，匹配不同目标，如新品上市、品牌活动、节点大促等，助力品牌完成立体式营销。

（4）种草带货

通过达人的亲自评测等方式，突出品牌卖点，吸引观众直接点击跳转页面下单购买，部分单品爆款可以引爆店铺流量，吸引更多消费者。

（5）创意挑战赛

配合小游戏联合打造新的营销模式，引导品牌信息，引爆社交话题，吸引更多流量。

（6）场景演绎类

用剧情衬托品牌卖点，拉近观众与创作者距离，增强互动。比如，情侣达人情景演绎，高频重复场景推爆款。

3. MCN和达人如何使用星图平台

在星图平台（star.toutiao.com）首页，会分别呈现"客户/MCN登录"和"达人登录"按钮。客户、MCN和达人可根据身份，进入相应的星图管理后台。

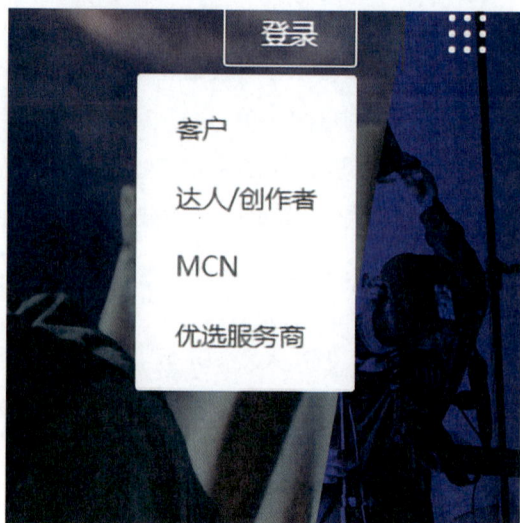

图 8-11　星图登录页面示意

（1）达人

达人分为抖音签约达人和 MCN 签约达人。已签约 MCN 的达人可直接登录星图平台，由达人所在 MCN 同步登录信息。独立达人与抖音签约后，方可登录星图平台。

选择"达人登录"按钮，根据操作提示完成登录后，达人可进入其专属的后台管理页面。页面包含了达人【账户信息】和【任务信息】两部分。其中【任务信息】会显示进行中的任务 ID、任务名称、客户名称、行业、任务金额、创建时间、预期发布时间和任务状态。

达人可以在页面中根据任务创建时间、任务状态和任务 ID 等维度搜索任务，查看目标任务状态，按照提示完成下一步任务提交。

当达人收到任务时，可选择接收或拒绝。

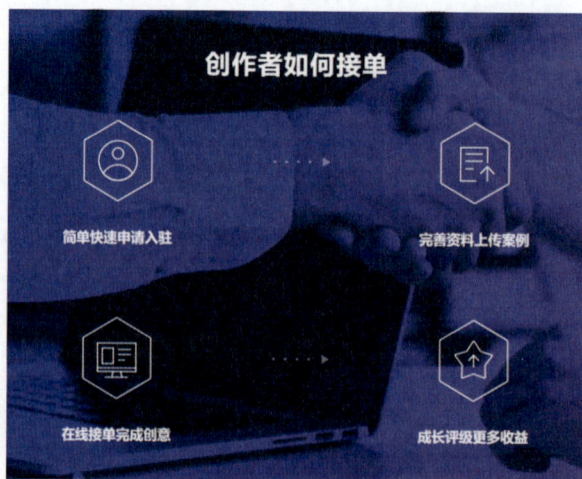

图 8-12　星图创作者接单流程示意

（2）MCN

MCN 在登录星图平台之前，需先完成认证（MCN 认证流程），成为抖音认证 MCN。认证后的 MCN 可通过"客户/MCN 登录"按钮，根据提示进入专属 MCN 的后台管理页面，对 MCN 账号下的所属达人及对应任务进行管理。

MCN 账号可对所管理的达人任务进行包括创建时间、预期发布时间、任务状态、任务 ID、指定达人等多维度筛选。同时，在任务管理列表中，MCN 账号可访问任一任务的状态详情，并代替任务对应的达人执行包括接收/拒绝任务、上传脚本、上传视频、发布视频等操作，快速反馈和高效管理任务进度。

星图平台不仅对达人和 MCN 有要求，对广告主也一样有要求。所有的广告商都需要在星图平台下单，未经过星图平台下单、审核的广告将会被下架。

8.4　短视频带货

在抖音短视频平台上，带货主要分为橱窗带货和抖音小店带货，通过发布短视频然后带上商品链接的形式，借助抖音平台分发的流量形成商品交易，从而获得商品销售收益。

一、抖音橱窗带货

开通商品橱窗有利于提升带货的转化效率，除在账号主页可点击商品橱窗以外。当发布带货视频时，点击商品标签可直接跳转至商品详情页。

1. 抖音橱窗开通条件

①粉丝 ≥ 1 000。

②抖音发布 10 个非隐私短视频。

③完成实名身份认证。

④缴纳作者保证金。

注意：以上条件如果其中一个不满足的话，那么你暂时是不能开通橱窗功能的。当满足了这四个条件就可以进行下一步操作了。

2. 申请橱窗开通步骤

打开【抖音 App】→【我】→【右上角】→【创作者服务中心】→【商品橱窗】→【成为带货达人】→【实名认证】→【作

图 8-13　抖音橱窗开通示意

者保证金】→【申请认证】。

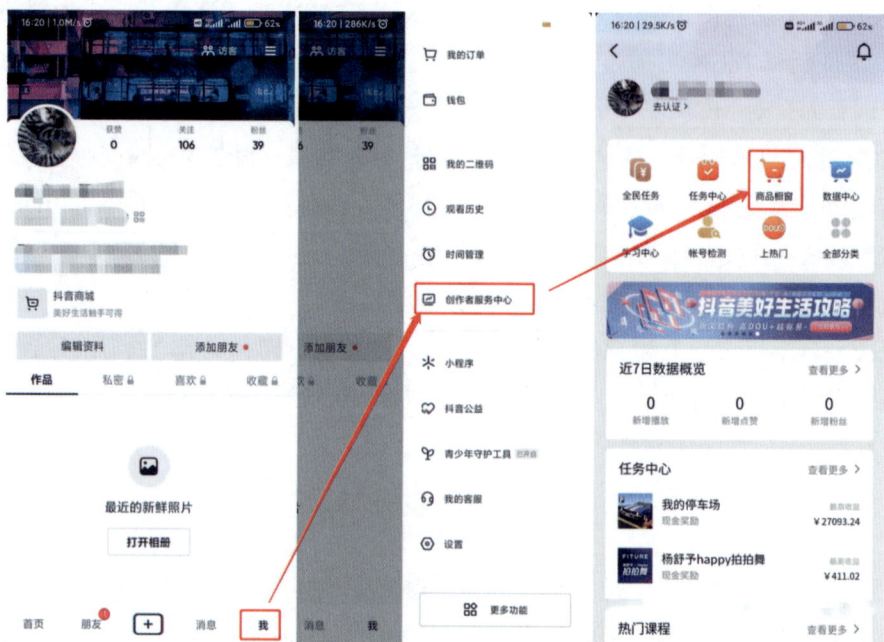

图 8-14 抖音橱窗开通流程①

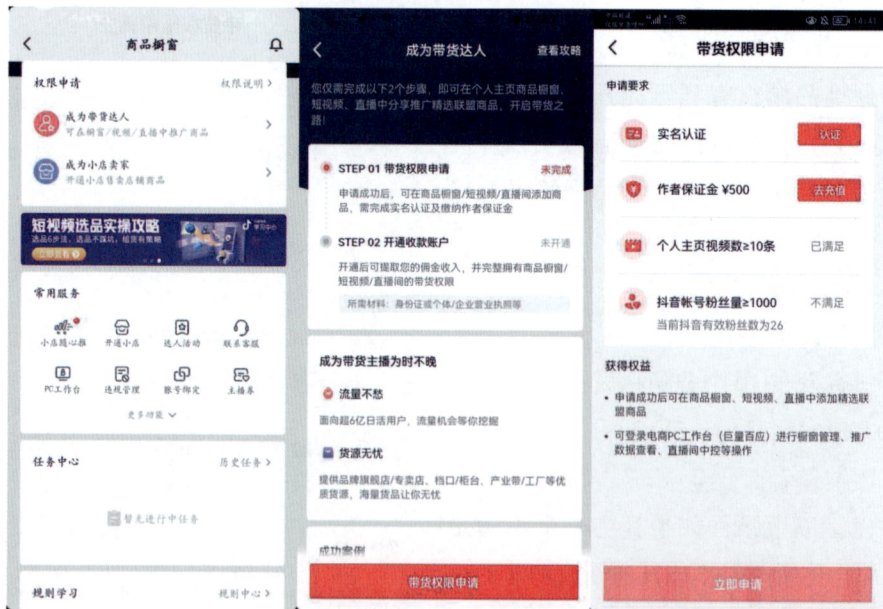

图 8-15 抖音橱窗开通流程②

符合上面 4 个选项后，即可申请立即申请，当认证通过后会有通知提醒，可以在个人主页看见【商品橱窗】入口。

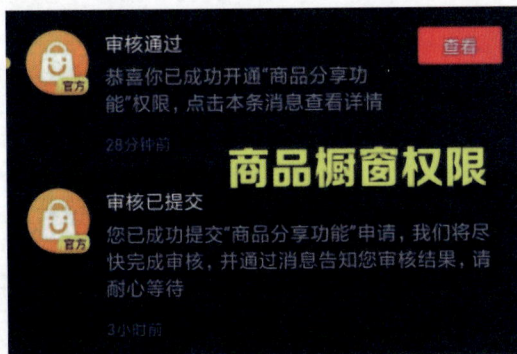

图 8-16　抖音橱窗开通提醒

图 8-17　个人主页显示橱窗示意

3. 添加商品橱窗

打开抖音 App，点击个人主页【我】→【商品橱窗】→【选品广场】→【搜索、添加商品】，选择可以添加及想要的商品，或者使用符合条件的商品链接将商品添加到橱窗。

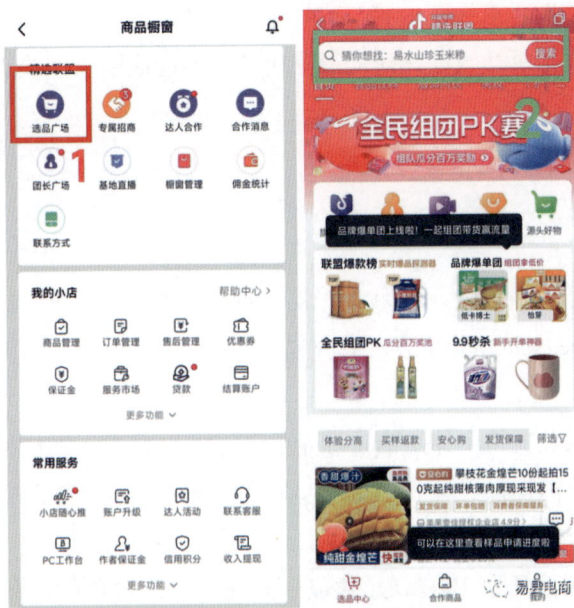

图 8-18　商品橱窗示意

4. 如何在短视频里添加购物车

用户在录制上传抖音的过程中，点击【添加标签／商品】，在【我的橱窗／我的店铺】里添加已有的商品，或者在搜索框内添加商品的淘口令。当编辑完成后，发布上传视频，完成添加购物车操作。

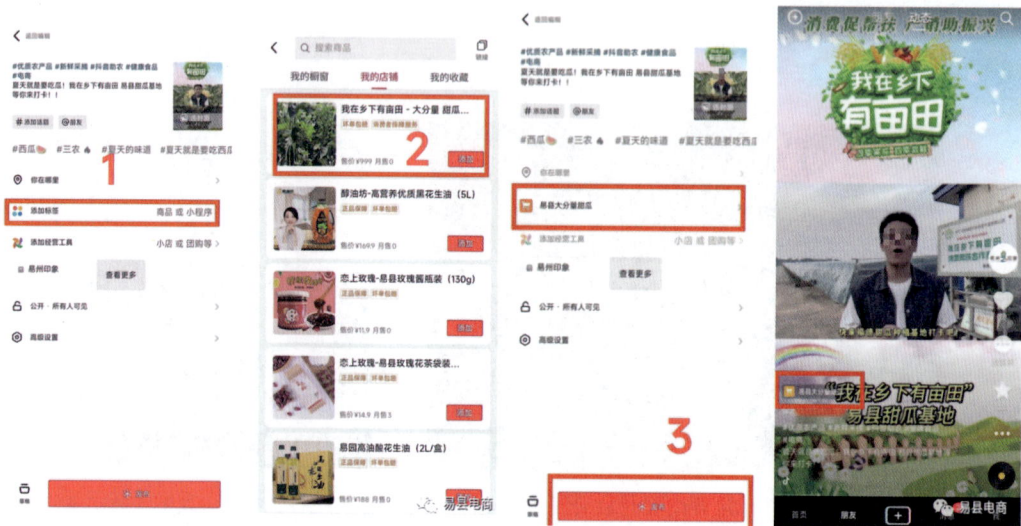

图 8-19　短视频添加购物车示意

5. 开通视频电商后的运营规则

①视频电商的使用频率要求 15 天内至少需要使用 2 次。

②前期抖音发布内容频率要求每周至少发布 3 条垂直内容。

③抖音作品相关性要求视频内容与购物车所添加的产品相关。

④抖音广告要求一个达人账户对应一家店铺，不能店铺来回换绑定。

二、抖音小店带货

1. 抖音小店的入驻

（1）登录账号

使用电脑浏览器（建议使用谷歌浏览器）搜索"抖店"，或访问网址：https://fxg.jinritemai.com/?source=school.nrlj 进入平台主页。

（2）选择主体类型

目前抖音小店入驻支持个体工商户和企业／公司，不支持个人入驻。

个体工商户商家需提供经营者信息；企业商家需提供法定代表人信息。一般情况下，我们建议大家开通个体工商户，因为个体工商户保证金相对来说少一些，5 000 元封顶；企业资质的抖音小店保证金 10 000 元封顶；另外，平台对企业抖音小店各方面的审核也更加严格。

图 8-20　抖音小店入驻主体示意

主体类型一旦选择，认证后无法修改，请务必根据营业执照类型选择符合要求的主体类型。

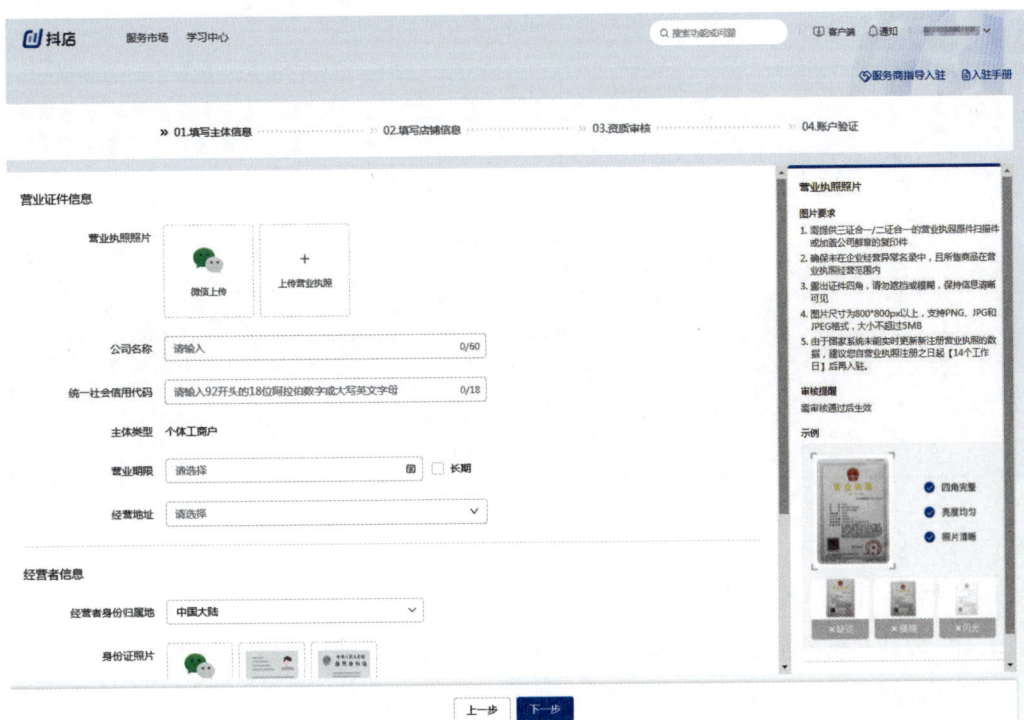

图 8-21　抖音小店入驻认证示意

（3）填写店铺信息

抖音小店店铺类型包括普通店、专营店、专卖店和旗舰店，区别仅在于对品牌资质的要求，无其他功能区别。如果是想要开通抖音小店但无货源，建议直接选择普通店。

表 8-1　抖音小店店铺类型示意

店铺类型	定义	申请主体	适用情形
官方旗舰店	指以自有品牌（商标为 R 标或 TM 标）或由商标权利人（商标为 R 标）提供独占授权的品牌，入驻平台开设的企业店铺	申请主体为企业，个体工商户/个人不得申请	经营一个或多个自有品牌商品的官方旗舰店；非自有品牌（独占授权）经营一个或多个品牌（多个品牌需归同一实际控制人）的官方旗舰店；一个品牌只能在平台存在一家官方旗舰店
旗舰店	指以自有品牌（商标为 R 标或 TM 标）或由商标权利人（商标为 R 标）提供独占授权的品牌，入驻平台开设的企业店铺	申请主体为企业，个体工商户/个人不得申请	经营一个或多个自有品牌商品的旗舰店；非自有品牌（独占授权）经营一个或多个品牌（多个品牌需归同一实际控制人）的旗舰店
专卖店	指以商标权利人提供普通授权的品牌入驻平台开设的企业店铺	申请主体为企业，个体工商户/个人不得申请	经营一个或多个授权品牌且各品牌归同一实际控制人的专卖店
专营店	以商标权利人提供普通授权的品牌入驻平台开设的企业店铺，经营 2 个及以上品牌	申请主体为企业，个体工商户不得申请	经营 2 个及以上自有品牌的专营店；经营 2 个及以上授权品牌的专营店；既经营他人品牌商品又经营自有品牌商品的专营店
企业店	企业店以商标权利人提供普通授权的品牌入驻平台开设的企业店铺，经营 1 个及以上品牌	申请主体为企业，个体工商户不得申请	经营 1 个及以上自有品牌的企业店；经营 1 个及以上授权品牌的企业店；既经营他人品牌商品又经营自有品牌商品的企业店
个体店	个体店以商标权利人提供普通授权的品牌入驻平台开设的企业店铺，经营 1 个及以上品牌	申请主体为个体工商户，不能为企业	经营 1 个及以上自有品牌的个体店；经营 1 个及以上授权品牌的个体店；既经营他人品牌商品又经营自有品牌商品的个体店

（4）提交审核

平台将在 1～3 个工作日内进行审核。

短信通知：资料信息审核中，预计 1～3 个工作日出结果，请耐心等待。

审核通过后，会直接进入账户验证界面支持两种验证方式：实名认证、打款验证，两者之间任选一种验证方式。

实名认证：法人对私银行卡号 + 银行预留手机号 + 验证码，仅支持对私银行卡号（即：经营者的银行卡号）+ 银行预留手机号 + 验证。

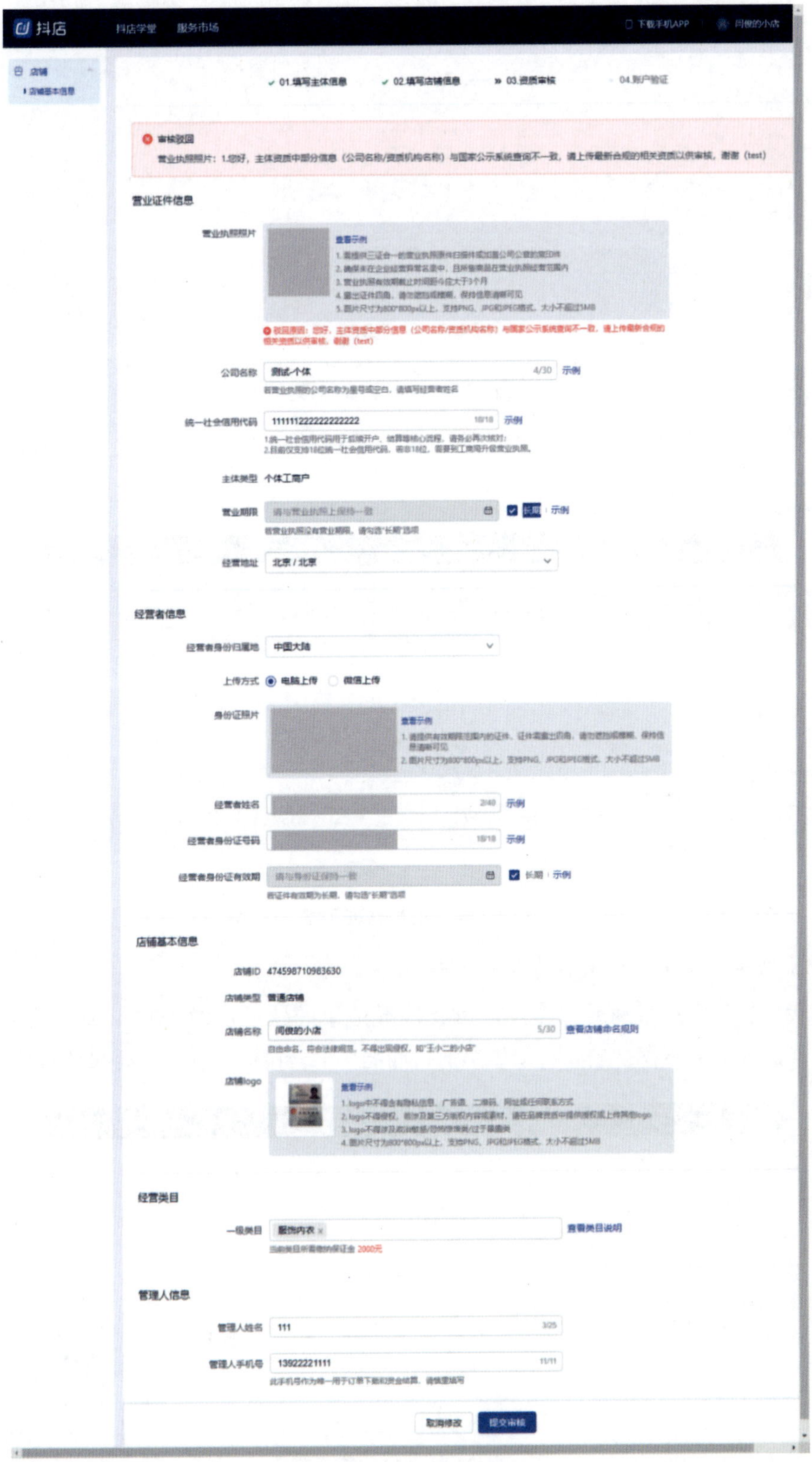

图 8-22　抖音小店审核示意

图 8-23　实名认证示意

打款验证：对公银行账户信息，非大陆身份证的个体工商户＆企业，都必须提供对公银行卡号。

图 8-24　打款认证示意

（5）缴纳保证金（完成抖音小店入驻）

跳转至【资产】→【保证金】页面，点击【充值】，根据"应缴金额"，输入充值金额；不同类目保证金额不同，如同时销售多类目商品，平台按照类目最高金额收取保证金。

图 8-25　类目保证金示意

一个店铺可销售多个类目。需确保是在营业执照范围内的商品且资质齐全，商家入驻选择对应类目即可。如已入驻成功需增加类目，商家可在【店铺后台】→【店铺】→【店铺基本信息】→一级类目点击编辑修改，请提交已审核结果为准。

（6）完善其他小店基础设置

如支付方式设置（支持支付宝和微信），在资质中心添加小店类目、运费模板设置等。

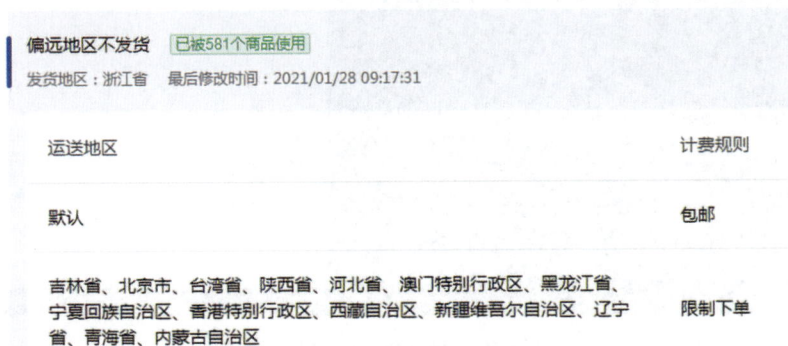

运送地区	计费规则
默认	包邮
吉林省、北京市、台湾省、陕西省、河北省、澳门特别行政区、黑龙江省、宁夏回族自治区、香港特别行政区、西藏自治区、新疆维吾尔自治区、辽宁省、青海省、内蒙古自治区	限制下单

偏远地区不发货　已被581个商品使用
发货地区：浙江省　最后修改时间：2021/01/28 09:17:31

图 8-26　其他基础设置示意

（7）精选联盟

我们平常是不能通过抖音搜索到小店店铺的，只有商品被挂到了视频里才能被用户看到。但如果只有一个视频账号在带货，流量是远远不够的，还需要更多的短视频账号来帮抖音小店带货，而开通精选联盟功能后就可以让达人来帮我们带货。

抖音小店是店铺，精选联盟相当于市场，我们把店铺放到市场里，这样别人就可以过来进货，来卖我们的货。

加入精选联盟之后，如果佣金特别低，也没有达人会挂你的产品。所以还要提高佣金，才能吸引更多的达人来帮你带货。目前，服饰内衣、食品饮料、厨具、家居日用、美妆、生鲜类目的小店要及时审核视频，其他类目的小店可以关注官方通告。

目前，精选联盟分为试用版、正式版，根据店铺有效评论数、DSR、商家好评率来选择你将开通的精选联盟版本。此前需要花钱找渠道开通。

图 8-27　精选联盟示意

联盟试用版开通：

如果店铺有效评价数 ≤ 20，且满足 DSR ≥ 4.5，则仅可申请试用权限，点击【开通试用版】，阅读协议内容，勾选已阅读方框，点击【进入巨量百应】。

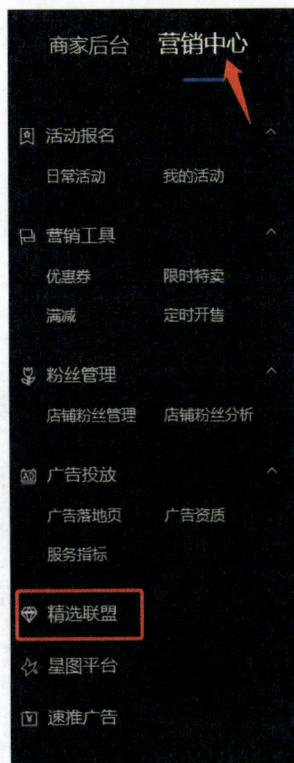

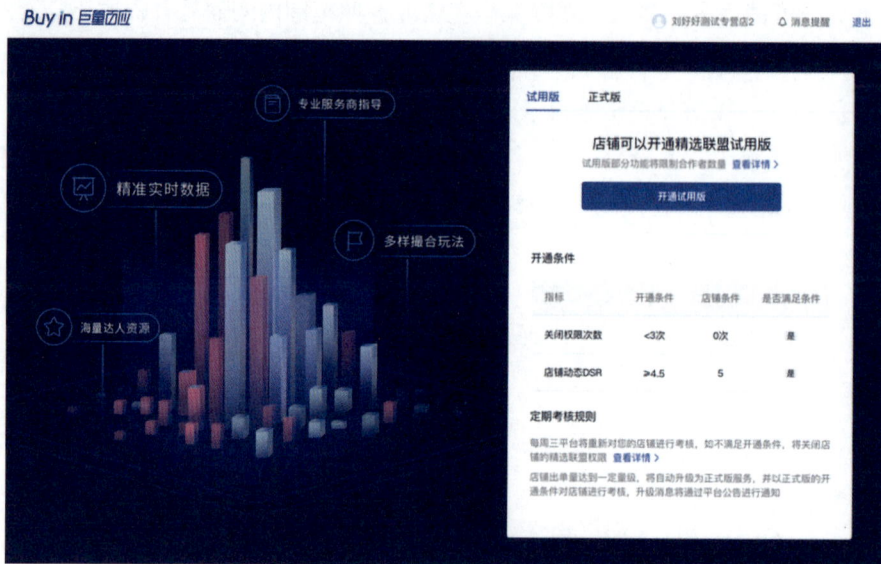

图 8-28　精选联盟试用版示意

　　试用版权限：专属计划可见作者数量、店铺定向作者数量、单品定向作者数量均限制为 5 个。针对试用权限商家，系统每天需要查询一次商家是否达到了使用正式版的门槛（即有效评价数是否 > 20），若达到了条件，需要将商家的权限从试用更改为正式版，并发送消息通知。

　　联盟正式版开通：

　　如果店铺有效评价数 > 20，且满足 DSR ≥ 4.5、商家好评率 ≥ 80%，则仅可申请联盟正式版，点击【开通正式版】，阅读协议内容，勾选已阅读方框，点击【进入巨量百应 buyin 平台】。

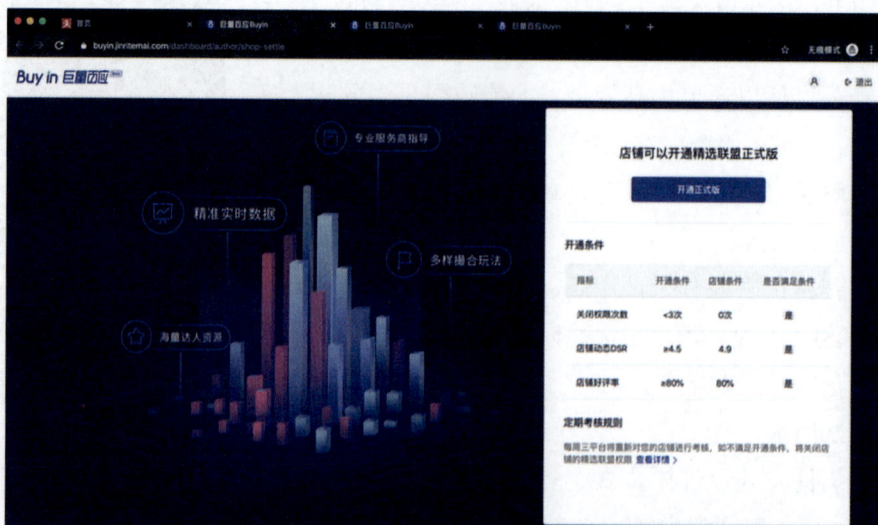

图 8-29　精选联盟正式版示意

2. 抖音小店注意事项

（1）好评率影响

在抖音小店后台，好评率也是重要的评分标准，当好评率低于 70% 时，商品就会被封禁，所以要学会引导顾客评论，避免留下差评。DSR 太低和好评率类似，不同的是影响的是整个店铺，处理不当的话，太低会导致罚款、下架，清退等处罚，因此要及时提高客服售前售后能力。

（2）违背服务承诺

商家未按照平台规定或约定向消费者提供承诺的服务。比如说违规发货、服务态度差等，每出现一次违规行为，视情节严重性扣除相应的保证金。延迟发货也会罚款，所以大家设置发货时间的时候，一定要尽量长一点，提高店铺服务和发货能力。

（3）商品发布违规

商家向消费者展示商品信息的场景中，对所发布商品，做出明示或暗示的商品描述存在违规行为。如以下几方面：

滥发信息：一次扣除保证金 500 元。

虚假宣传：视情节严重性扣除 100 元、200 元、2 000 元不等的保证金。

不当使用他人权利：相关商品封禁，并且一次扣除保证金 2 000 元。

侵犯他人知识产权：依据侵权次数和侵权程度进行不同形式的处罚，最严重的是商品封禁，店铺清退，永不合作。

发布违禁商品 / 信息：情节一般，每出现一次违规，扣除信用分 3 分，扣除保证金 2 000 元。情节严重，每出现一次违规，扣除信用分 6 分，扣除保证金 5 000 元。情节特别严重，店铺予以清退，扣除信用分 12 分，扣除全部保证金及违规所得货款，处理关联店铺 / 账号。

（4）商品质量不合格

指商品品质不符合国家标准，行业标准及平台相关管理要求。包括商品标识标志不合格，涉及三无产品（无生产日期、无质量合格证及无生产厂家）等；感官质量不合格；商品物理 / 化学 / 安全等项目不合格；假冒材质成分相关商品；出售假冒商品。这种情况下相关商品将会被进行封禁，同时视情节严重性扣除信用分、店铺清退及扣除违规所得货款，甚至永不合作。

● 案例分析

案例背景

2018 年 1 月，摄影爱好者刘先生个人独立创作完成的一段与自驾和崇礼滑雪相关的视频，以"摄影师某先生"的名义发表在国内专业的影视创作人社区"新某场"，他本人对该视频依法享有著作权。然而，一某公司将这个视频用于为某品牌汽车进行商业广告宣传。刘先生认为，一某公司的做法侵害了其依法享有的署名权及信息网络传播权，通过非法传播视频实现违法所得，给他的合法权益造成重大损害，故提起诉讼，要求一某公司停止侵权行为，在其运营的微信公众号"一某"和微博账号"一某"首页显著位置连续 15 天刊登致歉声明；赔偿自己经济损失 100 万元及律师费和公证费等合理开支 38 000 元。

法院经审理认为，视频的拍摄和剪辑体现了创作者的智力成果，涉案视频虽时长较短，但属于具有独创性的类作品。根据刘先生提交的相关证据，可以认定其系涉案视频的作者，享有涉案视频的著作权。此外，在案证据不足以证明一某公司使用涉案视频获得了刘先生的授权，刘先生要求一某公司赔礼道歉、赔偿经济损失及合理开支的诉讼请求，法院予以支持。

案例分析

短视频进入公众视野的时间较为短暂，关于短视频是否受著作权法保护、不同类型和表现形式的短视频应归入何种作品或作品类型，以及短视频的创新性判断标准需要进一步明确。如果短视频摄影者采用专业摄影设备拍摄，作品的拍摄和剪辑体现了一定的独创性，则可以认定为类电影作品。

根据《中华人民共和国著作权法》第十条的规定，著作权人对作品享有人身权和财产权，同时《中华人民共和国广告法》第六十九条规定，广告主、广告经营者、广告发布者违反本法规定侵犯他人合法民事权益的，应当承担民事责任。所以在未得到权利人授权的情况下，擅自使用他人的短视频用于商业广告，侵权人应当承担相应的法律责任。

我国新出台的《中国广告行业自律规则》也规定了广告制作、发布时应遵守的一般原则和限制性要求，禁止虚假和误导广告，提出广告应当尊重他人的知识产权的要求。尊重知识产权已经是广告行业的一种共识性的要求。

● 任务实施

【任务书】

请学员通过查阅教材、上网搜索、听课、讨论等获取任务书中的答案或案例，并进行自我评价，确保项目顺利实施。

任务分组：4 ~ 6 人一组。

任务内容	任务要求	验收方式
变现渠道	能够根据短视频账号定位，挑选合适的变现渠道	文档形式提交
短视频带货	能够根据短视频账号定位，匹配适应的短视频带货渠道	文档形式提交

【获取信息】

扫描下方二维码，获取本节课程教学课件、微课视频进行知识点学习。

教学课件

微课视频

【知识点梳理】

一、短视频内容价值

移动互联网用户的普及和流量的提速降费，让碎片化时代的触网体验得到更好的保障，打破了短视频消费的时间和空间局限，促使短视频也有了更广的用户群体。

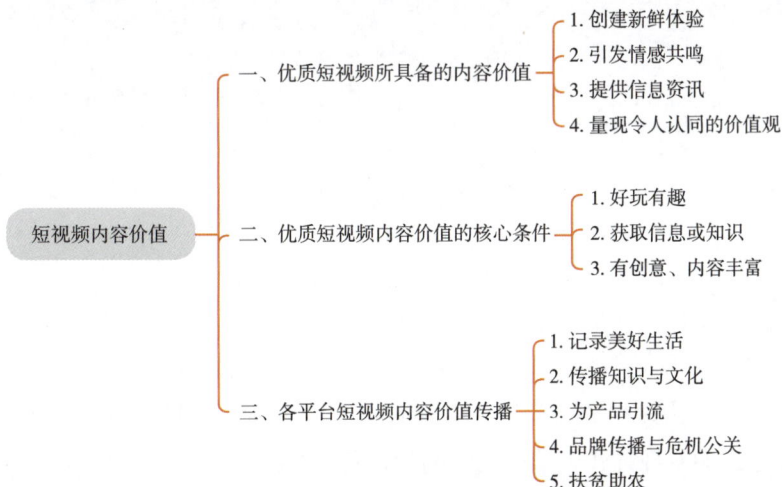

二、变现渠道

根据自己的情况选择合适的变现方式，把握好抖音红利期，实现快速变现。

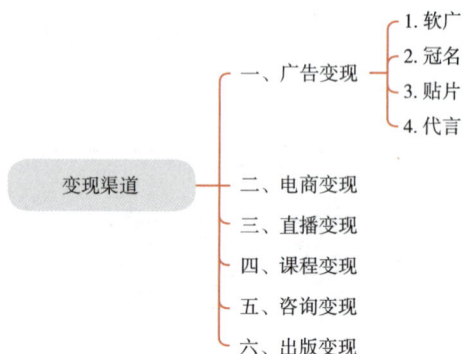

```
                                    ┌─ 1. 软广
                          ┌─ 一、广告变现 ─┤ 2. 冠名
                          │              ├─ 3. 贴片
                          │              └─ 4. 代言
           ┌─────────┐    ├─ 二、电商变现
           │ 变现渠道 │────┤─ 三、直播变现
           └─────────┘    ├─ 四、课程变现
                          ├─ 五、咨询变现
                          └─ 六、出版变现
```

三、商业广告

当前短视频的市场盈利模式以"广告＋电商＋内容"付费为主，商业广告变现依旧是收益的主要来源。

```
                              ┌─ 1. 入驻星图平台
           ┌─────────┐        │
           │ 商业广告 │── 星图广告平台 ─┤ 2. 星图平台常用玩法
           └─────────┘        │
                              └─ 3. MCN 和达人如何使用星图平台
```

四、短视频带货

在抖音短视频平台上，带货主要分为橱窗带货和抖音小店带货，通过发布短视频然后带上商品链接的形式，借助抖音平台分发的流量形成商品交易，从而获得商品销售收益。

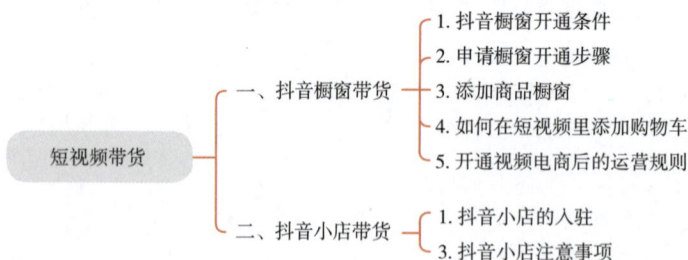

```
                               ┌─ 1. 抖音橱窗开通条件
                               │
                     ┌─ 一、抖音橱窗带货 ─┤ 2. 申请橱窗开通步骤
                     │               ├─ 3. 添加商品橱窗
      ┌──────────┐   │               ├─ 4. 如何在短视频里添加购物车
      │ 短视频带货 │──┤               └─ 5. 开通视频电商后的运营规则
      └──────────┘   │
                     │               ┌─ 1. 抖音小店的入驻
                     └─ 二、抖音小店带货 ─┤
                                     └─ 3. 抖音小店注意事项
```

【工作计划】

工作目标

本次工作内容为短视频流量变现。通过结合企业背景及短视频账号定位，为短视频账号选择合适的变现方式，掌握抖音两种带货方式。

店铺的零食种草抖音号已经运营了一段时间，随着粉丝量的不断增加，加上公司本身属于自有零食货源渠道，运营团队商量着利用这个短视频账号进行变现。团队成员们需要分析账号适合哪种变现方式，并制订详细方案。

工作步骤

（1）完成知识点的学习，认知与巩固短视频流量变现相关。

（2）请按照短视频流量变现工作过程依次完成工作计划与实施。

（3）工作过程中可采用线上线下混合学习方式，学生以小组为单位协同合作，运用短视频平台分析变现模式，共同完成工作任务。

（4）工作结果需要整理到相关表格或报告形式呈现。

背景资料

企业信息：重庆某零食公司主要依托互联网电商平台，销售各种零食、鲜果，开店已有半年。随着短视频兴起，店铺也在抖音平台上开通了短视频账号，账号定位为美食种草。

当前店铺的零食种草账号"××的零食库"已经有 5 万粉丝，视频内容多为零食开箱与测评，视频平均点赞量 5 000，团队成员需要思考该账号是否可以进行变现。

引导问题 1：短视频有着不同的变现渠道，根据账号目前的粉丝量及发布的视频内容，该账号是否有能力进行变现？请说明理由。

答题区：

引导问题 2：如果运营的账号已经有能力进行变现，该账号可以挑选哪一种变现方式？说明理由。

答题区：

引导问题 3：企业属于自有零食货源渠道，该短视频账号是否可以选择开通抖音小店作为变现渠道吗？为什么？

答题区：

引导问题 4：运营团队决定了为短视频账号开通抖音小店，请了解在抖音平台开通零食类目抖音小店的流程，并搜集零食类目需要缴纳的保证金等信息。

答题区：

● 评价反馈

根据考核内容，学生完成自我小结并进行自评打分。教师根据学生活动情况进行点评并完成教师打分。最后按小组自评分 ×30%+ 学生互评 ×30%+ 教师评分 ×40% 计算得分。

表 8-2　任务综合评价表

类别	考核内容	分值	评分			得分
			自评 30%	学生互评 30%	教师评分 40%	
知识储备	了解短视频内容价值	10				
	掌握短视频变现渠道类型	15				
	掌握短视频两种带货模式	15				
	学会相关信息搜集与整合	15				
技能训练	引流及变现能力	20				
	推广及转化能力	25				
合计		100				

● 课后测试

一、单选题

1. 在视频内容中商品出现次数不多，非刻意设计情节推荐某个产品，属于广告变现中的（　　）形式。

A. 冠名　　　　　B. 贴片　　　　　C. 代言　　　　　D. 软广

2. 抖音短视频广告类型中更强调广告主品牌的广告形式是（　　）。

A. 冠名　　　　　B. 贴片　　　　　C. 代言　　　　　D. 软广

二、多选题

1. 抖音小店中关于商品发布违规行为有（　　）。

A. 虚假宣传　　　B. 侵犯他人知识产权

C. 发布违禁商品　D. 滥发信息

2. 电商变现的两种模式分别为（　　）。

A. 直播电商　　　B. 一类电商　　　C. 二类电商　　　D. 品牌电商

3. 抖音橱窗的开通条件有（　　）。

A. 发布 10 个视频　B. 实名认证　　　C. 缴纳保证金　　D. 粉丝 1 000 及以上

4. 抖音小店的店铺类型分为（　　）。

A. 个体店　　　　B. 专营店　　　　C. 旗舰店　　　　D. 专卖店

三、判断题

1. 抖音广告要求一个达人账户对应三家店铺。　　　　　　　　　（　　）

2. 抖音小店支持个人入驻。　　　　　　　　　　　　　　　　　（　　）

3. 抖音的官方推广任务接单平台为星图平台。　　　　　　　　　（　　）

四、简答题

假设某一短视频账号发布的内容都是种草家居好物，但其并无自己的货源渠道，目前粉丝量为10万，想要借账号流量实现变现，请问哪种变现方式较为适合？为什么？

任务 9

入门认知：认识直播电商生态

》 任务简介

近几年，直播领域风光无限，电商行业接入直播，以一种全新的姿态——直播电商掀起了电商新风潮。此时，谁能看懂直播电商这种新形势，谁就能抓住直播电商机遇，实现快速掘金。直播和电商，两者对于我们来说并不陌生，但直播电商作为一种全新模式出现，对于电商商家而言无异于锦上添花。要想做好直播电商，需要从最基本的知识入手，通过本任务的学习，全面地了解直播电商生态，这样才能在直播电商领域有更好的布局和发展。

》 学习情境描述

实习生小杜刚入职了一家电商公司，担任了团队主播助理的岗位。团队领导要求小杜前期了解直播电商生态的入门知识，只有对直播电商行业初步形成一个全局性的认识，才能在后续的工作中，更深度地去分析。

现在实习生小杜需要掌握直播电商生态的概览，包括直播电商的发展历程、产业链角色的变化、行业规范与政策监管、直播电商未来发展趋势等一系列问题。

》 学习目标

◆知识目标

1. 了解直播电商的发展历程。

2. 了解直播电商产业链角色的变化。

3. 了解直播电商行业规范与政策监管。

4. 了解直播电商未来发展趋势。

◆技能目标

1. 能够准确地梳理直播电商发展的各个阶段。

2. 懂得在直播电商主流平台布局与发展。

3.掌握直播电商行业未来的发展趋势。

◆素质目标

1.培养正确的行业价值观、遵守职业行为准则。

2.树立良好的直播生态意识，增强行业政治意识，坚持正确的思想和认知。

3.具备团队合作精神。

》 思政园地

重庆市加快发展直播带货行动计划

为深入贯彻落实习近平总书记视察重庆重要讲话精神和中央关于把在新冠病毒感染疫情防控中催生的新型消费、升级消费培育壮大起来的决策部署，按照重庆市委、市政府关于推动服务业高质量发展、加快发展线上业态线上服务线上管理的工作要求，通过创新电子商务新业态、新模式，实现"线上引流、线下消费"，全方位宣传推介重庆，推动直播带货和"网红经济"发展，增添我市经济发展新动力、新亮点，特制定本行动计划。

重庆召开大力发展"三线"新业态新模式促进线上消费推进大会，并在会上发布《重庆市加快发展直播带货行动计划》（以下简称《计划》）。《计划》提出，将大力实施电商直播带货"2111"工程，即到2022年，全市打造20个以上产地直播基地，至少发展100家具有影响力的直播电商服务机构，孵化1 000个网红品牌，培育10 000名直播带货达人，力争实现直播电商年交易额突破百亿元，将重庆打造成为直播应用之都、创新之城。

文章来源：重庆市商务委员会

● 知识点学习

9.1 直播电商发展历程

一、快速成长期（2015—2017年）

在这个阶段，中国高性能手机硬件和网络的普及度迅速增加。在智能终端和网络普及的背景下，4G商业化进程实现。许多依靠网络的工具型产品衍变行业爆发，资本纷纷抢占赛道，形成内容产业百家齐放的局面。在该阶段，内容主题以娱乐为主，刺激荷尔蒙成为主要消费特征。监管不严，行业规范尚不成熟导致违规违法现象普遍。

二、商业变现期（2017—2019年）

经过前期内容野蛮生长后，在这个阶段行业行政监管趋严。在行政管制高压下，跟随热点涌入和不合规的企业相继倒闭，资本进入脚步放缓，企业融资遭遇困境。直播平台开始谋求商业变现，礼物打赏和广告是这一阶段的主要变现模式。但随着竞争加剧和内容同质化，流量成本上升，有的直播平台开始探索直播电商模式，直播成为新的营销工具。特别是爆款产品、爆款主播的辉煌成绩，令移动社交、短视频、电商等行业头部企业纷纷布局直播电商行业，行业竞争加剧。

三、商业爆发期（2019年至今）

2019年，直播电商行业进入了爆发期，一个人人皆可直播带货时代的序幕正式拉开。这主要得益于两个方面。

1. 各平台布局直播，有效降低直播带货门槛

淘宝直播、抖音直播、快手直播、京东直播、百度直播、腾讯直播等，各大平台全方位输出电商带货内容。越来越多的带货主播形成了自己的私域流量，并将私域流量转化为产品销量。一个人人皆可直播带货的直播电商时代已然来临。

淘宝直播则加大直播带货力度。仅2019年，淘宝直播电商的GMV（成交总额）就达到了2 000亿元，这个惊人的数字相较2018年翻了近一倍。再加上淘宝平台上的超级直播带货主播，都表现出了卓尔不凡的带货实力。

尤其是2020年，全球疫情大暴发，使人人都认识到直播电商的巨大威力。不论品牌还是个人，纷纷将目光转向了直播电商，以往的电商平台也纷纷寻找直播平台合作。此后，快手、抖音等平台则成为更多草根、素人进行直播带货的"香饽饽"。京东打造的京喜直播、腾讯直播也发出召集令，全面召集全品类商家线上直播。与此同时，微信开启了小程序直播。

各大平台，无论是电商平台，还是短视频平台，抑或社交平台，直播功能的拓展为开启一个人人直播带货的时代提供了很好的机会。用户在各个平台上开通直播功能，相对而言门槛较低，这又为人人参加直播带货带来了公平的准入机会，让人人都可以借助直播电商实现财富自由。

2. 直播带货的优势显著，吸引人人直播带货

直播原本与电商之间并没有交集，但随着电商产业的发展以及消费体验的提升，消费者更加钟情于这种"边看边购买"的消费方式。直播电商与传统电商相比，具有诸多优势，对于商家、平台、主播和消费者而言，都可以受益于直播电商。这也是当前人人参与直播电商以及直播电商近几年热度越来越高的原因。

在人人皆可直播带货的时代，人人都可以借助直播电商淘金。只要掌握一定的引流、带货技巧，人人都有机会成为"大咖"。

9.2　产业链角色的变化

一、产业链角色转变

1. 传统电商与直播电商"人货场"的区别

在传统电商中，人货场逻辑是一个顺向逻辑。到了直播电商阶段，人货场成为反向逻辑，叫"货、场、人"。

图 9-1　传统电商与直播电商"人货场"区别

2. 直播电商"人货场"的转变

人：培养直播电商受众，为内容埋单。传统电商的受众为普通电商受众，依赖搜索，随着互联网的继续渗透与下沉，年轻人"潮流消费"与注重内容的"新老人"崛起，为内容电商埋单。

货：更具性价比。不管是头部红人通过自身流量优势和供应链拿到商品资源，还是通过直播去中间商从而得到的性价比，都是降低了货的成本，用户选择效率上的成本也会下降，加上极致的性价比达到转化用户的效果。

场：传统电商到直播电商的转变。传统电商是货架式电商，用户根据需求检索和购买，但是直播电商的主播扮演的是导购员，把货架式电商转变成互动式电商，很大程度上缩短了用户决策链、优化购物体验，提高了效率。

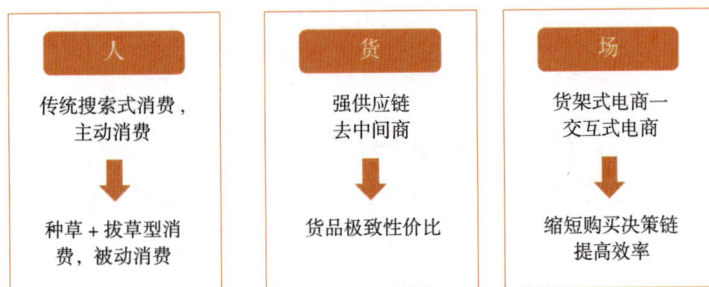

图 9-2　直播电商"人货场"的转变

二、产业链规范行为出台

随着《网络直播营销管理办法（试行）》的出台，对直播营销环境下的不同参与主体及不同主体之间的责任作出相应划分，压实直播营销平台的责任，并且对直播间运营者、直播营销人员的行为规范提出明确要求，规范直播营销行为，行业发展进入良性循环。

表 9-1　产业链规范行为产业主体责任内容

参与主体	定义	责任内容（部分）
直播营销平台	在网络直播营销中提供直播服务的各类平台，包括互联网直播服务平台、互联网视频服务平台、电子商务平台等	直播营销平台应当与直播营销人员服务机构、直播间运营者签订协议，要求其规范直播营销人员招募、培训管理流程，履行对直播营销内容、商品和服务的真实性、合法性审核义务。直播营销平台应当对直播间运营者、直播营销人员进行基于身份证件信息、统一社会信用代码等真实身份信息认证，并依法依规向税务机关报送身份信息和其他涉税信息。直播营销平台提供付费导流等服务，对网络直播营销进行宣传、推广，构成商业广告的，应当履行广告发布者或者广告经营者的责任和义务
直播营销人员	在网络直播营销中直接向社会公众开展营销的个人	直播间运营者、直播营销人员发布的直播内容构成商业广告的，应当履行广告发布者、广告经营者或者广告代言人的责任和义务
直播间运营者	在直播营销平台上注册账号或者通过自建网站等其他网络服务，开设直播间从事网络直播营销活动的个人、法人和其他组织	直播间运营者、直播营销人员应当依据平台服务协议做好语音和视频连线、评论、弹幕等互动内容的实时管理，不得以删除、屏蔽相关不利评价等方式欺骗、误导用户。直播间运营者应当对商品和服务供应商的身份、地址、联系方式、行政许可、信用情况等信息进行核验，并留存相关记录备查
直播营销人员服务机构	为直播营销人员从事网络直播营销活动提供策划、运营、经济、培训等的专门机构	直播间运营者、直播营销人员与直播营销人员服务机构合作开展商业合作的，应当与直播营销人员服务机构签订书面协议，明确信息安全管理、商品质量审核、消费者权益保护等义务并监督履行

9.3　行业规范与政策监管

一、直播电子商务平台管理与服务规范

商务部就《直播电子商务平台管理与服务规范》行业标准（征求意见稿）公开征求意见（以下简称《意见》）。意见规定了直播营销平台应该具备的资质、经营条件及合规性基本要求；规定了其应对商家和直播主体入驻及退出、产品和服务信息审核、直播营销管理和服务、用户以及直播主体账号的管理和服务要求；规定了其应对消费

者隐私保护、交易及售后服务等消费者权益保护的要求；明确了信息安全管理要求。

相比于以往的政策，此次《直播电子商务平台管理与服务规范》的标准更加清晰。《意见》提出，应建立直播主体入驻资质核验机制，对直播主体进行实名登记和资质审核，宜与相关行业协会、行政部门等共享或交换直播主体的行政处罚等相关信息，直播主体信息发生变动时，应及时进行更新；应建立直播主体的黑名单制度和退出机制，在直播主体发生违反法律法规或直播营销平台规则等情形时，应采取警示提醒、限流或暂停其直播服务等不同措施，将严重违法违规或造成恶劣社会影响的直播主体列入黑名单，必要时应注销其账号。

对于消费者十分关注的虚假宣传等行为，《意见》更是做了明确的规定。《意见》指出，当直播主体存在虚假宣传、掺杂掺假、以次充好、伪造产品的产地或冒用他人厂名厂址、假冒商标专利等侵害消费者合法权益行为时，应采取必要措施维护消费者权益，并对直播主体实施相应的处罚；宜提供直播营销活动回看功能，并采用适当技术以保障直播记录信息的真实和完整，且直播过程视频信息和文本信息保存时间应自直播结束之日起不少于 3 年，其他直播内容保存应不少于 60 日，直播营销活动的回看功能宜对消费者开放。

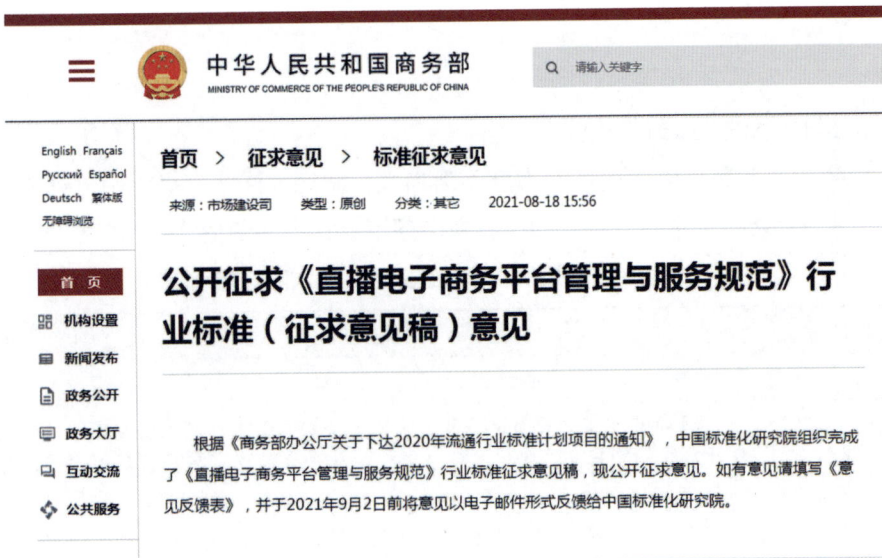

图 9-3　直播电子商务平台管理与服务规范

二、政策规划鼓励直播电商发展、强化监管

2021 年是"十四五"规划的开局之年，也是直播电商结束野蛮生长的转折之年。在浙江省的"十四五"规划中，不仅高度关注直播电商模式的发展，也提出了加强行业监管、拓展信用建设的要求。

表 9-2　政策规划鼓励直播电商发展、强化监管

发布时间	发布单位	文件名称	直播电商相关内容
5月14日	浙江省人民政府办公厅	浙江省社会信用体系建设"十四五"规划	聚力支持电子商务等新模式新业态，研究建立市场化信用信息归集、信用评价、信用应用机制
5月27日	浙江省发展和改革委员会 浙江省市场监督管理局	浙江省质量强省标准强省品牌强省建设"十四五"规划	加大新消费领域质量规范管理力度，压实电商平台、社交平台、搜索引擎等主体责任，规范电商、微商、直播购物等新消费领域
5月28日	浙江省人民政府办公厅	关于印发浙江省市场监管"十四五"规划的通知	积极引导直播电子商务、社交电子商务等新业态健康发展，全面开展"绿色直播间"建设
6月2日	浙江省人民政府办公厅	浙江省商务高质量发展"十四五"规划	支持发展社区电子商务、直播电子商务、网红电子商务等新业态新模式
6月10日	浙江省发展和改革委员会 浙江省商务厅	浙江省新型贸易发展"十四五"规划	培育壮大社交电子商务、直播电子商务等新业态新模式以商贸服务业数字化转型带动网购商品消费
11月15日	浙江省市场监督管理局	浙江省"绿色直播间"培育管理方案	全省启动"绿色直播间"建设活动，首批计划培育200个"绿色直播间"。

三、直播电商的监管举措

2021年国家对直播电商的监管力度不断加大，制定《网络直播营销管理办法（试行）》，并对违法行为进行查处，规范直播电商市场秩序、营造清朗网络空间。

表 9-3　2021—2022年上半年直播电商行业相关监管举措

时间	事件
	2021年
3月	国家市场监督管理总局发布《网络交易监督管理办法》，个人从事网络交易活动年交易额累计超过10万元的，应当依法登记并申报纳税。从平台到商家再到特定的主播，都有明确的纳税义务
4月	国家互联网信息办公室、公安部、商务部、文化和旅游部、国家税务总局、国家市场监督管理总局、国家广播电视总局七部门联合发布《网络直播营销管理办法（试行）》，为直播营销提供了法律依据
9月	国家税务总局办公厅发布通知《加强文娱领域从业人员税收管理》，定期开展对明星艺人、网络主播的"双随机、一公开"税收检查，依法依规加大对文娱领域偷逃税典型案件查处震慑和曝光力度；对明星艺人、网络主播成立的个人工作室和企业，要辅导其依法依规建账建制，并采用查账征收方式申报纳税
10月	商务部、中央网信办、发改委三部门发布《"十四五"电子商务发展规划》，提出重点开展直播电商，社交电商等新业态标准研制

续表

时间	事件
12 月	税务机关加大对文娱领域的税收核查力度，多名网红主播因拖欠税款、偷逃税款、少缴税被依法追缴税款、加收滞纳金并处罚款。税务监管部门对直播带货行业的税务情况监管仍在进行中
	2022 年上半年
3 月	315 晚会曝光直播电商行业背后的问题：主播秀下限、打擦边球、虚假砍价甚至售假等
4 月	抖音直播发布《2022 年抖音直播机构管理条例》，针对直播机构的部分违法违规、扰乱直播生态等不良经营行为持续治理，进行公会管理制度和处罚条例的更新
5 月	人社部、国家市场监督管理总局、审计局联合公告，正式将互联网营销师列入中国新十大职业，成为国家认证的新兴职业，正式纳入《中华人民共和国职业分类大典》
6 月	国家广播电视总局、文化和旅游部联合发布《网络主播行为规范》。对于需要较高专业水平的直播内容，主播应取得相应执业资质，对网络主播也划定了 31 条红线，主播不得炒作绯闻、丑闻、劣迹，传播格调低下的内容，不得引导用户低俗互动等
7 月	上海市市场监督管理局制定发布《上海市网络直播营销活动合规指引》，对网络直播营销活动中存在的突破伦理底线、刷单炒信、虚假宣传、销售假冒伪劣、消费者维权难、"最低价协议"强制条款等问题提供指引

9.4 直播电商未来发展趋势

在"后疫情"时代，电商领域发挥联动线上线下、产销高效衔接、优化供应链配送等优势，对抗疫保供、促进消费、乡村振兴等方面发挥了关键作用。

一、行业规范化发展

直播带货行业的各项政策接连出台，对人们关注的刷单、主播欺骗和误导消费者、售卖假冒伪劣产品、发布虚假广告等问题，《网络交易监督管理办法》《关于加强网络直播规范管理工作的指导意见》《网络直播营销管理办法（试行）》等陆续实施，加强对电商直播的引导规范，强化导向和价值引领，提升直播带货的门槛与质量，营造行业健康生态。

未来随着直播电商的升级发展，相关监管措施将更加完善有效，直播电商将告别野蛮生长，步入规范化、可持续化发展的正轨。

二、直播内容精细化

直播电商进入精细化运营时代后，服务商向细分化发展，从业人员更加专业化。直播平台都策划出平台独特的一套直播电商模式，根据平台用户画像、特性等，改变以往纯带货模式的直播电商模式，将用户需求作为落脚点，丰富直播内容与形式，优化消费体验,从而提升直播转化率。

垂直化策略中,商家通过消费者定位,能够精准掌握其需求和特征,同时根据消费者需求,进行定向选品和产品升级,从而提升消费者满意度,实现品牌可持续发展。不管是对于平台、商家、还是主播,只有垂直化深耕自己的粉丝,聚集忠诚度高、消费力强的私域流量,才能提高直播转化率,突出竞争重围。

三、直播人才专业化

2020 年 7 月 6 日,人社部等部门发布 9 个新职业信息,其中"互联网营销师"下增设"直播销售员",围绕主播而形成的创业团队,衍生出运营管理、直播服务、视频服务、直播电商、辅助后勤等五大类 20 余种职业。很多院校开始探索校企融合、协同育人的人才培养计划,如院校内建立人才培养基地、开展线上与线下的培训活动、各方"差异化"培养人才等方式,加速直播电商人才的系统化培养。

四、商家精准实效化

商家正从疫情时代的清库存、低价走量阶段,转变为后疫情时代根据用户的需求精细化直播定制,推进精细化运营。直播带货模式逐渐成熟,商家结合自身实际判断直播电商是不是营销方式的必要选择,对行业现状、问题及发展方向有系统了解,制定店铺战略发展及其营销战略。基于自身的品牌定位、直播预期等因素,选择主播合作或自播形式,并注重自身直播"私域流量池"的建立,通过精细化的运营策略,将直播观众有效转化为消费者甚至产品粉丝用户。

⬡ 案例分析

案例背景

2021 年的"双十一"期间,众多消费者投诉某品牌面膜虚假宣传。买 20 片赠送 30 片的某品牌安瓶面膜,在某主播直播间预售价格为 429 元,标注"全网最低价",引来众多消费者纷纷缴纳定金下单购买。然而到了"双十一"当天,消费者们却发现,在某品牌直播间购买现货,叠加官方发放的大额优惠券后只需要 257 元,这一价格比主播们承诺的"全网最低价"最大力度价格低了 66%。

案例分析

一、直播商品宣传全网低价并非最低价

头部主播常常以"最低价""全年最大力度""全网最低"等作为宣传点,让消费者误以为在直播间是最低价、买到就赚到了。直播已经成为美妆最核心的营销方式和渠道,竞争也非常激烈。通过"全网最低价"作为噱头吸引用户、获取流量,也是

直播达人目前走不出来的"怪圈"。

直播团队需认清直播间实际上就是一个销售入口，仅靠低价将消费用户吸引到直播间，久而久之货就卖不出去，流量就不可能变成销量。同时承诺了给消费者最低价，事后又出了一个新的价格，结果使之前的宣传构成了虚假宣传，也可能是要受行政处罚的。

二、降低对达人主播的依赖

直播电商购物平台对头部主播的依赖和扶持程度在降低，与达人主播合作重在提升品牌致知名度、快速拓展新品牌推广范围，而由品牌方直播带货直接面对消费者，可省去头部主播的坑位费和佣金等中间花费，能够更大程度地让利于消费者，进一步增强品牌的粉丝黏性。商家可根据商铺经营情况权衡是否与达人主播合作，在提升品牌知名度与价格战较量中获取平衡点。

⬢ 任务实施

【任务书】

请学员通过查阅教材、上网搜索、听课、讨论等获取任务书中的答案或案例，并进行自我评价，确保项目顺利实施。

任务分组：4～6人一组。

任务内容	任务要求	验收方式
直播电商现阶段特点	直播电商现阶段特点，以思维导图形式呈现	直播电商现阶段特点思维图
直播电商各个参与主体的责任内容	分析直播电商各个参与主体的责任内容，以思维图形式呈现	直播电商各个参与主体的责任内容思维图
主播行为规范	编制本直播间主播行为规范，以文档的形式呈现	主播行为规范文档

【获取信息】

扫描下方二维码，获取本节课程教学课件、微课视频进行知识点学习。

教学课件

微课视频

【知识点梳理】

一、直播电商发展历程

了解直播电商，首先要从直播电商发展历程。包括快速成长期、商业变现期、商业爆发期。

二、产业链角色的变化

产业链角色转变，包括传统电商与直播电商"人货场"的区别、直播电商"人货场的转变"。产业链规范行为出台，对直播营销环境下的不同参与主体及不同主体之间的责任作出相应划分。

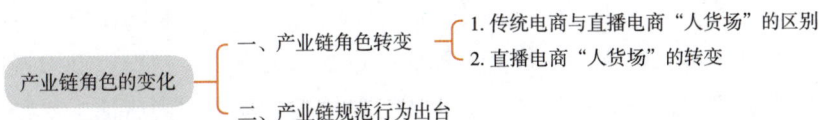

```
                          ┌─ 一、产业链角色转变 ─┬─ 1.传统电商与直播电商"人货场"的区别
产业链角色的变化 ─┤                      └─ 2.直播电商"人货场"的转变
                          └─ 二、产业链规范行为出台
```

三、行业规范与政策监管

行业规范与政策监管包括直播电子商务平台管理与服务规范、政策规划鼓励直播电商发展、强化监管以及直播电商开启监管时代。

```
                          ┌─ 一、直播电子商务平台管理与服务规范
行业规范与政策监管 ─┤─ 二、政策规划鼓励直播电商发展、强化监管
                          └─ 三、直播电商的监管举措
```

四、直播电商未来发展趋势

直播电商未来发展趋势：行业规范化发展、直播内容精细化、直播人才专业化、商家精准实效化。

```
                          ┌─ 一、行业规范化发展
直播电商未来发展趋势 ─┤─ 二、直播内容精细化
                          ├─ 三、直播人才专业化
                          └─ 四、商家精准实效化
```

【工作计划】

工作目标

本次工作内容为认识直播电商生态。通过结合直播行业背景及相关政策，对直播电商发展阶段以及主流平台的现状进行全方位认知，掌握直播电商生态发展趋势。

由于新招聘的实习主播对直播电商经验相对薄弱，团队负责人要求实习主播必须在一周内对直播电商生态有个全面的了解，才能更好地开展团队工作。

工作步骤

（1）完成知识点的学习，认知与巩固直播电商生态基础。

（2）按照了解直播电商生态的工作过程依次完成工作计划与实施。

（3）工作过程中可采用线上线下混合学习方式，学生以小组为单位协同合作，分析直播电商生态，共同完成工作任务。

（4）工作结果需要整理到相关表格或报告形式呈现。

背景资料

企业信息：重庆某零食公司主要依托互联网电商平台，销售各种零食、鲜果，开店已有半年。随着直播电商兴起，店铺也开启了直播带货。当前店铺销售商品有灯影牛肉、麻花、全麦面包、曲奇饼干、柑橘、血橙等，零食类为店铺主要经营销售商品，鲜果类则会应季上市。店铺商品消费人群在 24 ~ 30 岁居多，其次是 18 ~ 23 岁、31 ~ 40 岁，女性消费者较多。公司最近正在扩建团队，招聘了 3 名实习主播。

引导问题 1：作为实习主播，想了解直播电商生态，首先要清楚直播电商的发展历程。思考一下，目前直播电商所处的阶段有什么特点，并使用思维导图方式描述直播电商现阶段特点。

答题区：

引导问题 2：刚进入直播团队，还需考虑到直播电商各个岗位的定义以及责任。思考一下，直播电商行业对直播营销环境下不同参与主体及不同主体之间的责任，并使用思维导图方式描述直播电商各个参与主体的责任内容。

答题区：

引导问题3：作为主播，接触直播电商，还需了解直播电商相关行为规范。请自主查阅直播电商相关行为规范相关资料，思考一下，主播在直播该企业产品时需要注意哪些行为规范，并以文档的形式一一列举。

答题区：

● **评价反馈**

根据考核内容，学生完成自我小结并进行自评打分。教师根据学生活动情况进行点评并完成教师打分。最后按小组自评分×30%+学生互评×30%+教师评分×40%计算得分。

表9-4　任务综合评价表

类别	考核内容	分值	评分			得分
			自评30%	学生互评30%	教师评分40%	
知识储备	了解直播电商发展历程	20				
	掌握直播电商产业链角色变化	20				
	了解直播电商行业规范	20				
技能训练	逻辑思维能力	20				
	行业洞察能力	20				
合计		100				

● **课后测试**

一、单选题

1.在直播电商的发展中，直播平台开始谋求商业变现，礼物打赏和广告是这一阶段的主要变现模式，属于哪个阶段？（　　　）

A.起步期　　　B.快速成长期　　　C.商业变现期　　　D.商业爆发期

2.在网络直播营销中直接向社会公众开展营销的个人属于（　　　　）。

A. 直播营销平台　　B. 直播营销人员

C. 直播间运营者　　D. 直播营销人员服务机构

3.个人从事网络交易活动年交易额累计超过（　　　　）元的，应当依法登记并申报纳税。从平台到商家再到特定的主播，都有明确的纳税义务。

A. 1万　　　　　　B. 3万　　　　　　C. 10万　　　　　　D. 20万

二、多选题

1.在"后疫情"时代，电商领域发挥联动线上线下、产销高效衔接、优化供应链配送等优势，对（　　　　）等方面发挥了关键作用？

A. 抗疫保供　　B. 促进消费　　C. 乡村振兴　　D. 直播电商

2.直播电商产业链参与主体包括：（　　　　）

A. 直播营销平台　　B. 直播营销人员

C. 直播间运营者　　D. 直播营销人员服务机构

三、判断题

1.直播营销人员可随意发布营销内容，无须受到监管。　　　　　　　（　　　）

2.2019年，直播电商行业进入了爆发期，一个人人皆可直播带货时代的序幕正式拉开。　　　　　　　　　　　　　　　　　　　　　　　　　　　　　（　　　）

3.未来，直播电商将进入了精细化运营时代，服务商向细分化发展，从业人员更加专业化。　　　　　　　　　　　　　　　　　　　　　　　　　　　　　（　　　）

四、简答题

1.直播电商发展历程包括哪些时期？

2.直播营销平台的定义是什么？都有哪些责任内容？

任务 10
账号创建：开启电商直播大门

》 任务简介

2022 年上半年，商务大数据重点监测的电商平台累计直播场次数超 6 000 万场，累计观看超 5 170 亿人次，每天有成千上万人在各个电商平台上看直播买东西。直播电商、社交电商等新业态新模式的有序健康发展，拓展了数字生活新服务。全国各个城市开始建立直播产业园、直播基地，直播产业鼓励政策也陆续出台。参与者有主播、明星、企业甚至是普通人，都在扩展电商直播的发展。

账号创建是开启电商直播大门的必要环节，通过本任务的学习，了解直播平台的类型，以及各个平台直播间的入驻要求以及流程，了解在直播营销中的行为规范。

》 学习情境描述

实习生小杜所在的电商公司目前还未开通直播带货，团队负责人认为电商直播可以给团队带来更好的业绩，着手准备开通了解直播带货。

在直播带货前需要先了解直播平台的类型有哪些，从而确定入驻的直播平台以及入驻流程，并了解直播营销的行为规范，防范直播带货风险。

》 学习目标

◆知识目标

1. 了解直播平台的类型。
2. 了解各平台入驻直播间的要求以及流程。
3. 了解直播营销的行为规范。

◆技能目标

1. 能够根据直播平台类型选择合适的平台。
2. 懂得创建各个平台直播间账号。
3. 掌握直播电商中的各类角色的行为规范。

◆素质目标

1. 培养正确的行业价值观、遵守职业行为准则。
2. 树立直播行为规范责任意识，强化责任担当。
3. 具备良好的沟通能力和团队合作能力。

》 思政园地

拟罚没 56.9 万元！浙江金华开发区查处首起网络直播营销违法案件

为进一步规范网络直播营销活动，保护消费者合法权益，促进行业规范健康发展，根据浙江省市场监管局的统一部署，近日，金华市市场监管局开发区分局组织开展了网络直播营销违法行为专项治理工作，依法查处开发区首例网络直播销售食品的违法案件，并拟对其作出罚没 56.9 万元的决定。

主播王某通过其抖音账号及关联网店，以视频推介、直播销售、赠送试吃装等形式，在未取得生产许可证的情况下，生产销售进口切片火腿。截至案发，王某已销售 145 单，违法经营额达 46 356 元。金华市市场监管局开发区分局依据《中华人民共和国食品安全法》及相关规定，依法拟作出上述行政处罚决定。

近年来，网络直播营销发展迅猛，在满足群众生活需求、拉动消费增长、促进灵活就业等方面发挥了重要作用。同时，随之伴生而来的无底线营销、虚假宣传、套路促销、流量造假、虚构交易、假冒仿冒、随意侵权、服务违约等问题，严重损害群众利益，制约行业健康发展，损害社会公平正义。

文章来源：中国质量新闻网

● 知识点学习

10.1 直播平台的类型

直播平台是直播产业链中不可或缺的一部分，它为直播提供了内容输入和输出的渠道。根据直播平台的主打内容来划分，目前市场上的直播平台可以分为综合类直播平台、电商类直播平台、短视频类直播平台和教育类直播平台 4 种类型。

一、综合类直播平台

指包含户外、生活、娱乐、教育等多种直播类目的平台，用户在这类平台上可以观看的内容较多。目前，具有代表性的综合类直播平台有斗鱼、虎牙、YY 直播、花椒直播、一直播、映客等。

二、电商类直播平台

电商类直播平台主要是以为用户提供商品营销渠道为主的平台，用户可以在这类平台上边观看直播边购物。随着电商直播行业的发展越来越多，有淘宝直播、京东直播、小红书直播、拼多多直播等。在这之中最有名的当然还是淘宝直播，淘宝直播有着全国最大的购物平台作为基础，其名气之大几乎无人不晓，在这个基础上做电商直播当然能取得非常优秀的成绩。

三、短视频类直播平台

主要以输出短视频为主，但随着直播形式的发展，很多短视频平台也开通了直播功能，用户在这些平台上不仅可以发布自己创作的短视频内容，还能通过直播展示才艺、销售商品。比较典型的短视频直播平台有抖音、快手、美拍、西瓜视频等。

四、教育类直播平台

教育类直播平台支持知识分享者采取视频直播或语音直播的形式与用户分享知识，在直播过程中，知识分享者可以与用户进行实时互动，针对用户提出的一些问题进行在线解答。如网易云课堂、千聊、荔枝微课、小鹅通等。

10.2　各平台直播间入驻要求

随着直播、短视频的火热，电商平台直播化趋势已经势不可当。直播平台的百花齐放让更多的商家参与进来，我们来了解当下比较热门的几个直播平台的入驻要求，以淘宝直播、抖音、快手、拼多多直播为例。

一、淘宝直播平台

"淘宝直播"是阿里巴巴推出的消费生活类直播平台，也是新零售时代体量巨大，消费量与日俱增的新型购物场景，更是千万商家店铺粉丝运营、互动营销利器。

淘宝直播内容涵盖：潮搭美妆、珠宝饰品、美食生鲜、运动健身、母婴育儿、生活家居、健康咨询、在线教育、音乐旅行等各类生活领域，仍在不断扩展。

1.淘宝直播入驻要求

淘宝会员可经由阿里创作平台、淘宝直播平台入驻成为达人，须满足：

①如为个人，须完成支付宝个人实名认证，且年满18周岁（同一身份信息下只能允许1个淘宝账户入驻）；

②如为企业，须完成支付宝企业实名认证（同一营业执照下允许≤10个淘宝账户入驻）；

③如淘宝平台卖家申请成为达人须具备一定的店铺运营能力和客户服务能力；

④账号状态正常，且具备一定的推广素质和能力。

如入驻淘宝直播平台成为商家主播，除上述外，还须满足：

①根据平台要求完成认证；

②店铺主营类目为非限制推广主营类目；

③账号状态正常，且具备一定的推广素质和能力，满足淘宝直播平台的主播要求；

④对商家准入有特殊要求的，从其规定。

2. 淘宝直播入驻步骤

移动端应用商店搜索并下载淘宝主播 App，商家使用店铺主号，达人使用后续开播的账号登录淘宝主播 App。勾选协议并根据提示进行实人认证；实人认证通过即代表直播发布权限已开通。

①登录淘宝主播 App，点击"立即入驻"；

②勾选协议，点击"去认证"，实人认证通过后，再点击"确认入驻"即可；

图 10-1　入驻淘宝直播

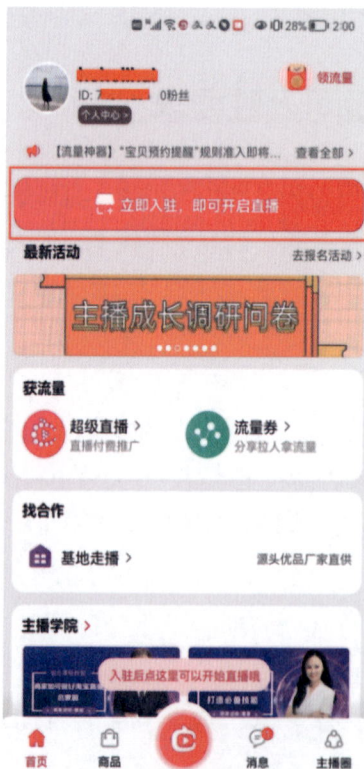

图 10-2　入驻淘宝直播

图 10-3　入驻淘宝直播

③入驻成功后回到首页，看到正下方的小 logo 点击进去，再点击"开始直播"，直播就可以开始了。

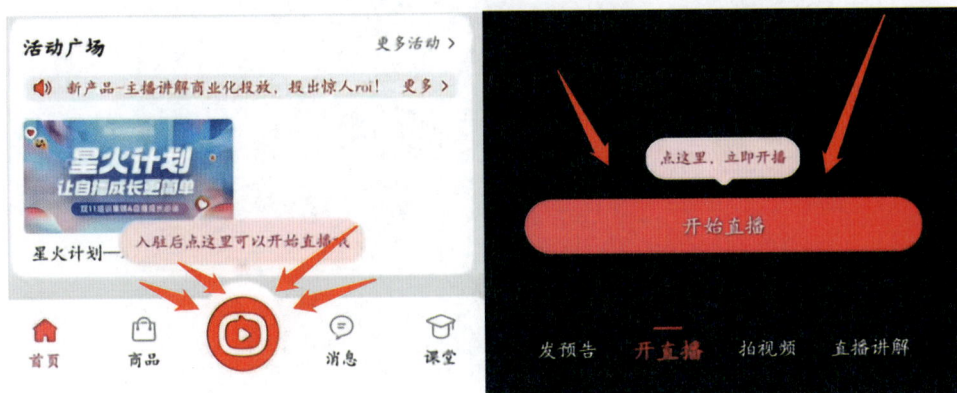

图 10-4　入驻淘宝直播

二、抖音直播平台

"抖音直播"为抖音公司旗下人气直播平台，目前以直播带货为主，其发展思路依然延续过去的"流量引流"的变现思路。随着直播电商的爆发式发展，抖音加大力度自建抖音小店，平台自身开始签约带货类 KOL，同时在供应链端与直播基地签约，这一系列动作都表明，抖音在加大直播电商的投入。

抖音直播内容涵盖：电商购物、手机游戏、网游竞技、沙盒游戏等内容解说及其他娱乐内容服务。在未来，抖音直播电商必将迎来更大的发展机遇。

1. 抖音直播入驻要求

直播功能开通：完成实名认证、绑定手机号、授权通讯录，即可自动开通。

注：《中华人民共和国未成年人保护法》第七十六条规定，不满 16 岁不得开通网络直播。

①开通抖音直播需自身树立积极、正面、阳光的公众形象（包括但不仅限于妆容、服饰与言行等），并有责任保持、维护自身的正面形象及良好声誉，自觉防范、抵制以低俗、恶俗、粗劣内容博取眼球的行为，不得发表涉及政治敏感议题的不当言论。

②知识产权：使用平台提供的直播及相关服务开展网络直播活动所形成的直播成果（包括但不限于作品、录音录像制品、数据信息、活动记录），其知识产权或其他合法权益归属于原权利人。

2. 抖音直播入驻步骤

①在移动端应用商店搜索并下载"抖音短视频"，可以选择手机号、头条号、QQ、微信、微博等方式登录。

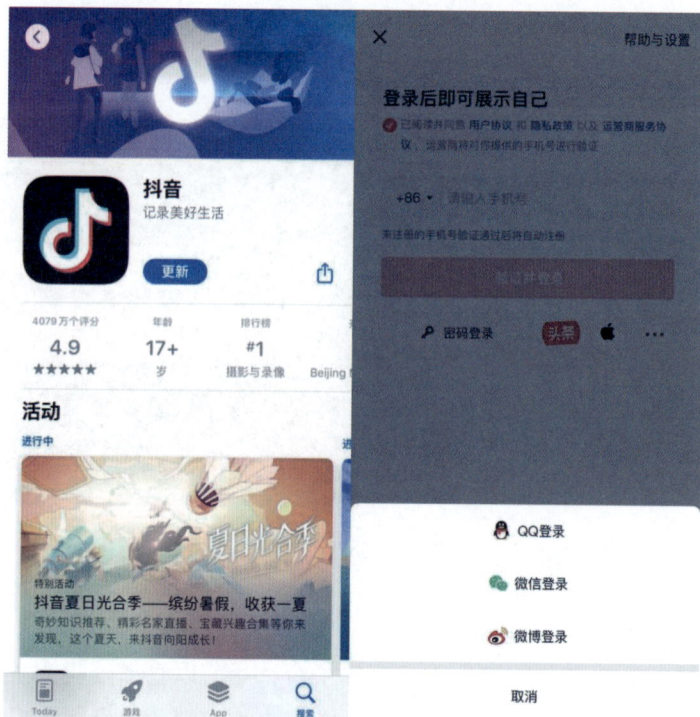

图 10-5　入驻抖音直播

②在抖音个人主页，点击屏幕下方的"+"，选择"开始视频直播"。

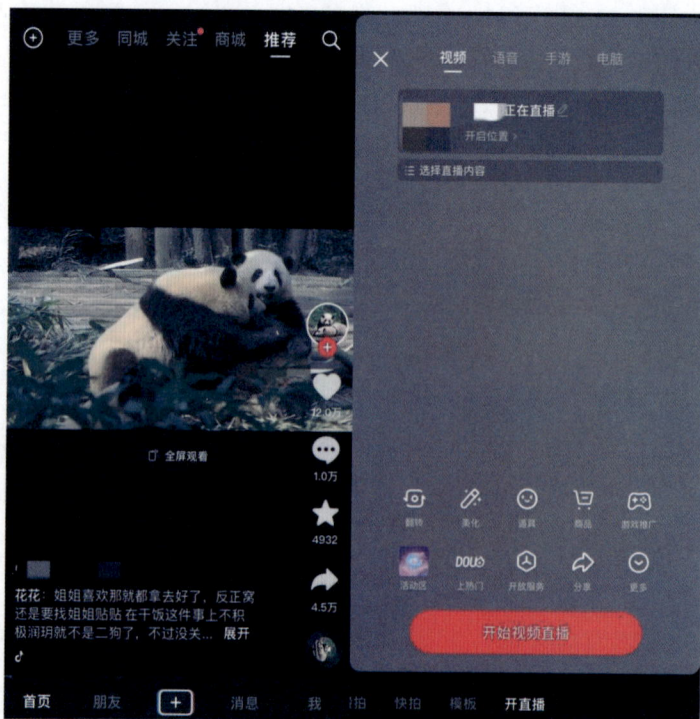

图 10-6　入驻抖音直播

三、快手直播平台

"快手直播"是快手软件的专业直播平台，汇聚了众多网络红人，同时也是培育网络红人的平台。以直播带货为主，电商领域新势力代表，拥有较为丰富的商品类目。

快手的业务场景是多样性的。多样化的业务，包括连麦、PK、聊天室、KTV、电商直播、游戏直播等。此外，快手覆盖的用户群非常广，用户遍布城镇和乡村，有着多种多样的复杂网络环境。

1. 快手直播入驻要求

快手开通直播权限需要条件分别为：

①实名认证，账号无异常，要满 18 岁以上；

②注册时间大于 7 天；

③粉丝数达到 6 个及以上；

④前一周观看直播大于 1 分钟；

⑤作品无违规；

⑥实名认证；

⑦发布公开的作品数大于等于 1；

⑧需要绑定手机号。

满足条件后，可直接打开。

2. 快手直播入驻步骤

在移动端应用商店搜索并下载"快手"，可以选择手机号、QQ、微信、微博，邮箱等方式登录。

图 10-7　快手直播入驻

①登录后点击页面正下方的白色小方块；

②跳出拍摄页面，点击"开始视频直播"会跳转至申请条件页面；

图 10-8　快手直播入驻

图 10-9　快手直播入驻

③在申请直播权限界面，点击"实名认证"，然后输入信息，再点击"人脸检验"完成实名认证。

图 10-10　快手直播入驻

四、拼多多直播平台

"多多直播"是拼多多开放给有带货能力或潜力的合作方的营销工具，以提升合作方用户黏性和流量转化效率。旨在凝聚更多人的力量，用更低的价格买到更好的东西，体会更多的实惠和乐趣。通过沟通分享形成的社交理念，形成了拼多多独特的新社交电商思维。

拼多多直播内容涵盖：数码百货、家居日用、美食生鲜、农产品、母婴育儿、服装首饰等各类生活领域，以及更多普通人分享的生活碎片，共同构成了拼多多直播的内容生态。

1. 拼多多直播入驻要求

①未成年人不允许入驻拼多多直播；

②需在拼多多平台完成实名认证，人脸识别、并保证向拼多多提交的认证信息真实、准确、完整、合法有效。

③不得利用拼多多平台直播：欺诈、骚扰他人等令人不适或反感的；宣传或推广拼多多以外其他平台商品或服务等事件。

④应自行负责直播活动所需要的网络设施及支持视频、音频活动的设备，保证直播图像及语音质量清晰、稳定。

2. 拼多多个人直播入驻步骤

在移动端应用商店搜索并下载"拼多多商家版"以及"拼多多"，可以选择手机号、QQ、微信等方式登录。

图 10-11　拼多多直播入驻

①打开登录手机拼多多，进入拼多多首页，点击右下角的"个人中心"，进入拼多多的个人中心之后，点击左上角的"头像"。

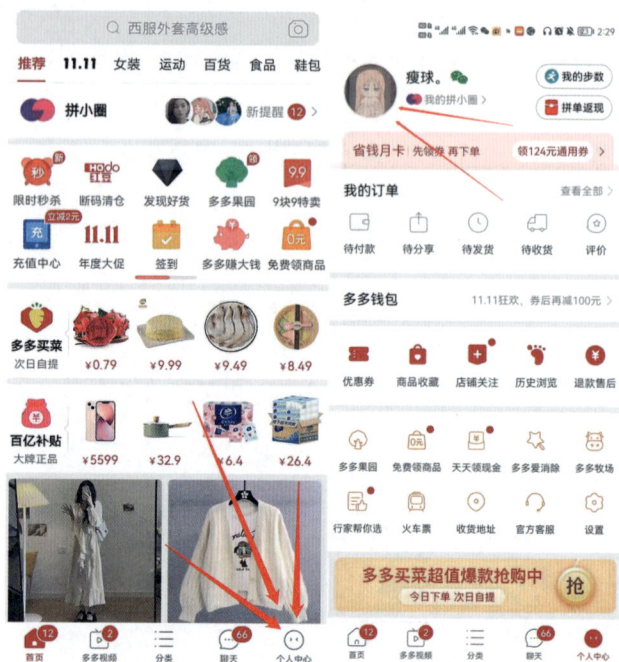

图 10-12　拼多多直播入驻

②进入拼多多的我的资料之后，拉到最下，点击"多多直播"，接着点击"开始直播"。

图 10-13　拼多多直播入驻

③"开始直播"点击后，会弹出"请上传封面后开播"提示，点击"去上传"。封面上传之后，再次点击"开始直播，"接着会弹出认证页面，再点击"马上认证"。

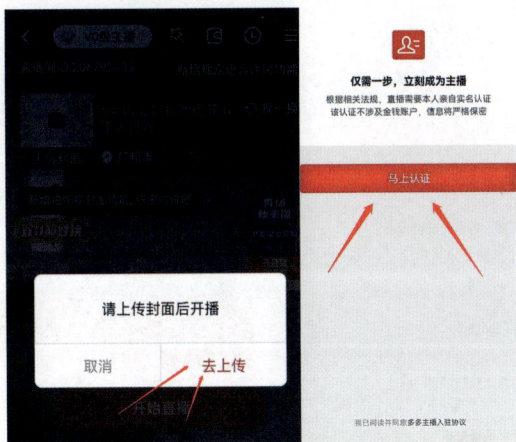

图 10-14　拼多多直播入驻

④进入"身份认证"页面，输入信息，勾选"拼多多达人入驻协议"，点击"人脸识别"进行人脸识别。识别成功后，就完成实名认证了 , 点击"去直播"就可以开始直播。

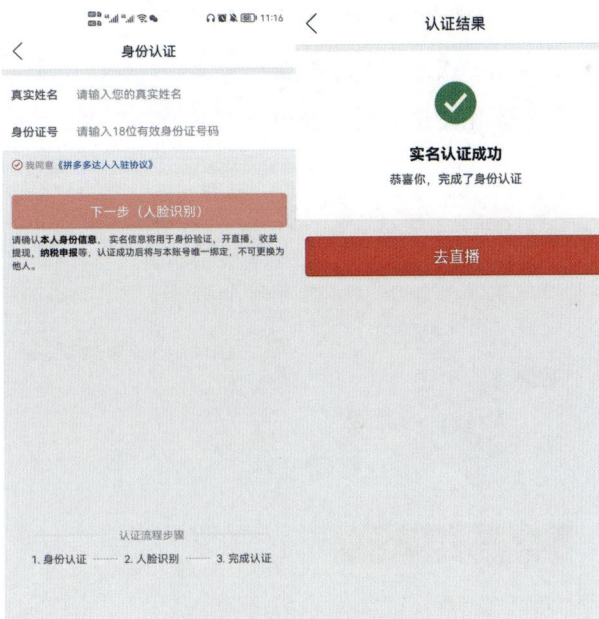

图 10-15　拼多多直播入驻

3. 拼多多商家版直播入驻步骤

①打开登录手机拼多多，进入拼多多首页，点击右下角的"个人中心"。

②点击的"设置"，进入系统设置。

③进入系统设置后，选择其中的"商家免费入驻"。

④进入"商家入驻"功能之后，会弹出安装画面，直接点击下面的"安装"按钮，安装拼多多商家版。

图 10-16　拼多多商家版直播入驻

⑤下载安装后打开 App，点击"0 元开店"。

⑥进入店铺入驻，需要先使用手机号登录。

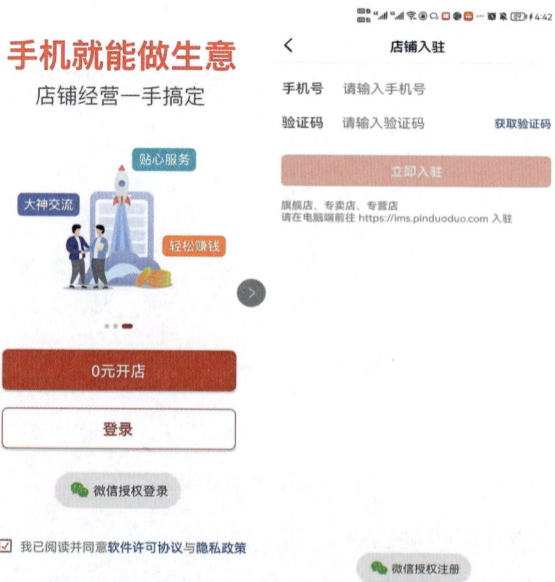

图 10-17　拼多多商家版直播入驻

⑦完成任务一（进行认证）和任务二（发布一件商品）激活店铺。

⑧激活后，打开拼多多商家版中菜单栏中的"店铺"→"常用应用"→"多多直播"。

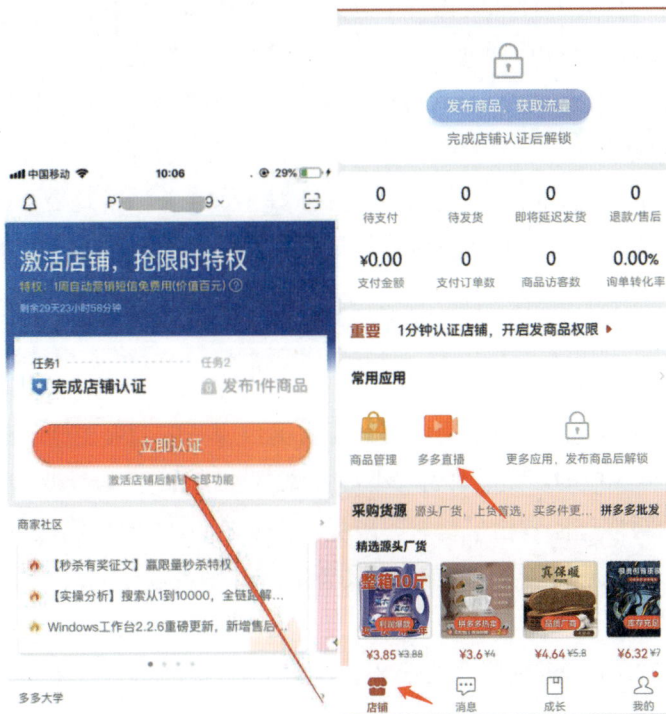

图 10-18　拼多多商家版直播入驻

⑨上传直播封面和标题，再点击"创建直播"。

⑩点击直播屏幕上方齿轮，可选择需要设置的内容，比如摄像头、麦克风、滤镜、闪光灯，调试结束后，即可点击"开始直播"。

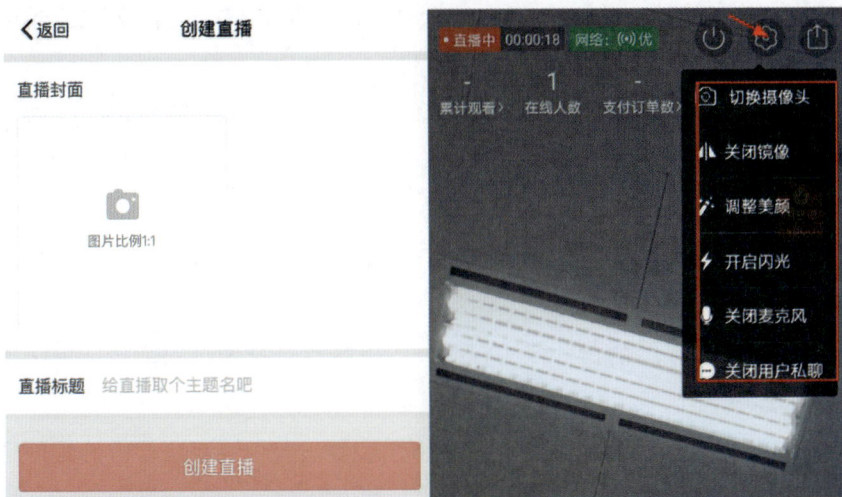

图 10-19　拼多多商家版直播入驻

10.3　直播营销行为规范

　　网络直播营销作为一种社会化营销方式，对促进消费扩容提质、形成强大国内市场起到了积极作用。规范网络直播营销活动，促进其健康发展，需要在现行法律框架下，构建包括政府监管、主体自治、行业自律、社会监督在内的社会共治格局。

　　《网络直播营销行为规范》是中国广告协会发布的规范，对直播电商中的各类角色、行为都作了全面的定义和规范。2020年7月1日，《网络直播营销行为规范》实施。规定了商家、主播、网络直播平台以及其他参与者等各方在直播电商活动中的权利、义务与责任。

一、商家

　　①商家是在网络直播营销中销售商品或者提供服务的商业主体。商家应具有与所提供商品或者服务相应的资质、许可，并亮证亮照经营。

　　②商家入驻网络直播营销平台时，应提供真实有效的主体身份、联系方式、相关行政许可等信息，信息若有变动，应及时更新并告知平台进行审核。

　　③商家销售的商品或者提供的服务应当合法，符合网络直播营销平台规则规定，不得销售、提供违法违禁商品、服务，不得侵害平台及任何第三方的合法权益。

　　④商家推销的商品或提供的服务应符合相关法律法规对商品质量和使用安全的要求，符合使用性能、宣称采用标准、允诺等，不存在危及人身或财产安全的不合理风险。

　　商家销售药品、医疗器械、保健食品、特殊医学用途配方食品等特殊商品时，应当依法取得相应的资质或行政许可。

　　⑤商家应当按照网络直播营销平台规则要求提供真实、合法、有效的商标注册证明、品牌特许经营证明、品牌销售授权证明等文件。

　　⑥商家发布的产品、服务信息，应当真实、科学、准确，不得进行虚假宣传，欺骗、误导消费者。涉及产品、服务标准的，应当与相关国家标准、行业团体标准相一致，保障消费者的知情权。

　　商家营销商品和服务的信息属于商业广告的，应当符合《中华人民共和国广告法》的各项规定。

　　⑦商家应当依法保障消费者合法权益，积极履行自身做出的承诺，依法提供退换货保障等售后服务。

　　商家与主播之间约定的责任分担内容和方式等，应当遵守法律、法规规定，遵循平台规则。

二、主播

①主播是指在网络直播营销活动中与用户直接互动交流的人员。

②主播应当了解与网络直播营销相关的基本知识，掌握一定的专业技能，树立法律意识。主播入驻网络直播营销平台，应提供真实有效的个人身份、联系方式等信息，信息若有变动，应及时更新并告知。主播不得违反法律、法规和国家有关规定，将其注册账号转让或出借给他人使用。

③主播入驻网络直播营销平台应当进行实名认证，前端呈现可以采用符合法律法规要求的昵称或者其他名称。主播设定直播账户名称、使用的主播头像与直播间封面图应符合法律和国家有关规定，不得含有违法及不良有害信息。

④主播的直播间及直播场所应当符合法律、法规和网络直播营销平台规则的要求。直播间的设置、展示属于商业广告的，应当符合《中华人民共和国广告法》规定。

⑤主播在直播营销中应坚持社会主义核心价值观，遵守社会公德。

⑥主播发布的商品、服务内容与商品、服务链接应当保持一致，且实时有效。法律、法规规定需要明示的直接关系消费者生命安全的重要消费信息，应当对用户进行必要、清晰的消费提示。

⑦主播在直播活动中，应当保证信息真实、合法，不得对商品和服务进行虚假宣传，欺骗、误导消费者。

⑧主播在直播活动中做出的承诺，应当遵守法律法规，遵循平台规则，符合其与商家的约定，保障消费者合法权益。

主播应当遵守法律、法规，遵循平台规则，配合网络直播营销平台做好参与互动用户的言论规范管理。

⑨主播在网络直播营销活动中不得损害商家、网络直播营销平台合法利益，不得以任何形式导流用户私下交易，或者从事其他谋取非法利益的行为。

⑩主播向商家、网络直播营销平台等提供的营销数据应当真实，不得采取任何形式进行流量等数据造假，不得采取虚假购买和事后退货等方式骗取商家的佣金。

⑪主播以机构名义进行直播活动的，主播机构应当对与自己签约的个人主播的网络直播营销行为负责。

三、网络直播营销平台

①网络直播营销平台是指在网络直播营销活动中提供直播技术服务的各类社会营销平台，包括电商平台、内容平台、社交平台等。

②网络直播营销平台经营者应当依法经营，履行消费者权益保护、知识产权保护、网络安全与个人信息保护等方面的义务。

鼓励、支持网络直播营销平台经营者积极参与行业标准化、行业培训、行业发展质量评估等行业自律公共服务建设。

③网络直播营销平台经营者应当要求入驻本平台的市场主体提交其真实身份或资质证明等信息，登记并建立档案。对商家、主播告知的变更信息，应当及时予以审核、变更。

④网络直播营销平台经营者应当建立、健全和执行平台规则。

⑤网络直播营销平台经营者应当加强服务规范，努力提高服务水平，促进行业健康发展。

⑥电商平台类的网络直播营销平台经营者，应当加强对入驻本平台内的商家主体资质规范，督促商家依法公示营业执照、与其经营业务有关的行政许可等信息。

⑦内容平台类的网络直播营销平台经营者应当加强对入驻本平台的商家、主播交易行为规范，防止主播采取链接跳转等方式，诱导用户进行线下交易。

⑧社交平台类的网络直播营销平台经营者应当规范内部交易秩序，禁止主播诱导用户绕过合法交易程序在社交群组进行线下交易。

社交平台类的网络直播营销平台经营者，应当采取措施防范主播利用社交群组进行淫秽色情表演、传销、赌博、毒品交易等违法犯罪以及违反网络内容生态治理规定的行为。

四、其他参与者

①网络直播营销主播服务机构，是指培育主播并为其开展网络直播营销活动提供服务的专门机构（如 MCN 机构等）。

网络直播营销主播服务机构应当依法取得相应经营主体资质，按照平台规则与网络直播营销活动主体签订协议，明确各方权利义务。

②主播服务机构与网络直播营销平台开展合作，应确保本机构以及本机构签约主播向合作平台提交的主体资质材料、登录账号信息等真实、有效。

主播服务机构应当建立健全内部管理规范，签约具备相应资质和能力的主播，并加强对签约主播的管理；开展对签约主播基本素质、现场应急能力的培训，提升签约主播的业务能力和规则意识；督导签约主播加强对法律、法规、规章和有关规定及标准规范等的学习。

主播服务机构应当与网络直播营销平台积极合作，落实合作协议与平台规则，对签约主播的内容发布进行事前规范、事中审核、违规行为事后及时处置，共同营造风清气正的网络直播营销活动内容生态。

③主播服务机构应当规范经营。

④用户是指使用互联网直播信息内容服务购买商品或者服务的组织或者个人，即网络直播服务的最终用户。

用户在参与网络直播互动时，应遵守国家法律法规和平台管理规范，文明互动、理性表达，不得利用直播平台发表不当言论，侵犯他人合法权益。

● 案例分析

案例背景

2021 年 8 月 22 日 22 时 02 分开始，主播曹某在某短视频平台直播带货小店"M★旗舰店"销售的口红商品时，口播"这个口红是用最好的膏体做的""它是全世界最好的"等词语。

鉴于主播曹某在网络直播时，口播"这个口红是用最好的膏体做的""它是全世界最好的"各一次，没有重复使用，且当事人案发后积极配合调查，主动交代违法事实，提供有关证据，根据《中华人民共和国广告法》等相关规定，永康市市场监管局对当事人作出以下处罚：责令停止发布广告；处以罚款 1.3 万元。

案例分析

一、直播间使用违规词，涉嫌违反广告法

主播曹某在网络直播带货时，使用"最好"等词语，涉嫌违反《中华人民共和国广告法》第九条第一款第（三）项的规定，依法予以立案调查。

二、主播应加强直播营销行为规范意识

直播间运营者及直播营销人员应当遵守《中华人民共和国电子商务法》《中华人民共和国消费者权益保护法》《中华人民共和国反不正当竞争法》《中华人民共和国产品质量法》《中华人民共和国食品安全法》《中华人民共和国广告法》《中华人民共和国价格法》等法律法规及《网络直播营销管理办法（试行）》等国家有关规定，遵循社会公序良俗，真实、准确、全面地发布商品或服务信息，合法合规从事网络交易活动，依法履行或者督促商品经营者履行售后服务义务。

⬢ 任务实施

【任务书】

请学员通过查阅教材、上网搜索、听课、讨论等获取任务书中的答案或案例，并进行自我评价，确保项目顺利实施。

任务分组：4 ~ 6 人一组。

任务内容	任务要求	验收方式
选择合适的电商直播平台	观察电商直播平台的特点，为公司挑选最合适的直播平台，并以文档的形式分析	选择合适的电商直播平台文档
创建平台账号及开通直播	选择合适的平台之后并在该平台创建账号，并且开通直播功能，以截图的形式呈现	创建平台账号及开通直播截图
直播零食类目需要注意的问题	分析在该电商直播平台直播零食类目时，需要注意的问题。并使用文档的形式——列举	直播零食类目需要注意的问题文档

【获取信息】

扫描下方二维码，获取本节课程教学课件、微课视频进行知识点学习。

教学课件

微课视频

【知识点梳理】

一、直播平台的类型

直播平台的类型可以分为综合类直播平台、电商类直播平台、短视频类直播平台和教育类直播平台 4 种类型。

二、各平台直播间入驻要求

以淘宝直播、抖音、快手、拼多多直播为例，包括直播入驻要求以及主播入驻步骤。

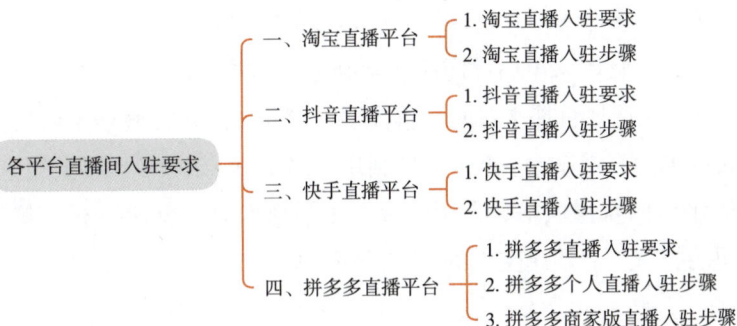

三、网络直播营销行为规范

《网络直播营销行为规范》规定了商家、主播、网络直播平台以及其他参与者等各方在直播电商活动中的权利、义务与责任。

【工作计划】

工作目标

本次工作内容为直播选品。通过结合企业背景及直播主题，选择出适合该门店的直播平台，创建直播账号等系列操作，掌握直播平台类型以及直播平台账号创建。

成立直播带货小组后，直播带货小组开始研究电商直播相关知识。小组面临的第一个考验就是要选择合适的直播平台，并且在该直播平台创建账号，同时小组负责人要求每位成员必须了解直播营销行为规范，才能更好地开展接下来的工作。

工作步骤

（1）完成知识点的学习，认知与巩固账号创建相关知识。

（2）请按照账号创建工作过程依次完成工作计划与实施。

（3）工作过程中可采用线上线下混合学习方式，学生以小组为单位协同合作，运用所学知识以及实践经验，共同完成工作任务。

（4）工作结果需要整理到相关表格或以报告形式呈现。

背景资料

企业信息：重庆某零食公司主要依托互联网电商平台，销售各种零食、鲜果，开店已有半年。当前店铺销售商品有灯影牛肉、麻花、全麦面包、曲奇饼干、柑橘、血橙等，零食类为店铺主要经营销售商品，鲜果类则会应季上市。店铺商品消费人群在 24 ～ 30 岁居多，其次是 18 ～ 23 岁、31 ～ 40 岁，女性消费者较多。商品定价在 9.9 ～ 35 元不等，根据克数/口味分设多个 SKU，满足不同人群需求。随着直播电商兴起，该公司也准备开启直播带货，并且原来电商部门团队基础上组建了直播带货小组。

引导问题 1：在选择直播平台时，首先要了解每一个电商直播平台的特点，才能选出更适合公司的电商直播平台。小组成员利用网络工具，观察 4 个以上的电商直播平台，包括但不限于平台的直播风格、带货流程、主播话术等。思考一下，哪个电商直播平台最适合公司的类目。并使用文档的形式分析原因。

答题区：

引导问题 2：选择平台之后，需了解该平台账号创建及开通直播相关要求，并在对应的直播平台创建账号及开通直播。请提交该平台的创建账号截图以及开通直播功能截图。

答题区：

引导问题 3：作为直播电商营销人员，需要了解直播营销行为规范，才能更好地开展直播营销工作。不同直播平台以及产品类目也会有不同的注意要点。请自主查阅资料，分析在该电商直播平台直播零食类目时，需要注意的问题。并以文档的形式一一列举。

答题区：

● 评价反馈

根据考核内容，学生完成自我小结并进行自评打分。教师根据学生活动情况进行点评并完成教师打分。最后按小组自评分×30%+学生互评×30%+教师评分×40%计算得分。

表 10-1　任务综合评价表

类别	考核内容	分值	评分			得分
			自评 30%	学生互评 30%	教师评分 40%	
知识储备	了解直播平台的类型	10				
	掌握直播营销行为相关规范	20				
	学会创建各个平台直播账号	20				
技能训练	平台操作能力	30				
	后台规则熟悉能力	20				
合计		100				

● 课后测试

一、单选题

1.淘宝直播、京东直播、拼多多直播是属于哪种类型的直播平台？（　　　　）

　　A.综合类直播平台　　　　　　　　B.电商类直播平台

　　C.短视频类直播平台　　　　　　　D.教育类直播平台

2. （　　）是在网络直播营销中销售商品或者提供服务的商业主体。

  A. 商家　　　　　　B. 主播　　　　　C. 网络直播营销平台　　　D. 其他参与者

3. （　　）是指培育主播并为其开展网络直播营销活动提供服务的专门机构。

  A. 商家　　　　　　　　　　　　B. 主播

  C. 网络直播营销平台　　　　　　D. 网络直播营销主播服务机构

二、多选题

1. 以下直播平台属于短视频直播平台的有哪些？（　　　　）

  A. 抖音　　　　　B. 快手　　　　　C. 西瓜　　　　　D. 虎牙

2. 关于直播营销行为规范，下面说法正确的是？（　　　　）

  A. 商家入驻网络直播营销平台时，应提供真实有效的主体身份、联系方式、相关行政许可等信息，信息若有变动，应及时更新并告知平台进行审核。

  B. 商家发布的产品、服务信息，应当真实、科学、准确，不得进行虚假宣传、欺骗、误导消费者。

  C. 社交平台类的网络直播营销平台经营者应当规范内部交易秩序，禁止主播诱导用户绕过合法交易程序在社交群组进行线下交易。

  D. 主播应当遵守法律、法规，遵循平台规则，配合网络直播营销平台做好参与互动用户的言论规范管理。

三、判断题

1. 开通抖音直播不用实名认证就能开通。　　　　　　　　　　　　（　　）

2. 主播在直播活动中做出的承诺，应当遵守法律法规，遵循平台规则，符合其与商家的约定，保障消费者合法权益。　　　　　　　　　　　　　　　　（　　）

3. 主播是指在网络直播营销活动中与用户直接互动交流的人员。　　（　　）

四、简答题

1. 直播平台有哪些类型？

2. 快手直播有哪些入驻要求？

任务 11

设备配置：直播间前期搭建

》 任务简介

很多人看过直播带货，但对镜头背后的直播运营团队并不了解。直播带货开场前要做大量准备工作，如选择直播商品、搭建直播环境等，这些工作的开展需要从建立团队开始。团队建设是直播发展过程中最重要的一环，如何打造一支优秀的直播队伍成了每位直播从业者都要面对和思考的问题。

通过本任务的学习，认识直播团队人员配置及岗位职责，掌握直播间设备的运用方式，了解直播间场地选择思路及布置要素。

》 学习情境描述

实习生小杜所在的电商公司已经入驻直播平台，在开播前，需要做好前期直播间的搭建工作。首先需要组建电商团队，规划团队人员及相关职责岗位；然后还要做好直播设备的选择和直播间场地的选择和布置，这些问题都和直播间的前期搭建有着密切的关系。

现在公司成员需要了解直播间前期搭建的准备内容：如何组建高效直播运营团队、直播间设备类型、如何选择直播间场地以及直播间布置。

》 学习目标

◆知识目标

1. 了解直播运营团队各个岗位及职能。

2. 了解直播间设备及用处。

3. 了解直播间场地选择思路及布置要素。

◆技能目标

1. 能够根据不同商家运营需求组建直播运营团队。

2. 懂得直播间设备的运用。

3. 掌握直播间场地选择及布置。

◆ **素质目标**

1. 培养正确的行业价值观、遵守职业行为准则。

2. 具备直播间搭建动手能力。

3. 具备良好的沟通能力和团队合作能力。

》 思政园地

直播销售时代的市场新宠儿—— 一个互联网营销师团队的故事

"在数字化信息平台上，运用网络的交互性与传播公信力，对企业产品进行多平台营销推广的人员……" 2020年7月6日，人社部联合国家市场监管总局、国家统计局向社会发布了9个新职业，其中包括"互联网营销师"。

第一次看到"互联网营销师"的定义，或许大众首先会联想到销售主播。石家庄市中商云搜集团一名从事互联网营销工作6年的职业操盘手贾某某说道，"互联网营销师"是对在数字化信息平台上进行营销推广人员的总称，其背后是一个完整的营销团队。

顺应数字经济发展的大势，"直播带货"这种互联网营销模式进入高速发展的快车道。"互联网营销师"被正式纳入《中华人民共和国职业分类大典》（2022年版），意味着广大互联网营销从业者迎来了健康规范发展的新时期。直播销售的背后，是综合性全链条服务。

文章来源：潇湘晨报

● 知识点学习

11.1 组建高效直播运营团队

随着新媒体技术的飞速发展，直播行业日益火热。在直播生态区域即将饱和的状态下，做直播仅靠单枪匹马、单打独斗已经很难突出重围，所以组建自己的直播团队非常重要。直播间不是一座孤岛，每场直播背后都有一个公司团队在支持运作。对商家来说，搭建一支高效直播团队，培养适合产品的优秀主播，是快速成长的关键。

直播的顺利进行需要直播各环节的良好衔接和准备，以实现流畅的配合和快速反应，最终形成一支高效敏捷的直播电商运营团队。一个高效的直播团队可以分为前端、中端、后端3大类，不同的岗位对应着不同的工作内容。

一、直播运营团队：前端岗位

1. 主播：镜头呈现

（1）主播人才特质和能力要求

有人设：符合短视频账号人设，形象佳；

懂产品：熟悉卖点，懂货也懂行业，话术到位；

擅表达：状态激情、语言表达能力强，能控场带节奏、有一定号召力；

稳定性强：抗压能力强、心态稳定，与公司强关联、合作稳定。

（2）主播主要工作内容

主导或参与直播间选款，讨论卖点；

主导或参与直播间玩法策划；主导整场直播执行；

主导或参与团队复盘、优化；参与短视频拍摄。

2. 副播：主播辅助

（1）副播人才特质和能力要求

直播时的灵敏度，激情度和与主播的配合度；对产品的熟悉度，产品销售能力。

（2）副播主要工作内容

直播节奏辅助：自造噱头 / 提问，与秒杀促单配合，气氛烘托，敏感词屏控，针对观众对商品卖点、尺码等问题解答，主播离席补位，黑粉差评紧急处理。

协助直播间规则说明及操作：规则说明，领取优惠券提示，下单支付操作指导，执行抽奖等；规则说明和操作内容需要多次重复。在副播做解释时，主播可以稍事休息或查看观众留言，为下一轮带货做准备。

播品准备：播品排序，过款产品布置，促单道具准备，随时待命。

直播后参与短视频拍摄。

3. 场控：氛围把控

（1）场控人才特质和能力要求

有较好的沟通表达能力，熟悉各个直播平台规则，熟悉产品，具备直播间控场能力。

（2）场控主要工作内容

直播间氛围把控，利用直播间福利预告等手段制造会场氛围。产品上架时烘托期待感氛围。爆品开秒时引导哄抢氛围。不断在直播间散布需求旺盛的导向；不断在直播间引发粉丝刷屏。协调推广、客服等各岗位，配合正常直播执行。

二、直播运营团队：中端岗位

1. 中控：后台操作

（1）中控人才特质和能力要求

直播间玩转"抢购"氛围的重要岗位；熟悉产品；熟练表格；直播间后台操作。

（2）中控主要工作内容

操作直播中控台：上架商品，福利款评论抽奖送礼，发放优惠券信息；

配合主播加减库存：喊库存声量要洪亮不拖沓，间隔及次数视情况而定；

及时回应主播：对主播的实时提问要快速反应及回复，防止冷场。

2. 运营：直播统筹

（1）运营人才特质和能力要求

直播团队核心骨干，有主人翁精神；有运营经验，熟悉平台规则；熟悉产品，了解行业；具备数据分析能力、统筹协调能力、团队管理能力。

（2）运营主要工作

统筹协调直播间人员岗位和工作，包括岗位的铺排，人员的协同配合，直播各项工作的分配，以及主播等核心岗位的把控；梳理直播间货品结构，把控直播间货品质量，整合直播间货品类型，打造直播间货品梯度；规划直播间各流量入口的预算，安排公、私域流量的承接方案、调整付费流量和免费流量的比例；整合直播间脚本，明确直播目的，规划直播呈现，确认直播话术，把控直播间执行的各个要素。

三、直播运营团队：后端岗位

1. 客服：客服回复

（1）客服人才特质和能力要求

熟悉电脑，快速录入能力；熟悉商品专业知识；使用礼貌有活力的沟通语言；有耐心、细心、诚信等品格。

（2）客服主要工作

对客户提出的产品相关问题进行答疑回复；处理订单的售后问题，包括退款换货、遗失补发、中差评、好评维护等；建立和维护粉丝群组，引导粉丝氛围，安抚和调动粉丝情绪，包括活动召集、福利发放、抽奖公示等。

2. 策划：内容策划

（1）策划人才特质和能力要求

能够对市场现状的分析结合直播运营需求策划活动；有创意，能够结合运营需求策划直播间内容玩法以及各种创意脚本。

（2）策划主要工作

创意策划账号的各种视频，包括引流视频、产品视频、吸粉视频等；策划直播间内容创意玩法，结合直播活动给粉丝不一样的卖货体验。直播间硬装效果，直播间贴片和动图设计，主播的妆容创意。

四、不同商家直播运营团队配置

1. 新手期商家直播团队配置方案

定义：刚开始接触直播，或开播 3 个月以内的自播商家，具备基础的直播能力。

特征：新手阶段的商家，团队结构比较简单，团队中可一人兼顾多种角色。

一般来说，新手期的商家只需要组建 2 个团队，即直播团队和电商团队。

其中，直播团队包括主播、直播运营、助播；电商团队包括店铺运营、客服售后、打包发货。

表 11-1 新手期商家直播团队配置方案

负责人					
直播团队			电商团队		
主播	直播运营	副播	店铺运营	客服售后	打包发货

2. 发展期商家直播团队配置方案

定义：直播稳定开播 3 个月以上，有稳定的团队，拥有基础的有效粉丝关注，具备一定的粉丝转化能力。

特征：处于发展期的商家直播，有了更多直播诉求，团队结构也逐渐完善。

一般来说，发展期的商家需要组建 3 个团队，即直播团队、电商团队、短视频团队。

其中，直播团队包括主播、直播运营、直播选品、脚本策划、助播；电商团队包括店铺运营、设计师 / 美工、售前客服、售后客服、打包发货等；短视频团队包括策划、拍摄、剪辑。

表 11-2 发展期商家直播团队配置方案

负责人								
直播团队			电商团队			短视频团队		
主播	直播运营	副播	店铺运营	客服	打包发货	策划	拍摄	剪辑
	直播选品		设计师 / 美工	售前	货品管理			
	脚本策划			售后				
				福利奖品				

3. 成熟期商家直播团队配置方案

成熟期商家定义：稳定开播 6 个月以上，有完备的团队，拥有较好的粉丝积累和直播间流量，能持续稳定转化。

成熟期商家特征：成熟型的商家直播，对前端的商品更新频率和后端的物流发货问题更为关切。

一般来说，成熟期的商家需要组建3个团队，即直播团队、电商团队、短视频团队。

其中，直播团队包括主播、助播、直播运营、直播选品、脚本策划、直播场控、提词助手；电商团队包括店铺运营、售前客服、售后客服、设计师/美工、打包发货、货品管理、订单等；短视频团队包括策划、摄影摄像、剪辑、导播、粉丝运营、道具等。

表 11-3　成熟期商家直播团队配置方案

负责人									
直播团队			电商团队			短视频团队			
主播	直播运营	副播	店铺运营	客服	打包发货	策划	摄影摄像	剪辑	导播
	直播选品	提词	流量采买优化	售前	货品管理	粉丝运营			
	脚本策划		设计师/美工	售后	订单	道具			
	直播场控			福利奖品					

4. 合作明星直播团队配置方案

商家邀请明星带货，一定要确保明星提前熟悉产品并认真讲解，能大大降低翻车风险。

除了常规的直播团队、电商团队、短视频团队之外，还需要明星团队和导摄团队，包括明星、经纪人、化妆师、导演、摄像、舞美、道具等。

表 11-4　合作明星直播团队配置方案

负责人														
直播团队			电商团队			短视频团队			明星团队			导摄团队		
主播	直播运营	副播	店铺运营	客服	打包发货	策划	拍摄	剪辑	明星	经纪人	化妆师	导演	摄像	舞美
	直播选品	提词	流量采买	售前	货品管理	粉丝运营								道具
	脚本策划		设计师	售后	订单									
	直播场控		福利奖品											

11.2　直播间设备选择

一、电脑

电脑可播放伴奏音乐的同时还能够随手查询资料，不用担心电量问题，功能较为强大。为使直播流畅，避免出现卡顿现象，对电脑的配置有一定要求。

1. 电脑配置

Windows or Mac OS X 系统处理器：intel i5 及以上、主频 2.0 GHz 以上。台式电脑尽量配置大主板，上边有 PCI 插槽可插独立声卡。显示器大小选择一个合适的，可以在 19.5～23 英寸，笔记本电脑的话，选择 15 寸以上的，可以正常完整地显示直播间的信息。

2. 直播摄像头

摄像头可以帮助主播塑造形象，一款性能良好的摄像头，能帮主播收割更多流量。摄像头的话现在主要以高清摄像头为主。手机直播可直接使用手机前置 / 后置镜头，增添购置直播摄像头可以让直播画面更加清晰、明亮，观感体验更好。

专业的外置摄像头选择上需关注分辨率（实现 1080p 30 帧以上）、直播效果（无拖影、无雪花的效果）、拓展功能（自带智能降噪麦克风、免驱安装、USB 插上电脑就能使用）等。

二、手机

选择手机直播要注意手机是否内存充足、摄像头像素高、性能稳定等。保证直播过程流畅不会卡顿。最好是有两部手机，一个直播，一个伴奏或当辅助屏幕看评论。手机的选择可以关注这两个指标：

1. 手机前后摄像头像素配置

目前主流手机品牌前置、后置镜头都在 1 000 万以上，只要光线足够都能保证画面的清晰度。

2. 手机 CPU/ 内存的配置

手机 CPU 越高，手机反应速度越快，处理数据能力更强。手机内存空间越大，运行越快，可减少运行卡顿问题。

建议使用手机是 iPhone，色彩还原度较高，画质清晰不受损，长时间直播稳定性好，可根据自己情况选择。对于一些前期投入预算有限的人，选择 OPPO、华为、vivo 也是可以的。

三、麦克风

麦克风的作用主要是降噪和采音，音质好给粉丝带来的效果更佳，是手机、电脑直播必备。

最常见的麦克风有电容式麦克风和动圈式麦克风，如果直播间主打唱歌，需要更多的细节表现，选购电容式麦克风；直播类型是语音聊天、上课的话，而且办公室或家里的环境比较吵，选择动圈式麦克风效果会更好。

四、外置声卡

一个好的外置声卡需要兼容手机＋电脑＋平板，支持双设备连接，避免有杂音、延迟失真等一些问题。

五、补光灯

补光灯可以给直播间一个柔和又足够的光线，使主播真人和产品看起来更上镜，且对焦速度更快，因为灯光不足时，就需要调整光圈、快门和ISO来调整曝光。可自由调节照度和色温。

六、手机支架

手机支架不仅可以稳定手机，还能固定直播画面，这样一来，观众便可以清晰地看到我们的直播状态。

七、监听耳机

监听耳机主要是用来监听自己的声音，有入耳式、头戴式，一般入耳式的就可以，根据需要可选择双插头、加长线。

11.3 直播间场地选择及布置

一、直播场景选择三大思路

直播间场景是直播落地的一个重要环节。根据直播活动主题、节点、直播嘉宾等要素的变化，直播间场景也需要进行调整和布置。

1. 直播营销场景的选择思路

根据直播主题、营销活动、特殊节点等，搭建呼应活动场景的直播间，譬如宠粉节、116品质购物节、38女神节等。

2. 直播产品导向场景选择思路

以产品为整个直播间的核心，打造与产品呼应的场景，如美食派对、服装上新周等。

3. 直播主播导向选择思路

根据主播的带货类目及人设特征，打造为主播加分的直播间场景，譬如服饰主播在女装工厂直播，就能体现主播的专业性。

我们需要根据不同直播主题，选择相应的直播场景。

二、场景布置三要素

一个合格的直播间场景，应该具备三个部分：展示区、产品区、道具区。

①展示区：展示区的核心作用是突出主播讲解及展示的产品。

②产品区：通过货架陈列等方式，向用户展示更多商品，延长观众在直播间的停留时间。

③道具区：用于摆放奖品及各类道具，如小黑板等；道具可辅助主播进行产品说明、释放福利信息等。

● 案例分析

案例背景

一个中国的民族品牌在西藏雪山下直播卖羽绒服，他们把整个直播带货的人货场直接推到了天花板的级别。呼啸的风声伴随着皑皑的白雪，零下 9 摄氏度的外景中穿着自家羽绒服的主播们肆意奔跑，时不时穿插着一两句关于产品的讲解，就是这一场看似"不务正业"的直播，最近却受到了网友们的热情追捧。

据相关数据显示，这家卖羽绒服的直播间最早于 8 月 16 日开播，截至目前一共播出了 16 场。在最开始直播的时候，其直播间的人数从未超过 10 万。

然而，就在 8 月 30 日，其账号因为"雪山直播"被刷屏的这一天，直播间累积观看人数达到了 36.5 万，羽绒服日销售额也从之前平淡的 1.4 万元飙升至 35.5 万元。

随着讨论热度的不断升级，至 8 月 31 日，话题"雪山直播羽绒服"也成功登上抖音热榜，据官方发布数据显示，其引发的点赞、评论、转发数共达 553.6 万。

案例分析

一、天然说服力直播场景

"雪山 + 羽绒服"的震撼直播场景存在天然说服力，当其他主播还在拿着羽绒服干巴巴地念直播稿时，这个颇有创意的团队选择直接跑到雪山卖货。毕竟再没有什么能比直接穿着羽绒服在零下 9 度的环境中带货更有说服力了。如果说真实的场景化直播为羽绒服的质量提供了一道力证，那么踩着雪山看着白云的震撼场景便是获得流量的绝佳利器。

二、高效直播运营团队

在零下 9 摄氏度的外景中，直播们穿着自家羽绒服肆意奔跑，并时不时穿插产品讲解。这一场看似"不务正业"的直播，背后少不了一个高效的直播运营团队相互配合协作。直接在雪山作为直播场景，在开播前，团队需要做好各个岗位的分工合作。

⬡ 任务实施

【任务书】

请学员通过查阅教材、上网搜索、听课、讨论等获取任务书中的答案或案例，并进行自我评价，确保项目顺利实施。

任务分组：4 ~ 6 人一组。

任务内容	任务要求	验收方式
组建直播运营团队	组建该零食公司直播团队，并划分各个岗位责任。以表格形式呈现	直播运营团队构建图
直播间设备选择	针对该零食公司选择直播间设备	直播间设备表
布置直播间场景	布置一个合格的直播间场景，并提交一张直播间场景图	布置完毕的直播间场景图

【获取信息】

扫描下方二维码，获取本节课程教学课件、微课视频进行知识点学习。

教学课件

微课视频

【知识点梳理】

一、组建高效直播运营团队

一个成熟的直播团队可以分为前端、中端、后端 3 大类。不同商家直播运营团队配置方案也不同，可分为新手期商家直播团队、发展期商家直播团队、成熟期商家直播团队、合作明星直播团队。

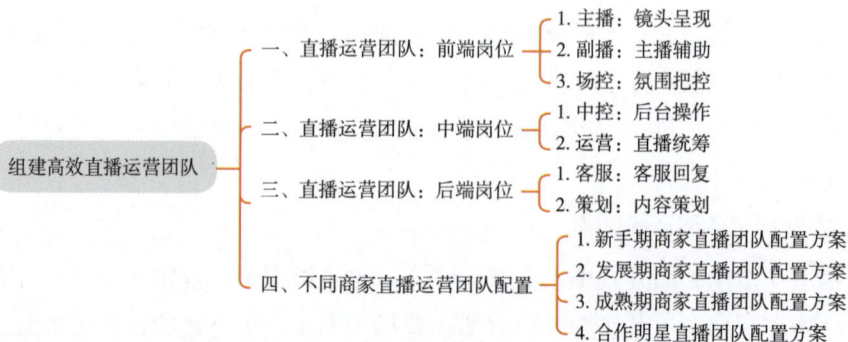

二、直播间设备选择

一场高质量的直播离不开各种直播工具，直播间设备包括电脑、手机、电容麦克风、外置声卡、补光灯、手机支架、监听耳机等。

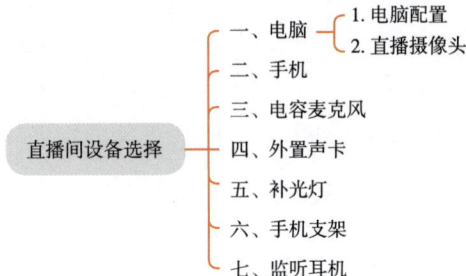

```
                                      ┌─ 一、电脑 ──┬─ 1. 电脑配置
                                      │            └─ 2. 直播摄像头
                                      ├─ 二、手机
                                      ├─ 三、电容麦克风
                    直播间设备选择 ──┼─ 四、外置声卡
                                      ├─ 五、补光灯
                                      ├─ 六、手机支架
                                      └─ 七、监听耳机
```

三、直播间场地选择及布置

根据直播活动主题、节点、直播嘉宾等要素的变化，直播间场景也需要进行调整和布置。一个合格的直播间场景，应该具备三个部分：展示区、产品区、道具区。

```
                                   ┌─ 一、直播场景选择三大思路 ─┬─ 1. 直播营销场景的选择思路
                                   │                            ├─ 2. 直播产品导向场景选择思路
                                   │                            └─ 3. 直播主播导向选择思路
        直播间场地选择及布置 ──┤
                                   │                      ┌─ 1. 展示区
                                   └─ 二、场景布置三要素 ─┼─ 2. 产品区
                                                          └─ 3. 道具区
```

【工作计划】

工作目标

本次工作内容为直播间前期搭建。通过结合企业背景，组建好直播团队，做好直播间设备选择，直播间场地选择及布置等系列操作，掌握直播间前期搭建方式。

马上就要"6.18"电商大促了，目前公司也正在启动直播电商项目。想赶在"6.18"做一场零食大促。由于公司目前没有任何直播经验，公司领导想要先做好直播间前期搭建工作，才能更好地开展接下来的工作。

工作步骤

（1）完成知识点的学习，认知与巩固直播间前期搭建知识；

（2）请按照直播间前期搭建工作过程依次完成工作计划与实施；

（3）工作过程中可采用线上线下混合学习方式，学生以小组为单位协同合作，运用所学知识思考，共同完成工作任务；

（4）工作结果需要整理到相关表格或以报告形式呈现。

背景资料

企业信息：重庆某零食公司主要依托互联网电商平台，销售各种零食、鲜果，开店已有半年。随着直播电商兴起，店铺也准备做直播带货，并且准备组建一个直播团队，之后公司的直播电商项目就由该团队进行运营。当前店铺销售商品有灯影牛肉、麻花、全麦面包、曲奇饼干、柑橘、血橙等，零食类为店铺主要经营销售商品，鲜果类则会应季上市。该团队目前只有电商运营、客服、策划三个岗位，该公司目前面临的问题就是需要做好直播间前期搭建工作。

引导问题1：公司目前只有电商运营、客服、策划三个岗位，思考一下，公司组建直播团队还需要增加哪些岗位？请组建一个完整的直播团队，并且对每个岗位的职责进行划分。并使用表格形式备注直播团队各个岗位及责任。

答题区：

引导问题2：该零食公司在开始直播前，需要准备直播间设备。请自主观察5个以上的零食直播间，观察这些直播间都在使用哪些直播间设备。再结合该公司的实际需求，做一个直播间设备选择。并提交一张直播间设备表。

答题区：

引导问题 3：该公司准备做"6.18"零食大促，可根据直播营销场景布置场地。思考一下，针对本次直播场地该如何布置？请针对本次直播，布置一个合格的直播间场景。并提交一张直播间场景图。

答题区：

● 评价反馈

根据考核内容，学生完成自我小结并进行自评打分。教师根据学生活动情况进行点评并完成教师打分。最后按小组自评分×30%+学生互评×30%+教师评分×40%计算得分。

表 11-5　任务综合评价表

类别	考核内容	分值	评分			得分
			自评 30%	学生互评 30%	教师评分 40%	
知识储备	了解直播运营团队岗位及职责	20				
	了解直播间设备及用处	20				
	学会直播间场地选择及布置	20				
技能训练	直播间设备应用能力	40				
合计		100				

● 课后测试

一、单选题

1.（　　）对前端的商品更新频率和后端的物流发货问题更为关切。

A. 新手期商家　　　　　　　　　B. 发展期商家

C. 成熟期商家　　　　　　　　　D. 合作明星直播团队

2. 以下哪个岗位不属于直播运营团队前端岗位。（　　　）

    A. 主播：镜头呈现   B. 场控：氛围把控

    C. 副播：主播辅助   D. 运营：直播统筹

二、多选题

1. 一个成熟的直播团队可以分为（　　　　　　）3 大类，不同的岗位对应着不同的工作内容。

    A. 前端   B. 中端   C. 后端   D. 终端

2. 某商家刚开始接触直播，具备基础的直播能力。目前商家的直播团队可以配置哪些人员？（　　　　　）

    A. 主播   B. 直播运营   C. 助播   D. 客服售后

3. 某直播团队在一场手机直播的过程中，直播间光线一到晚上就过暗，主播以及产品出镜画面受到影响，以及直播间用手机设备画面不太稳定。该团队可购置哪些直播间设备来改善问题？（　　　　　）

    A. 补光灯   B. 麦克风   C. 外置声卡   D. 手机支架

三、判断题

1. 前端指的是会出现在直播间里的岗位。   （　　　）

2. 新手直播团队是指直播稳定开播 3 个月以上，有稳定的团队，拥有基础的有效粉丝关注，具备一定的粉丝转化能力。   （　　　）

3. 直播间场景是直播落地的一个重要环节。根据直播活动主题、节点、直播嘉宾等要素的变化，直播间场景也需要进行调整和布置。   （　　　）

四、简答题

1. 直播间场景选择有哪些思路？

2. 直播间场景布置有哪些要素？

任务 12
直播选品：商品为本

》 任务简介

直播电商的"人、货、场"关系中，其中的"货"指的就是商品，"货"是直播带货的基础和源头，选品和品控是直播电商的重要基础，也是顾客做出下单决策的关键要素。选品是直播带货的必要环节，是需要重点掌握的技能。通过本任务的学习，了解直播选品完整的过程，清晰选品的顺序与具体内容，能够按照选品流程确定商品品类，并对商品进行品质评估、审核等基本工作。了解选品标准的定义和类型，能根据商品的特性、价格等因素进行商品分层，掌握货品组合的搭配方法。

》 学习情境描述

实习生小杜已经跟着电商部成员一起组建了电商直播团队，接下来需要准备直播间商品。商品是直播间内最重要的要素之一，有顾客会因为商品的动态解说、价格促销等进入直播间观看，也有顾客会因为购买直播间商品后疯狂退款，指责直播间虚假宣传、货不对板。这些问题都与直播间选品息息相关。

现在直播团队需要掌握直播选品的规则：直播选品需要经历哪些环节，对商品的审核上有哪些重点需要留意等一系列问题。

》 学习目标

◆知识目标
1. 了解直播商品选择的步骤。
2. 了解商品选择的技巧。
3. 了解商品组合的方法。

◆技能目标
1. 能够根据直播主题选择直播商品。
2. 懂得直播选品的分析与规划方式。

3.掌握直播间商品的组合思路。

◆ **素质目标**

1.培养正确的行业价值观、遵守职业行为准则。

2.树立商品严格管控意识。

3.具备团队合作精神。

》 思政园地

浙江发布团体标准《直播电子商务选品和品控管理规范》

浙江为直播电商选品起草制定的团体标准《直播电子商务选品和品控管理规范》(下称《规范》)正式发布,标准立足于浙江直播经济生态,对直播带货的选品、品控方面作出新的要求和规范。

选品是网络直播带货的基础和源头,用标准来把好选品质量关,就能从源头降低直播带货风险,提升整个行业的规范水平。根据《规范》要求,直播相关机构应当配备专岗品质管理人员,对供应商及直播商品采取必要的管理措施,建立完善的选品流程,包括对供应商资质、商品资质以及商品样品进行审核,对供应商提供的商品销售信息以及商品卖点内容进行审核,上播前对审核信息进行复审等。

直播电商模式基于人的需求、以人为核心、通过人格化的认同和信任促成商品销售,得到消费者的认可。近年来,主播夸大和虚假宣传等问题,并没有完全解决,而且侵害消费者权益呈现多样化等特点。加之,直播电商发展快、模式多、产业链复杂,相关法律法规和标准规范滞后,不断"翻新"的违法违规行为难以及时得到遏制。

文章来源:浙江省网商协会

● 知识点学习

12.1 选品步骤

直播选品的步骤:

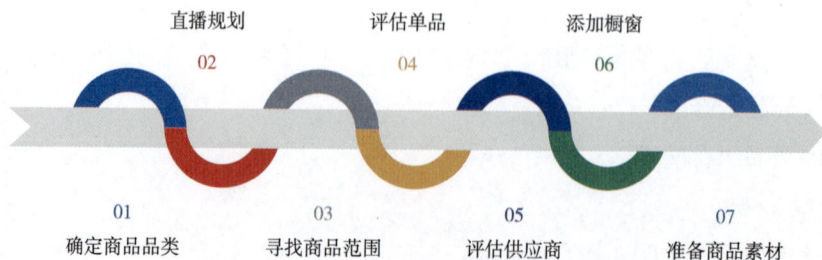

图 12-1 **直播选品的步骤**

一、确定商品品类

商家可以从以下 5 个方面思考本次直播带货的商品范围，确定商品品类：

①符合直播主题：选品计划能让商家确定商品库存计划，解决获客策略、设计活动优惠。商品的选择需要符合本次直播主题，例如春茶上新季，选品的范围圈定在与茶类相关的商品（茶具、糕点等）。

②职业优势：例如服装设计师、搭配师、护肤美甲、化妆师、美妆博主、厨师、茶艺师、花艺师等形象。

③内容优势：过往关联短视频数量、作品热度、开播持久度、直播经验与能力等。

④粉丝优势：站内存量粉丝（粉丝来源 & 看播活跃度评估）、站外核心粉丝、转粉能力等。

⑤货品优势：供应链整合、多品牌资源、强招商能力、选品能力。

二、直播规划

团队需要思考直播频率以便预估商品选择数量。思考：一周安排几场直播，每天播多久？

假设每周播 5 场，每场直播预计 4 小时，每款商品介绍 10 分钟，一场直播会循环过 2 次商品，一周需要排品约 50 款以上。在选定直播商品前，商家/达人还需要对商品进行挑选、评估，若商品未能达到预期效果、品控不过关时，需要更换商品。若商家一周需要播 50 款商品，则每周至少要有备选 100 款商品的选择，才能保证货品的充足供应。

三、寻找商品范围

以抖音电商为例，选品可进入电商精选联盟，选择不同种类的商品。

可从商家所在行业品类分区进入，挑选店铺经营范围内的主营/主推商品；商家榜单/爆款榜/热卖推荐等爆款商品区，选择最近的热门爆款商品；商品范围可搭配挑选低价格商品、高佣金比例商品、应季商品等。

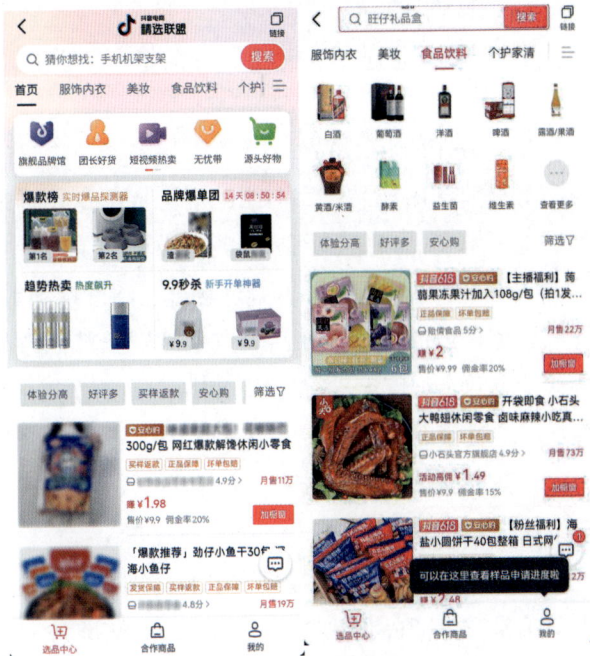

图 12-2　选品广场寻找商品示意

四、评估单品

商家想实现直播转化较好的效果，需要提前预测爆款商品。通过直播节奏的把控聚集用户流量，同时对在线观看人数进行监测，达到峰值时上架提前预测的商品，顺势加热打造出"高光商品"[1]。

任何产品都是为了满足用户的使用需要而制造的，商品品质是重中之重。直播团队需要重视品质管理，可通过查阅商品资质、工厂资质、检测样品、卖点审查、客户投诉等，排除商品存在虚假宣传、"三无"产品、过期售卖等销售风险。

①平均转化率高 = 订单量 / 浏览量。

②订单量基数大，增长趋势好（持续上涨中）。

③品类集中，互有关联。

④商品质量把控：对进货商品进行资质审查、测评等。

⑤商品是否有差评，差评是否集中在质量问题上。

五、评估供应商

当商家直播商品选取非本店经营商品，存在供应商提供货源 / 发货等，需对供应商进行评估，包括商家资质、商品检测、物流、商家服务，是否都为较低的分数，若是，则会带来较大的物流、服务口碑隐患。

六、添加橱窗

已确定为本场直播的商品，提前将商品添加到橱窗，方便直播间直接上架商品。

七、准备商品素材

①提前试用样品：直播团队应先提前试用样品，对商品有一定认知。例如：食品类试吃了解食品口感、风味；美妆类试用了解上妆效果、表现力、卸妆便捷度等；工具类试用了解工具使用的方式、场合、注意事项等。

②梳理产品卖点：产品卖点是区别于其他产品的突出特点，可以从用户思维和差异化卖点两个维度上进行提炼，利用产品的卖点来加强用户对商品的认识，提升认同感，降低用户决策时间，提高下单意愿。

③商品话术演练：梳理产品卖点，转化成直播话术编入直播脚本，主播对话术提前了解与熟悉。

④重点商品预热：直播场次中有特别推荐或主推商品，可使用直播前预热增加热度，提前拍摄重点商品预热视频。例如：店铺准备上新一款新口味零食，使用短视频宣传

1　高光商品：指直播过程实时数据表现在高位，在线观看人数在峰值时，商家可通过场控互动、砍价、优惠、刷屏等玩法促成高光时刻，提升爆款销售，让直播间形成高潮。

口味、特点、上新促销，吸引用户来直播间选购。

　　⑤直播商品排序：直播商品与直播脚本顺序匹配顺序摆放。优质的货品通过直播间有序地排列，才能提升用户的停留和购物体验，让我们的带货效率达到最大化。

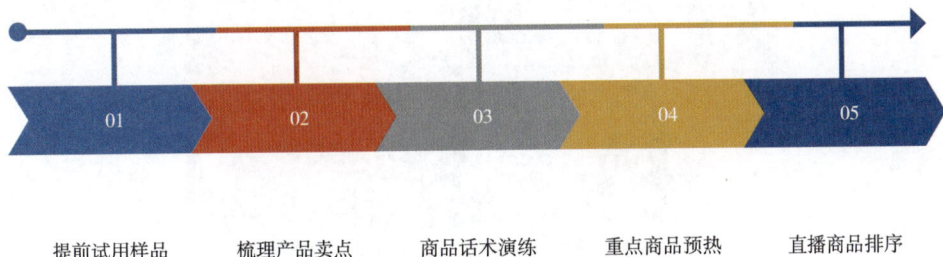

| 提前试用样品 | 梳理产品卖点 | 商品话术演练 | 重点商品预热 | 直播商品排序 |

图 12-3　准备商品素材流程示意图

12.2　选品标准

一、高性价比商品

　　价格是影响交易成败的重要因素，商家想做到商品的转化率，在商品的价格和其他渠道的同类、同款商品做出差异化定价，凸显出商家售卖商品的高性价比。可以通过商家所处的行业，比对同类型商家、达人、品牌商对同类商品价格的定价，体现商品价格优势。

1. 有价格锚定，相对有价格优势的商品

　　对比线下、其他平台店铺体现直播间商品价格优势，可配合限时折扣、限量秒杀等营销活动，刺激用户在直播间下单消费。

2. 呈现操作空间大的商品

　　指商品在直播中呈现的效果有较大的操作空间。例如同等价格下，体积更大的、数量更多的、质感更优的商品。性能符合你的预期，但是价格比你想象中要低的商品。

　　例如：美妆产品、零食，同样的价格用更大体积或者数量更多的产品去进行组合，将商品放置直播间中央，以展示整个商品套餐中一共包含什么商品、多少件商品，更受用户欢迎。

图 12-4　商品价格优势

图 12-5　商品呈现效果

二、高颜值商品

逐渐兴起的"颜值经济"越来越多的人开始注重外在消费，在外观设计独特的商品更容易获得消费者的青睐，也能激发粉丝的购物欲望。在选品时，可从商品外观、使用方法等各方面综合考虑，选择视觉感觉冲击力强、颜值高的商品。

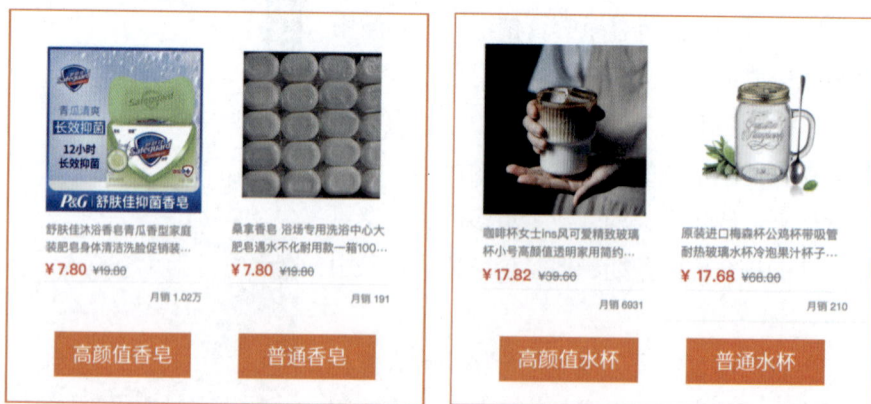

图 12-6　商品颜值挑选

三、实用性商品

指商品是具有一定大众化性质，非特定人群、特定场合均可使用，能够覆盖大部分人需求的产品。

当新手直播间未能有粉丝画像数据时，直播平台会推送泛流量[1]进直播间，实用性商品可承接泛流量并进行转化。

思考：下图商品中，哪些商品可选入实用性商品范围？

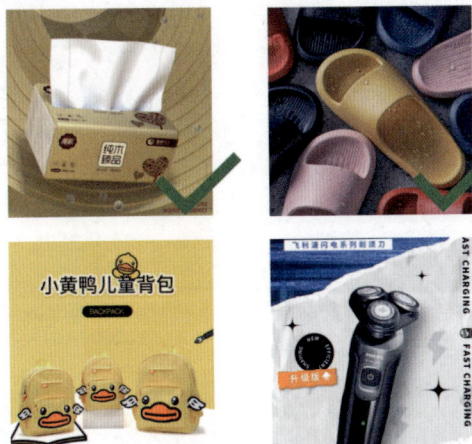

图 12-7　商品陈列

四、易展示商品

容易在直播间镜头展示的商品，如美食、美妆类，观众能从主播的讲解中知道商品的价值、使用方式、效果等。易展示的商品是为了降低展示成本，让观众所见即所得，提高转化率。

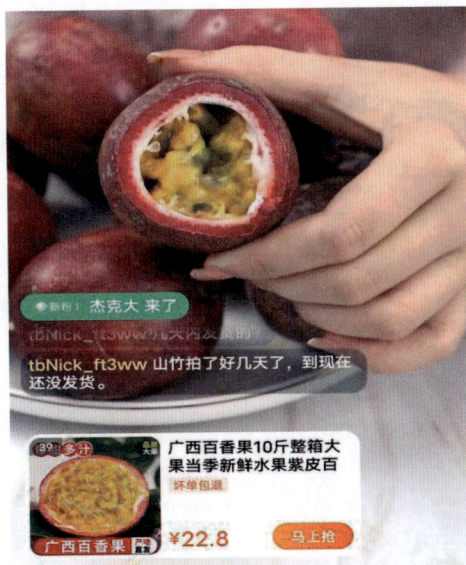

图 12-8　易展示型商品示意

1　泛流量：在特定时间里，对多个信息或内容都感兴趣的人，获取信息或内容的方式多为平台推送、被动接收。

五、潜力爆款商品

直播间销售额与选品拍品息息相关，直播间点击量高可以反映直播间观众的喜爱与关注程度，选品时可通过官方数据平台或第三方数据平台筛选，从近七日成交及近30日成交找到潜在爆款商品。

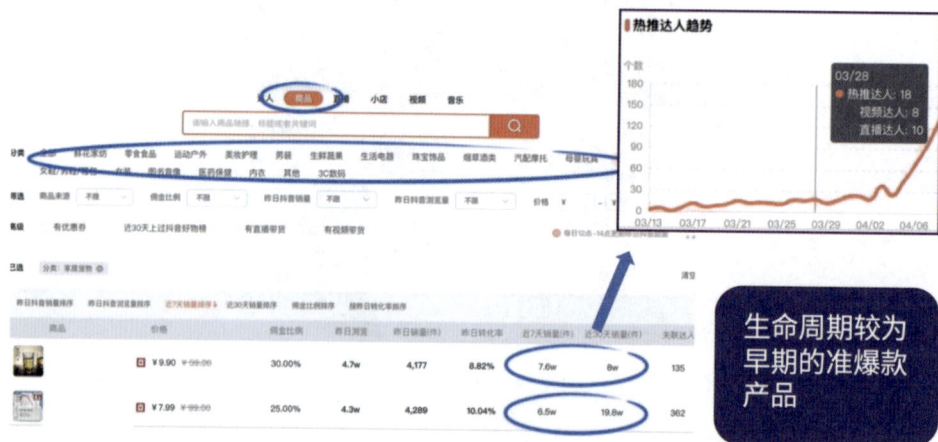

图 12-9　商品销量搜索

12.3　货品组合策略

一、直播组品策划的意义

一个好的组品方案可以为直播间最大化提升用户停留、GMV 以及 UV 价值，从而达到提升直播间权重、沉淀精准用户的目标。

图 12-10　直播商品组合策划

二、商品分层

直播间节奏需要商品的配合推送，不同的商品有不同的销售目标，通常将商品分为引流款、福利款、主推款、利润款。

1. 引流款：用于直播开播前的流量突破

作为直播间引流款，作用是吸引流量、优惠价格。引流款在直播前 20 分钟热场时出现，可供秒杀，以 20 元以下低价商品为主，打折幅度大，优惠价格突出，尽量选日常常用、认知度高的单品。例如：头部主播会设置 1 元秒杀商品进行暖场。

2. 福利款：拉动互动指标、交易指标

福利款是引流款的补充或承接流量。例如，9.9 元商品（每款限量，秒杀量／直播在线人数，开场／热场使用）；也可作为粉丝福利派送，用来增强粉丝黏性和吸引新用户关注直播间领取福利。

3. 主推款：提升直播间成交量

主要是应季商品、爆款、大众消费、店铺主推商品，且会占用最多的时间讲解。在货品设计上库存充足，保证一定毛利[1]的情况下，主播对商品重点讲解，吸引用户在直播间停留驻足促进转化。

4. 利润款：直播间盈利商品

直播间主要用来赚取利润拉动交易指标的正价商品。商品数量备货较少，利润空间大，利润款的选择需要具备爆款的潜质／潜力爆款，提升直播间 GMV、UV，同时拉动爆品完成直播间上升。

三、直播间组合策略

多品类直播间	单一款式直播间
直播间商品拥有多个品类或款式	直播间货品为同一品类或相关产品

图 12-11　不同直播间组合策略

1. 多品类直播间组合方案

直播间商品常包含 5 个及以上的产品品类，其中食品、美妆、家居、珠宝、服饰最常见。

（1）根据"商品外观"搭配组合

根据商品的款式、颜色等因素，选择最合适的搭配方案进行直播组品，达成连带销售的目标。

1　毛利：指毛利润，商品销售收入（售价）减去商品原进价后的余额。

9.9元时尚蝴蝶头饰　99元春季新款衬衣　129春季新款时尚黑裙

图 12-12　"商品外观"搭配组合

（2）根据"商品属性"搭配组合

根据商品的功能、功效等因素，选择最合适的搭配方案进行直播组品，达成连带销售的目标。

防晒霜　卸妆油　洁面乳

图 12-13　"商品属性"搭配组合

2.单一款式直播间组合方案

全部为同一品类产品或相关产品，比如全部为美妆或食品。

（1）可拆分的单品方案

直播间销售的单品可拆分时，则可通过拆分商品，建立低价 SKU，降低购买门槛。

【试吃尝鲜1片装】150g　【限时钜惠】800g　【限时特惠】S级1250g
19.9元　167元　227元

图 12-14　可拆分的单品方案

（2）不可拆分的单品方案

直播间销售的单品不可拆分时，则可围绕该商品上下游商品，寻找延伸品组合销售。

图 12-15 不可拆分的单品方案

● 案例分析

案例背景

商家的一款全麦面包在直播间中售卖，宣传其全麦面包可以同时满足低卡和好吃两点要求，主打低热量、好口感产品形象。

但商品送往专业机构检测后发现，碳水化合物比宣传的多出约36%，能量多出40%。对此，上海市消费者保护协会认为商家在宣传产品时，产品信息必须真实，对于虚标行为是对消费者的不负责和不尊重。

案例分析

一、直播商品宣传与实际不符

根据《网络直播营销行为规范》规定，"网络直播营销活动应当全面、真实、准确地披露商品或者服务信息，依法保障消费者的知情权和选择权"；"主播在直播活动中，应当保证信息真实、合法，不得对商品和服务进行虚假宣传，欺骗、误导消费者。"

直播间不仅仅是向用户推荐、讲解商品，完成当场销售量就结束了，而恰恰应是为消费者提供更好的服务的开始。

二、加强直播间品控流程

商家在选择商品时，应对厂家经营资质，商品合格证明、经营许可证、检测证书等进行审核。主播在讲解商品时应按照商品主要成分、主要功能等清晰描述，不能为了提高直播成交额而夸大商品效果。

⬢ 任务实施

【任务书】

请学员通过查阅教材、上网搜索、听课、讨论等获取任务书中的答案或案例，并进行自我评价，确保项目顺利实施。

任务分组：4 ~ 6人一组。

任务内容	任务要求	验收方式
选品逻辑	描述直播间选品的逻辑步骤，并以思维图形式呈现	直播选品明细表
直播选品及分层	挑选直播间商品并对商品进行分层	
商品组合	对商品进行组合策划	

【获取信息】

扫描下方二维码，获取本节课程教学课件、微课视频进行知识点学习。

教学课件

微课视频

【知识点梳理】

一、选品逻辑

直播带货，"货"字是根本。选品步骤包括确定商品品类、直播规划、寻找商品范围、评估单品、评估供应商、添加橱窗、准备商品素材。

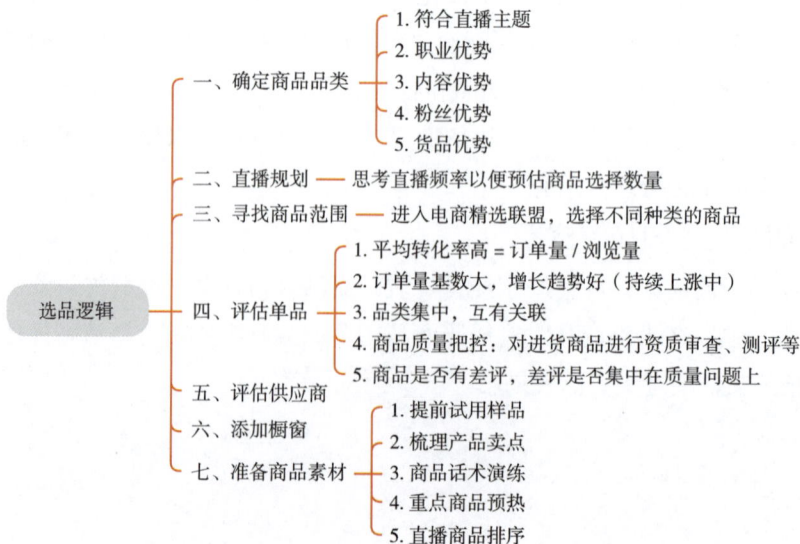

二、选品标准

选品时可根据高性价比商品、高颜值商品、实用性商品、易展示商品、潜力爆款商品在选品广场中挑选。

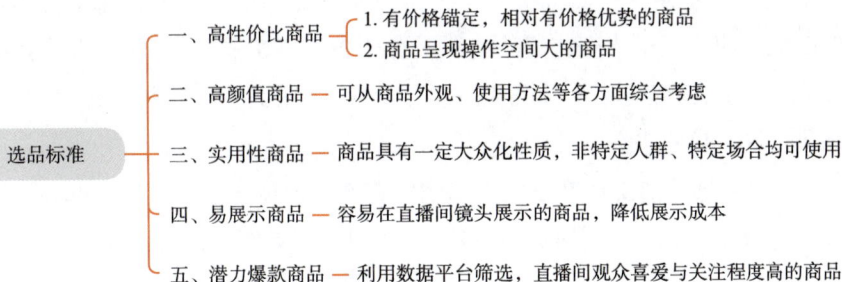

```
            ┌─ 一、高性价比商品 ─┬─ 1.有价格锚定，相对有价格优势的商品
            │                  └─ 2.商品呈现操作空间大的商品
            │
            ├─ 二、高颜值商品 ── 可从商品外观、使用方法等各方面综合考虑
            │
  选品标准 ─┼─ 三、实用性商品 ── 商品具有一定大众化性质，非特定人群、特定场合均可使用
            │
            ├─ 四、易展示商品 ── 容易在直播间镜头展示的商品，降低展示成本
            │
            └─ 五、潜力爆款商品 ── 利用数据平台筛选，直播间观众喜爱与关注程度高的商品
```

三、货品组合策略

选品范围圈定后，需将商品进行分层，结合直播间品类与商品特性进行货品组合。

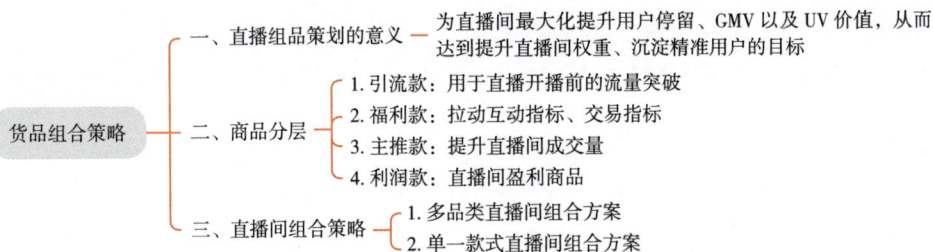

```
                ┌─ 一、直播组品策划的意义 ── 为直播间最大化提升用户停留、GMV 以及 UV 价值，从而
                │                           达到提升直播间权重、沉淀精准用户的目标
                │                       ┌─ 1.引流款：用于直播开播前的流量突破
  货品组合策略 ─┼─ 二、商品分层 ────────┼─ 2.福利款：拉动互动指标、交易指标
                │                       ├─ 3.主推款：提升直播间成交量
                │                       └─ 4.利润款：直播间盈利商品
                │
                └─ 三、直播间组合策略 ──┬─ 1.多品类直播间组合方案
                                        └─ 2.单一款式直播间组合方案
```

【工作计划】

工作目标

本次工作内容为直播选品。通过结合企业背景及直播主题，选出本次直播商品，进行货品组合等系列操作，掌握直播选品的分析与规划方式。

马上就是平台 5 月"零食节"大促了，店铺打算在大促期间的第一天进行一场直播带货。店铺运营团队商量，在本次大促直播间内，不仅可以推荐和促销本店商品，也想借大促机会上新不同类目，尝试拓宽面向人群。

工作步骤

（1）完成知识点的学习，认知与巩固直播选品相关。

（2）请按照直播选品工作过程依次完成工作计划与实施。

（3）工作过程中可采用线上线下混合学习方式，学生以小组为单位协同合作，运用数据平台分析商品数据，共同完成工作任务。

（4）工作结果需要整理到相关表格或以报告形式呈现。

背景资料

企业信息：重庆某零食公司主要依托互联网电商平台，销售各种零食、鲜果，开店已有半年。随着直播电商兴起，店铺也开启了直播带货。当前店铺销售商品有灯影牛肉、麻花、全麦面包、曲奇饼干、柑橘、血橙等，零食类为店铺主要经营销售商品，鲜果类则会应季上市。店铺商品消费人群在 24～30 岁居多，其次是 18～23 岁、31～40 岁，女性消费者较多。商品定价在 9.9～35 元不等，根据克数/口味分设多个 SKU，满足不同人群需求。

引导问题 1：选品前工作准备。直播团队在选品前需先了解直播间选品逻辑。思考一下，在做直播选品时，流程都有哪些？并使用思维导图方式描述直播选品的步骤与关键点。

答题区：

【工作实施】

引导问题 2：直播团队需要先确定本次直播间主题，结合店铺经营情况（如人群、价格定位等）确定商品品类。

答题区：

引导问题 3：直播带货时间是大促期的第一天，根据确定的商品品类选择本次直播间商品（总数量不低于 10 个）。

（1）选品标准：直播团队写下本次选品标准，成员按照写的寻找相应商品；

（2）搜索商品备选：根据店铺经营范围在电商平台寻找具体商品，新类目商品可在平台的选品广场上寻找。

答题区：

引导问题 4：对已选中商品进行品控筛查。直播团队写下商品评估内容，逐一对商品的转化率、商品资质成分等评估，记录不合格商品的问题。

答题区：

引导问题 5：经过选品、品控环节确认了本场直播的具体商品，接着需对商品分层。

答题区：

商品序号	商品品名	商品分层
1		
2		
3		
4		
5		
6		

引导问题 6：根据本次直播选品明细，对商品做组合方案。

答题区：

引导问题 7：直播团队已经选品完成，对商品做统计，提炼商品卖点和确定直播间折扣力度。

答题区：

商品序号	商品品名	销售规格	商品分层	原价	直播价	折扣	商品卖点
1							
2							
3							
4							
5							
6							

知识拓展

产品的性价比与商品转化率息息相关。根据直播间价格选品，要做好区间定位。定价策略可以利用低价吸引更多用户，提升用户高频率购买率，薄利多销；同时可根据店铺粉丝人群特征、以往产品销售情况，定位直播间价格，吸引相对应用户人群。

● **评价反馈**

根据考核内容，学生完成自我小结并进行自评打分。教师根据学生活动情况进行点评并完成教师打分。最后按小组自评分 ×30% + 学生互评 ×30% + 教师评分 ×40% 计算得分。

表 12-1　任务综合评价表

类别	考核内容	分值	评分			得分
			自评 30%	学生互评 30%	教师评分 40%	
知识储备	了解直播选品的规则	10				
	掌握如何挑选优势商品	15				
	学会相关信息搜集与整合	15				
技能训练	市场洞察力	20				
	品控能力	15				
	商品挑选能力	25				
合计		100				

● 任务拓展

　　假设校园内准备举办当地特色产业直播间，直播目标是让各地观看者能够了解当地特色、特产商品，推广为主、销售为辅。请学习者根据自身所在地，挖掘校园特色专业产品或当地特色产品。

　　（1）挑选总量不低于 10 个的当地特色商品。

　　（2）通过询价 / 网络查询价格等方式确定商品售价。

　　（3）提炼商品卖点，并根据商品特征分层、组合。

　　（4）拟编写一份直播选品方案。

● 课后测试

一、单选题

1. 在新店直播开播或做直播引流时，选择（　　　）的商品可以吸引关注，提高直播间转化。

　　A. 高颜值　　　　B. 性价比　　　　C. 实用性　　　　D. 通用性

2. 直播带货需做好（　　　），排除商品存在虚假宣传、"三无"产品、过期售卖等销售风险。

　　A. 供应商评估　　B. 商品评估　　　C. 数据评估　　　D. 样品评估

二、多选题

1. 直播间商品属同一品类，可使用（　　　　　）方式做货品组合。

　　A. 上下游商品组合　　　　　　　B. 商品属性

　　C. 利润组合　　　　　　　　　　D. 拆分商品 SKU

2.电商直播中"选品"是重点模块之一，直播团队在拟订直播商品时，可从（　　　　）方面确定商品范围。

A.本店经营商品　B.直播主题　　　C.粉丝期望商品　D.爆款商品

3.利用商品属性、价格等不同进行配合推送，可将商品分为（　　　　）进行分组。

A.利润款　　　　B.特色款　　　　C.引流款　　　　D.主推款

4.直播货品组合的意义是（　　　　）。

A.增长用户停留时间　　　　　　　B.提升 UV 价值

C.提升直播间销售额　　　　　　　D.提炼商品卖点

三、判断题

1.选品和品控是直播电商的重要基础，也是顾客做出下单决策的关键要素。

（　　）

2.选品时需要注意查看商品生产资质、制造商资质、商品卖点等。（　　）

3.直播间商品均为同一商品品类，组合方案可使用商品属性组合搭配。（　　）

四、简答题

假设自营店铺直播团队拟订一周直播三场，时间在周五、六、日，直播时间选择在 20:00—22:00 时，请问团队一周需要准备多少商品？请根据不同情况策划数量。

①每款商品介绍 10 分钟，本周内不重复上款；

②每款商品介绍 8 分钟，重复上款。

任务 13

脚本策划：把控直播间全流程

》 任务简介

伴随着直播带货的兴起，直播市场不断升温的同时，"内容为王"的态势日益凸显。如果想把这个直播做好的话，直播脚本是必不可少的。一场好的直播离不开一个设计严谨的脚本，有头有尾，有开篇有高潮。直播脚本就像电影的大纲一样，可以让我们把控直播的节奏、规范流程、达到预期的目标、让直播效益最大化。通过本任务的学习，了解直播脚本的要点，清晰撰写直播脚本的各个环节。了解直播话术技巧，能够根据直播间不同时间段合理使用直播间话术。

》 学习情境描述

实习生小杜在重庆某零食公司担任电商策划助理一职，现团队准备在网上进行直播带货，需要先准备好直播脚本。直播脚本是直播间最重要的要素之一，在开播前，必须有一份完整的直播脚本来把控直播间全流程。

现在团队只要掌握直播脚本的策划，直播脚本有哪些要点：单品直播脚本如何撰写、直播脚本如何撰写、直播话术有哪些技巧等。

》 学习目标

◆知识目标

1. 熟记直播脚本的撰写要点。

2. 了解直播流程设计要素。

3. 认知直播间营销话术技巧类型及要点。

◆技能目标

1. 能够根据不同主题以及产品特性策划直播脚本。

2. 能够准确地梳理优质直播间全流程。

3. 能够根据直播间不同时间段的运营需求输出相应的直播营销话术。

◆素质目标

1. 培养正确的行业价值观、遵守职业行为准则。

2. 具备直播脚本的统筹能力和策划能力。

3. 具备团队合作精神。

》 思政园地

明星直播带货频现翻车背后：有些品牌不介意 为何拼不过网红

2020年以来，直播带货进一步主流化。介入直播带货的，也不只是职业主播，越来越多的明星加入带货直播的队伍。据大数据平台统计，已经开播或者即将开播的明星约有50位。

面对"一家乳业公司在吴某某的直播上只售出了15罐奶粉"的现实，吴某某反省道："业绩惨淡，辜负信托，当然更要复盘反思，否则学费就白交了。"

据吴某某自述，他为这场直播做足了准备。为了做出"首发"的调性，吴某某的公司投入上百万元专门搭建了一个场景化的直播空间。在流量资源上，淘宝直播很重视这场首秀，给予了流量上的最大支持。新浪微博成为联合出品方，进行了千万级曝光。公司还投放了机场、高铁站和写字楼广告。

吴某某认为，自己直播翻车的原因有两个：一是直播话术表现，二是选品逻辑。互联网行业分析师梁某某进一步分析道，并不能简单地说，明星直播带货就一定不如专职主播。这与主播本身的知名度、粉丝数量、销售的产品都有关系。但是明星如果单纯靠自带的流量直播，很难维持长期的带货量。他如果不进行严格选品，不对商品的类别、质量做严格地把控，不做好前期的推广，不给到足够的优惠，不使用一定的直播话术，效果也不一定好。

文章来源：中国财经

● 知识点学习

13.1 撰写直播脚本

打造一场成功的直播离不开直播脚本，它是整场直播的核心"骨架"，没有直播脚本的主播，就如演员没有了剧本，无法创造一部完整的电影。

一、直播脚本的定义

直播脚本，是一场直播的底本，其作用就是为直播提供叙事脉络和支撑，让直播按照预想的方向，有序地进行。直播脚本分为单品直播脚本和整场直播脚本两类。

①单品直播脚本：即以单个商品为对象，包含商品解说、品牌介绍、功能展示等内容的脚本。

②整场直播脚本：以整场直播为单位，规范整场直播节奏流程和内容。

二、直播脚本的作用

脚本在直播中的作用是非常重要的，它可以帮主播把握直播中的整体节奏和过货节奏，主播在直播间也会非常稳定地过货。

1.确定直播主题

直播脚本可确定好本场直播的主题，避免在直播过程中跑偏，明确本场直播的核心目的，让直播更有方向感。也就是说本场直播的重点是清仓型为主呢？还是上新为主？这样直播主题确定下来之后的话，整场直播需要带什么样的产品，以什么样的节奏去做就非常清晰。

2.引导直播有序进行

在直播中，你有可能会忘词忘产品介绍。然后忘了这个活动的顺序，但是直播脚本就是你最佳的提示工具，它可以帮助你在忘记的时候提醒你，使得本场直播可以顺利地进行下去。

3.把控直播节奏

保持本场直播的节奏感，非常高效有序地进行直播分享，把最有效的产品收割放在直播间最有限的时间内去完成。整场直播的节奏感比较紧凑高效的话，粉丝的黏性也会相对比较高。

4.直播流程规范

在直播的几个小时里面，我们分别介绍什么产品，什么产品是主要的，什么产品是次要的，哪个产品讲解的深度大约是几分钟，这样一个标准化流程的规范。直播流程规范可让直播效益最大化，当直播可以有非常明确的目标，然后准备充分，流程规范进行的时候，那你的直播间的投产就会有明显的提升。

三、直播脚本撰写要点

直播脚本撰写要点，主要包含直播目标、人员安排、直播时间、直播主题、流程细节、主推产品的选择、优惠和活动、直播分享等内容。

表 13-1 直播脚本要点

直播目标	明确该场直播的目标是什么？关注转化率、销售额等数据
人员安排	提前做好各个直播参与人员的分工和职责安排
直播时间	定好直播时间，并严格执行，建议直播时间段固定，培养粉丝观看习惯
直播主题	定下直播主题，保证直播在预设的主题方向上不出现问题

续表

流程细节	直播流程脚本，具体到时间段和分钟，理清每个时间点要做什么
主推产品的选择	确定主推产品，整理清单，梳理产品的卖点，准备相关转化话术
优惠和活动	设计优惠活动和玩法，更好地调动直播间的气氛、引导粉丝消费
直播分享	在直播期间，做好直播分享，确保每个渠道都能正常连接上直播间。站内唤醒私域，站外做好粉丝社群引导

四、单品脚本模板

单品脚本是直播间最常见的脚本。直播运营团队可以将单品脚本设计成表格的形式，将品牌介绍、商品卖点、商品活动、直播时的注意事项等内容呈现在表格中。

表 13-2　单品脚本模板

商品宣传点	具体内容
品牌介绍	
商品卖点	
商品活动	
直播时的注意事项	

以新农人直播促进农产品在线销售为例，单品脚本信息需要包括基础信息、商品卖点、商品体验、价格优势几个方面。

1. 基础信息

包括农产品品牌、品类/品种、包装规格等。如果是自有农产品品牌，在直播中一定要报上自有品牌的名称，进行农产品品牌传播，加强消费者对你的农产品品牌的印象，如：××彭州九尺板鸭、××郫县豆瓣。

2. 商品卖点

包括地域优势、种植/养殖技术、产品营养、功能、产品包装等方面。

3. 商品体验

如果是食品类农产品，可以从色、香、味、品相等方面解说，文旅类商品可以从地域特色、手工工艺等方面解说。

4. 价格优势

包括价格提炼、价格拆分、价格对比等方面，可以用商品活动、促销等引导方式报出价格优势。

①价格提炼：商品单价价格，多件叠加售卖价格。

②价格拆分：拆分商品使用量或食用量。如：一瓶葛根粉400 g，平均每天××

元就可以冲泡到最优质的葛根水。

③价格对比：如平时售卖价格 ×× 元，现在直播价 ×× 元。

五、直播脚本通用模板

表 13-3　直播脚本模板

直播目标	GMV：10 万　涨粉：2 000					
直播人员	主播：×××　助播：×××					
直播时间	11 月 11 日 18:00—23:00					
直播主题	双十一爆款零食上新					
前期准备	了解商品价格 + 利益点 + 活动优惠 + 直播间重点产品陈列					
时间段	总流程	主播	直播助理	后台 / 客服	产品卖点	话术	优惠信息 & 活动
18:00—18:10	预热	粉丝互动预告福利	回复问题	向粉丝推送开播消息			
18:10—18:20	开场抽奖	抽奖现金红包引导关注		提醒粉丝关注			
18:20—18:30	商品过款	讲解商品试用商品引导成交					

13.2　直播话术

一、直播话术的分类

直播话术，是最直观传达给用户的带货技巧之一，融于直播间的每个瞬间。话术的优劣，在极大程度上影响着带货表现。

在直播场景中，话术整体倾向激励用户快速转化，可针对购买决策痛点进行针对性话术传播。直播话术主要分为：商品介绍话术、购物车点击话术、引导成交话术、促单话术、促付话术、引导关注话术。

1. 商品介绍话术

通过商品介绍话术可以拉近主播与消费者距离，建立信任感，方便消费者购买决策，拉动产品销售实现带货变现。

例如：××% 的顾客都会回购（回购率）；

好评率 99%（好评率）；

一周销售 ×× 份（销量数据）；

顾客评价 4.9 分（顾客评分）。

2. 购物车点击话术

购物车点击，很重要的一个维度，通过话术引导观众点击购买。

（1）销售前引导点击购物车

例如：进来直播间的宝宝们可以点击购物车，我们的所有产品都已经加进了购物车，喜欢的宝宝们不要错过。

（2）销售中引导点击购物车

例如：宝宝们，当前直播间正在介绍的是 × 号链接，喜欢的宝宝们可以下单了；抢到优惠券的宝宝们真的是太棒啦，恭喜你们，现在点击 × 号链接，就可以购买了。

3. 引导成交话术

降低用户购买风险，打消售后使用顾虑。

例如：想要这款产品的宝宝在公屏打出 ×× 或者想要；

就在今晚，×× 的价格是 × 折，再送你们 ××（超值福利，买到就是赚到）。

7 天无理由退换货等。

4. 促单话术

促单类话术的关键就是要调动用户"抢"的心态。

例如：× 号链接，今天只有 ×× 份，卖完就没了，宝宝们加油；

今天这款限时商品，我们只卖 10 分钟！10 分钟倒计时开始！需要的不要错过了！

5. 促付话术

用户下单但是未付款，这样会影响我们的付款率和成交转化率。

例如：已经拍下的宝宝们抓紧时间付款，本次直播间已经拿到低价，机会难得；

刚刚抢拍到拼团的宝宝们，一分钟内没有付款的话会失去名额的，赶紧下手，宝宝们；

已经买到的宝宝们在公屏回复"买到已付款"，小助理随机截屏抽小礼物。

6. 引导关注话术

用户进入直播间未关注，可适当引导用户关注。

例如：欢迎 ××（名字）进入直播间，点关注，不迷路，直播间还会不定时抽奖；

新进直播间的宝宝们，还没关注的抓紧关注哟，主播每天会给宝宝们带来不同惊喜哟。

二、直播话术的技巧

1. 表现力

镜头面前的表现力很重要，语言表达，控场能力程度，随机应变能力都是最基础的技巧。主播要提升专业性，则需要在发型、妆容、配饰、站姿、角度、举止 6 个方面进行持续的专业训练。

2. 礼貌问候

当直播间有粉丝进来时，主播的语气一定要热情，面带真诚的笑容，这样会让粉丝更容易接近。

当直播间有粉丝离开时，主播也可以很友好地说希望下次再来我的直播间。

3. 表情到位

开播时表情动作一定不能僵硬，新主播常常会因为表情动作僵硬，让直播间的整体氛围处于一个尴尬的局面。可以适当地做些小动作来活跃直播间的气氛，比如做比心的动作，让直播间的用户感受到主播的热情，从而停留在直播间。

4. 拒绝冷场

不少新手主播在直播时，会出现"冷场"的情况。直播除了通过镜头展示产品外，重要的是主播的语言具有持续的吸引力，能够让粉丝有兴趣留下，继续观看直播触发购买欲望。

主播可以跟用户聊一聊实时热点、节气、影视新剧等；也可在解说产品时顺势向观众抛出问题，拉起与粉丝之间的沟通互动；关注直播间的互动，及时回答粉丝的问题。

5. 关注与积累

关注商品细节。开播前可根据直播商品准备几个普遍的问题，比如"吃葡萄干，大家有清洗的习惯吗？""孕妇可以吃坚果类的零食吗"等，主播然后逐一解答，这样既可以介绍产品卖点，也能打消观众对商品的疑虑，还能将产品介绍完，不会出现重复说的情况。

积累话术。主播每天都在镜头前长时间直播，难免会说一些重复的段子，可多关注热点以及积累一些有趣的段子，增加直播间氛围，用户听起来也不会枯燥。

● 案例分析

案例背景

"小某某联合某保险公司在直播间违规销售保险产品，导致 18 万人受欺骗"的消息登上微博热搜，再次引发了人们对保险直播的热议。直播时，小某某以"只要一块钱，随时不喜欢随时可以退"的产品口号吸引着众多观看者，并称只有购买保险，应对风险时"才能有备无患，才能长治久安，才能有幸福和谐的家庭"。

作为一种新型的销售渠道，要搭载另一种原本以传统销售为主的产品，这样的组合看似新颖，但却透着难以把控的风险。如果对保险专业知识、金融监管规定不熟悉，一不小心，直播带货就会触及红线。

案例分析

一、违背了保险销售过程中的准确性、真实性

在宣传过程中，小某某的介绍只局限于产品表面上的价格、保障范围，尤其是重点强调"1元钱"这个噱头，并辅之以情绪激昂的语气来刺激消费者购买，但对该产品的免责事项、特别提醒等重点内容却只字不提。

"随时不喜欢随时可以退"的随意性，将保险理赔中的复杂性简化，令消费者难以知晓什么时候可退，什么情况下不可以退。这样的误导往往会带来日后的理赔纠纷。

二、保险直播≠直播卖货

通过主播介绍产品最明显的"优势"来吸引消费者的关注，再通过激昂的语调、饥饿式的营销来促使消费者购买。推拉之间，保险直播似乎与实物的"直播带货"存有同样的套路。

但这种销售方式往往忽视了保险的专业性。保险非生活中确确实实的实物商品，它是一种服务，更是一种保障。专业知识及复杂的保险条款，需要专业人士的讲解与指导才能让消费者了解。而这也是很多保险公司选择通过线下保险代理人，或者线上专业人士解答的原因。

● 任务实施

【任务书】

请学员通过查阅教材、上网搜索、听课、讨论等获取任务书中的答案或案例，并进行自我评价，确保项目顺利实施。

任务分组：4 ～ 6 人一组。

任务内容	任务要求	验收方式
直播主题	结合企业背景以及选品，拟定本场直播的直播主题	以文档形式提交
单品脚本	为本场直播的三个选品撰写单品脚本	
直播话术	思考本场直播的直播话术，并表格形式呈现	
直播脚本	撰写本场直播的直播脚本	

【获取信息】

扫描下方二维码，获取本节课程教学课件、微课视频进行知识点学习。

教学课件　　　　　　　　　　微课视频

【知识点梳理】

一、撰写直播脚本

一场完整的直播带货离不开直播脚本。撰写直播脚本需了解直播脚本的定义、直播脚本的作用、直播脚本的要点、单品脚本模板、直播脚本通用模板。

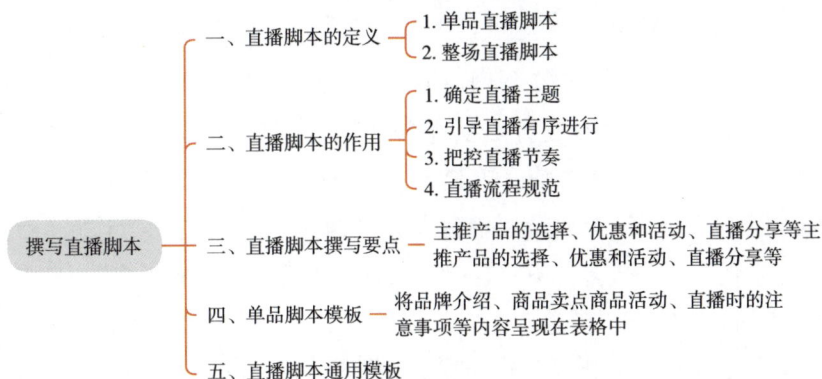

二、直播话术

直播话术包括直播话术的分类以及直播话术的技巧。

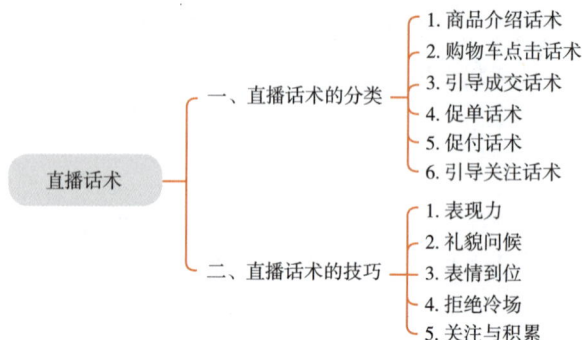

```
                                    ┌─ 1. 商品介绍话术
                                    ├─ 2. 购物车点击话术
                                    ├─ 3. 引导成交话术
                    一、直播话术的分类 ─┤ 4. 促单话术
                                    ├─ 5. 促付话术
                                    └─ 6. 引导关注话术
      直播话术 ──┤
                                    ┌─ 1. 表现力
                                    ├─ 2. 礼貌问候
                    二、直播话术的技巧 ─┤ 3. 表情到位
                                    ├─ 4. 拒绝冷场
                                    └─ 5. 关注与积累
```

【工作计划】

工作目标

本次工作内容为脚本策划：把控直播间全流程。通过结合企业背景及已确认的直播选品，确定直播目标、直播人员、直播时间、直播主题、前期准备等内容，策划直播脚本。

马上就是平台11月"双十一"大促了,公司打算在大促期间进行一场"零食大促专场"直播带货。该公司运营团队商量,在本次大促直播间内,不仅要给到用户最大的折扣,还要设置两场抽奖,也想趁此次大促机会吸引更多的店铺粉丝。

工作步骤

（1）完成知识点的学习，了解与巩固直播脚本以及直播话术相关要点。

（2）请按照策划直播脚本工作过程依次完成工作计划与实施。

（3）工作过程中可采用线上线下混合学习方式，学生以小组为单位协同合作，运用所学知识点，共同完成工作任务。

（4）工作结果需要整理到相关表格或以报告形式呈现。

背景资料

重庆某零食公司主要依托互联网电商平台，销售各种零食、鲜果，开店已有半年。随着直播电商兴起，店铺也开启了直播带货。当前店铺销售商品有灯影牛肉、麻花、全麦面包、牛肉干、猪肉脯、鸭锁骨、香蕉等，零食类为店铺主要经营销售商品，鲜果类则会应季上市。店铺商品消费人群在 24 ~ 30 岁居多，其次是 18 ~ 23 岁、31 ~ 40 岁，女性消费者较多。商品定价在 9.9 ~ 35 元不等，根据克数 / 口味分设多个 SKU，满足不同人群需求。随着双十一大促的到来，该百货公司想要开设一场双十一零食大促直播，选品包括牛肉干、猪肉脯、鸭锁骨。

引导问题 1：在策划直播脚本，需要先确认好本场直播的主题。请自主观看 3 个以上零食类目的直播间，观察该类直播间主题，并为本次的双十一零食大促直播拟定一个直播主题。

答题区：

【工作实施】

引导问题 2：对于本次的选品，需要对每个产品做个单品脚本。请将牛肉干、猪肉脯、鸭锁骨的单品脚本设计成表格的形式，把品牌介绍、商品卖点、直播利益点、直播时的注意事项等内容呈现在表格中。

答题区：

牛肉干单品脚本	
商品宣传点	具体内容
品牌介绍	
商品卖点	
直播利益点	
直播时的注意事项	

猪肉脯单品脚本	
商品宣传点	具体内容
品牌介绍	
商品卖点	
直播利益点	
直播时的注意事项	

鸭锁骨单品脚本	
商品宣传点	具体内容
品牌介绍	
商品卖点	
直播利益点	
直播时的注意事项	

引导问题3： 自主观看3个以上零食类目的直播间，观察直播间主播的话术。并思考本场直播可以用到哪些直播话术，请用表格的形式一一列举出来。

答题区：

引导问题4：策划本场直播的直播脚本，根据本次运营需求确定直播目标、安排直播人员、确认直播时间，根据直播主题做好前期准备内容，并将这些内容呈现在表格中。

答题区：

直播目标							
直播人员							
直播时间							
直播主题							
前期准备							
时间段	总流程	主播	直播助理	后台／客服	产品卖点	话术	优惠信息＆活动

● 评价反馈

根据考核内容，学生完成自我小结并进行自评打分。教师根据学生活动情况进行点评并完成教师打分。最后按小组自评分 ×30%+ 学生互评 ×30%+ 教师评分 ×40% 计算得分。

表 13-4　任务综合评价表

类别	考核内容	分值	评分			得分
			自评 30%	学生互评 30%	教师评分 40%	
知识储备	了解直播脚本的要点	10				
	掌握直播话术技巧	15				
	学会策划直播脚本	15				
技能训练	语言组织能力	20				
	逻辑思维能力	15				
	直播策划能力	25				
合计		100				

● 课后测试

一、单选题

1.（　　）是最直观传达给用户的带货技巧之一，融于直播间的每个瞬间。

A. 直播主题　　　　B. 直播话术　　　　C. 直播脚本　　　　D. 直播设备

2. 下面哪个是引导成交话术？（　　　）

A. 想要这款产品的宝宝在公屏打出 ×× 或者想要

B. 进来直播间的宝宝们可以点击购物车，我们的所有产品都已经加进了购物车，喜欢的宝宝们不要错过

C. 顾客评价 4.9 分

D. 好评率 99%

二、多选题

1. 直播脚本的作用包括（　　　　）。

A. 确定直播主题　　　　　　　B. 引导直播有序进行

C. 把控直播节奏　　　　　　　D. 直播流程规范

2. 在制作单品脚本时，可以罗列（　　　　　）到单品脚本里？

A. 品牌介绍　　　　　　　　　B. 商品卖点

C. 直播利益点　　　　　　　　D. 直播时的注意事项

三、判断题

1. 直播脚本，分为单品直播脚本和整场直播脚本两类。 （　　）

2. 定好直播时间可以随时改变，不会影响粉丝观看习惯。 （　　）

3. 在开直播前期，做好直播分享，确保每个渠道都能正常连接上直播间，可在站内唤醒私域粉丝，站外做好推广引流。 （　　）

4. 成熟的团队不需要直播脚本，直播脚本只是针对新手团队。 （　　）

四、简答题

1. 直播脚本有哪些要点？

2. 直播话术的分类包括哪些？

任务 14

直播预热：开播前预备功课

》 任务简介

无数场直播的投放转化数据证明，封面清晰、标题醒目、提前预热的直播间，更容易获得点击。通过商业化作品宣传，直播间能获得相应的曝光量。因此直播标题、直播封面、直播预热对最终曝光量的影响不言而喻。商家想要提升直播间曝光率和电商运营效率，需要做好开播前的预备功课，才能更好地去促进用户进入直播间。开播前预备功课是直播带货的重要环节，需要重点掌握。

通过本任务的学习，了解开播前预备工作内容部分，能够根据直播产品活动撰写直播标题，能够按照直播间主题制作直播封面。能够在直播开播前，做好直播间的预热工作。

》 学习情境描述

实习生小杜在某电商直播团队担任运营助理一职。团队在直播开播前，需要制作直播标题以及直播封面，并对本场直播进行预热宣传。直播标题与直播封面是直播间吸引用户点击进入的重点。好的标题以及封面能够在浏览的几秒钟内让用户快速点击进入直播间。在直播开播前，直播团队还需根据产品及产品活动，开始有节奏地进行直播预热宣传。这些问题都与直播间的曝光率息息相关。

现在直播团队需要掌握开播前的预备功课相关内容：直播标题撰写，直播封面制作，直接预热宣传等。

》 学习目标

◆知识目标

1. 了解直播标题的撰写技巧。

2. 掌握直播封面制作的要求与制作方式。

3. 熟记直播预热的方式以及预热内容要点。

◆技能目标

1. 能够根据直播间运营需求撰写直播标题。

2. 能够制作吸引用户的直播封面。

3. 能够根据直播预热需求对直播间进行精准预热。

◆素质目标

1. 培养正确的行业价值观、遵守职业行为准则。

2. 树立工作准备、关注全局、有条不紊的工作节奏意识。

3. 具备团队合作精神。

》 思政园地

红人转型主播 在淘宝直播靠的是预热视频

"我跟其他主播不太一样的是，视频内容永远会是我的核心。"与淘宝原生主播不同，从红人转型主播的 N* 老爷对淘宝直播有自己独特的见解和优势。主播在筹备直播时，都会拍摄预热视频，发布到微博等平台，这是她非常看重的一个环节。每一场直播开始之前，都会在预热视频投入大量精力。

跟其他主播简单的预热视频不同，她的预热视频可看性较强。直播预热视频内容有来自线下跟粉丝互动的视频，也有吐槽自己直播一周年经历的视频，类型丰富，段子频出。账号粉丝是高净值女性群体，根据粉丝特点的内容输出需要定向精准投放、靠高质量的内容、主播的个人魅力去积累粉丝。

直播是一个粉丝购买推荐产品的渠道，短视频是靠内容带动转换流量，通过"短视频＋直播"推广方式能保持粉丝的质量和忠诚度。直播团队除了在直播内容中辛勤耕耘、精益求精，同时也需要深化媒体融合发展，多方面创新开拓适合团队的经营方式。

文章来源：新播场（文章有删减）

● 知识点学习

14.1 直播标题撰写

直播间的标题就和短视频的文案一样重要。在同一个时间内进行直播的人数很多，那么如何让用户从那么多的直播中选择你的直播，这个时候直播间的标题就显得格外重要。

一、直播标题的要点

作为直播的标题，最大的作用就是让用户点进来，人来得越多，就越有可能卖得多。

所以直播标题需要在两秒内让用户惊讶或好奇，不假思索地点进来。

写好直播的标题，有两个要点：

①标题有亮点：点明这场直播最大的利益点，吸引精准用户点击进入直播间；

②标题字数控制：各大平台界面展示有数字限制，直播标题最好控制在 9 ~ 12 字，准确表达本场直播利益点。

二、爆款直播标题文案特征

1.善用数字

标题中的数字可以迅速引起用户注意。用户对直播标题的浏览时间也不会超过一秒，想要在如此短的时间内抓住用户眼球，运营者可以借助"数字"的力量，让直播标题变得更直观和简洁。

2.核心痛点

以用户在生活中的烦恼为核心，抓住用户痛点，将商品与解决方式巧妙地运用到标题中，引起用户的注意力。"痛点型"的标题需要卖家深入挖掘用户的需求点，了解用户想解决的问题，将其与产品的功效联系在一起，能轻松吸引用户的注意力。

3.充满悬念

引起用户强烈好奇心。好奇是人的天性，悬念式标题就是利用人的好奇心，首先抓住用户眼球，提升兴趣，促成点击。

4.提问互动

从符号学的角度来看，问号的作用在于强调问题的存在性。也就是说，在文字中使用了这个符号，就是在告诉用户这是一个问题。

而通常情况下，当用户遇到问题时，会对问题进行思考。这样，标题中的问号，就达到了引起用户注意的效果。

5.强调价值

价值型标题靠价值输出取胜，从人类需求的角度来说，价值需求是人类最大的需求。我们只有不断提供真正有价值的干货，才能得到用户的持续关注。在用户关注干货之前，也要让用户从标题中看出"内有干货"。

三、直播标题示范

1.标题错误示范

表 14-1   标题错误示范

错误示范	案例 / 原因	结论
标题滥用转折、营造悬念、故弄玄虚	慎用关键词：竟然、结果、没想到等。 例：这个人竟然撞脸老毕！最后一张照片连老毕本人都惊叹！	×

续表

错误示范	案例/原因	结论
标题将结果、感受、范围等夸大描述	慎用关键词：震惊、惊呆、当时就崩溃了、沉默了、最烂、第一、绝对想不到等。 例：震惊！第一美女善良开嗓	×
缺少关键人物，代词、语气词居多	推荐系统无法精准触达用户，同时用户难以通过标题识别视频内容，用户偏爱的人设关键词：美女、小姐姐、帅哥	×
标题有错别字，标点符号错误	影响系统推荐，使账号在用户心中留下不良印象	×
标题不能有谩骂词、低俗词语	无法获得系统推荐	×

2. 标题正确示范

零食类直播间标题示范：

✔标题：秒杀 | 追剧必备小零食就选牛肉干

分析：秒杀（吸引点）追剧必备小零食（场景氛围）牛肉干（产品）。

方法：明确直播的内容主旨，通过秒杀作为吸引点，再结合场景引出产品。

✔标题：好喝不胖 | 秋冬冲泡奶茶专场

分析：好喝不胖（针对目标人群）秋冬（结合时令）冲泡奶茶（产品）。

方法：文字简洁明了，戳中部分用户痛点，让爱喝奶茶又怕胖的用户产生共鸣，有代入感。

14.2 直播封面制作

以淘宝平台为例，以下是《淘宝直播封面及内容行业发布规范》，针对封面图问题做了统一的梳理，将全部审核所需要参考的规则进行了明示，希望能够帮助大家更顺利更高效地开启直播，避免处罚及警告。

一、淘宝直播封面发布要求与行为规范

1. 封面图不要带有文字

封面图避免出现文字，日常直播间封面图允许使用平台官方提供的贴图、角标等带有大促、促销等其他元素的内容，贴图不允许自定义。

违规图例：

2. 图片中商品不要杂乱堆砌

封面图呈现的种类和数量都很多，布满了整个

图 14-1 封面带文字

封面，但是主题并不突出，用户并不能一眼看出所售商品和亮点。

违规图例：

如多商品展示，需要摆设美观或相对整齐。切勿杂乱堆砌，显得商品廉价。

3. 封面图不要贴其他的元素

要保持图片的整体性及美观度，不要使用表情包类型的图片，否则通不过审核。

违规图例：

图 14-2　封面商品杂乱堆砌

图 14-3　封面使用表情包

4. 封面不要带有播放器样式、按钮

封面图不允许带有播放器样式、按钮、视频封面图截图等。

违规图例：

5. 封面图不能存在明显黑边

违规图例：

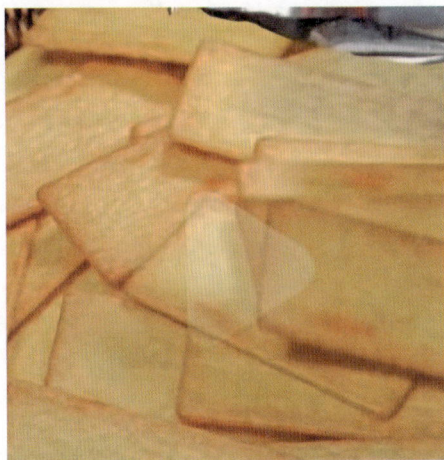

图 14-4　封面带有播放器按钮

图 14-5　封面存在黑边

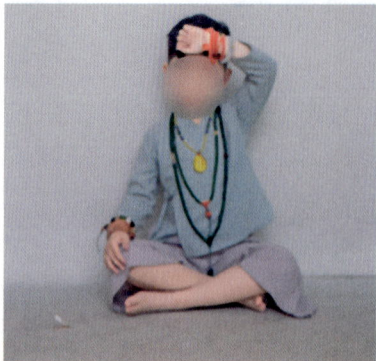

图 14-6 封面为佩戴大量珠宝类饰品的儿童

6. 封面图不能有佩戴大量珠宝类饰品的儿童作为模特

佩戴大量珠宝类饰品的儿童作为模特的封面图无法通过审核，亲子频道或者标题注明为童鞋、童装、儿童相关商品的儿童类封面图可正常通过审核。

违规图例：

7. 注意人物版权

封面确定是一二线可认知类明星头像或者明星姓名标题需要提前报备，确认具备相关合作协议等，避免会有一些版权侵权的问题出现。

需要注意的是，封面及直播间内均不能出现劣迹艺人或者主播，不可为劣迹艺人或者主播提供相关阵地，重视自身账号作为公共媒体的社会责任。

8. 封面图与直播内容无关

封面图与直播内容毫无关系，纯属博眼球设置的图片将无法通过审核。

二、淘宝直播封面一般违规发布不当信息场景

1. 过度 PS 的照片

包含人脸、身体部位、实体背景等 PS 过度导致的变形、扭曲拉伸等。

2. 整容过度类图片

整容过度导致的扭曲、变形、血腥类图片。

3. 引起不适的图片

引起用户不适的图片。

4. 封面图为洗澡泡澡的图片

主播真人洗澡场景不可以使用且不允许有敏感部位特写，商品图可以出现。

5. 封面图聚焦、展示身体敏感部位

例如胸部、臀部等，没有露出也不可以使用。

6. 封面图模特姿势不雅观

包含坐姿、站姿、拍摄角度等。（腿部分开、坐姿不雅等）。

7. 软色情类型图片

真人试穿内衣且露出胸部过多，露出乳沟较深的，表情或姿势不恰当的模特图不宜作为封面图。

8. 违法和不良信息

直播间标题、封面图不得含有违法和不良信息。

三、淘宝直播封面优质案例

1. 美食类优质案例

图 14-7　美食类封面图参考

主播 + 主推商品 / 店铺主营商品相结合、店铺商品展示图。

图 14-8　美食类封面图参考

2. 服装类优质案例

图 14-9　服装类封面图参考

3. 美妆类优质案例

图 14-10　美妆类封面图参考

14.3　直播预热

一、预热方式

1. 站内预热

站内预热是指在即将要直播的平台进行站内预热，开播前发布短视频预热，或者是在个人简介上预告时间。例如，直播账号在抖音短视频平台，站内预热范围就在抖音内。若直播账号在淘宝平台，站内预热范围在淘宝平台内。

（1）短视频预热

直播团队直接发布短视频进行直播预热，这里的短视频预热方式包括以下两种。

①常规的短视频内容 + 直播预告信息

由"常规的短视频内容 + 直播预告信息"制成的短视频，即直播团队发布含有直播信息的短视频。

例：发布一则常规短视频，短视频的内容可能跟直播无关，但会在短视频中向用户预告直播信息。采用这种直播预告的方式，基本上不影响短视频平台用户的观看乐趣，可为主播和账号吸引更多的新粉丝。

②纯直播预告式

以直播预告为主要内容的短视频，即"纯直播预告式"的短视频。

例：某主播团队在抖音平台发布的直播预告，几乎都是"纯直播预告式"的短视频。采用这种预告方式，可以进一步加深主播的"专业带货"人设，也能充分展示直播"带货"的核心内容，能够吸引对直播内容感兴趣的用户去观看直播。从这个角度来看，这种方式是一种极有引流价值的直播预告。

（2）文案预热

直播团队直播把直播信息放在个人简介、昵称上，预告内容简单明了，讲清楚直播时间和主题内容。此外，稳定开播天数和时长，找到适合自己的开播时间段，看直播的粉丝才会越来越多。

2. 站外预热

站外预热是指除了所在直播平台以外的其他第三方平台发布预热内容，如电商平台店铺、微信公众号、微信朋友圈、社群、微博等其他站外平台进行预热引流。

（1）电商平台店铺

拥有淘宝店铺（含天猫店铺）、京东店铺、拼多多店铺等电商平台店铺的直播团队，可以在店铺首页、商品页、商品详情页等宣传直播信息，以便关注店铺的平台用户了解直播信息。

图 14-11　淘宝店铺直播预告示意图

（2）微信公众号

直播团队可以在微信公众号中以长图文的形式介绍直播信息，同时插入照片或海报，更清楚地说明直播的时间和主题。例如，直播间公众号会发布直播预告文章，并在文章中以海报的形式介绍直播间所要推荐的商品。

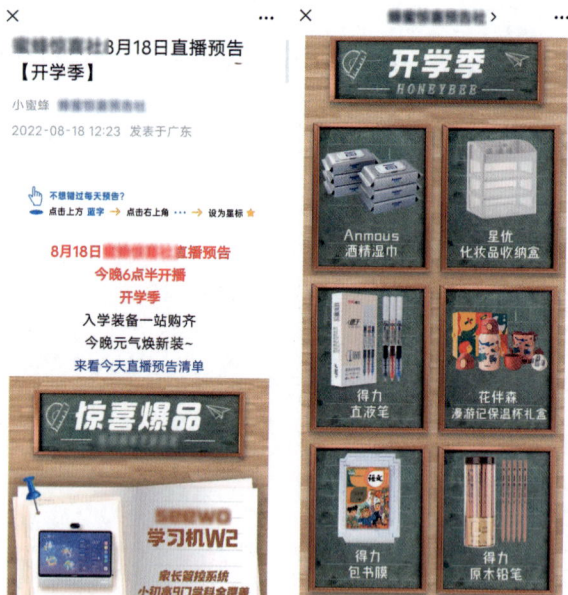

图 14-12　某直播间公众号预热示意图

（3）微信朋友圈

直播团队可以在每个成员的微信朋友圈发布与直播相关的图文动态，作为直播预告。例如，在每次直播前，运营人员都会在其微信朋友圈发布图文形式的直播预告。

（4）社群

直播团队可以创建自己的粉丝群，在开播前，将直播开播信息发布在粉丝群内，以引导粉丝到直播间观看直播。预告方式可以是短视频，也可以是宣传图，还可以是文字。例如，在开播前会在社群内发布多种形式的直播预告。

图 14-13　朋友圈直播预热示意图

图 14-14　社群直播预热示意图

（5）微博

一些电商平台的主播可以在微博平台进行直播宣传预热，吸引微博用户到直播间观看直播。例如，达人主播或店铺官微会在微博平台发布直播预告。

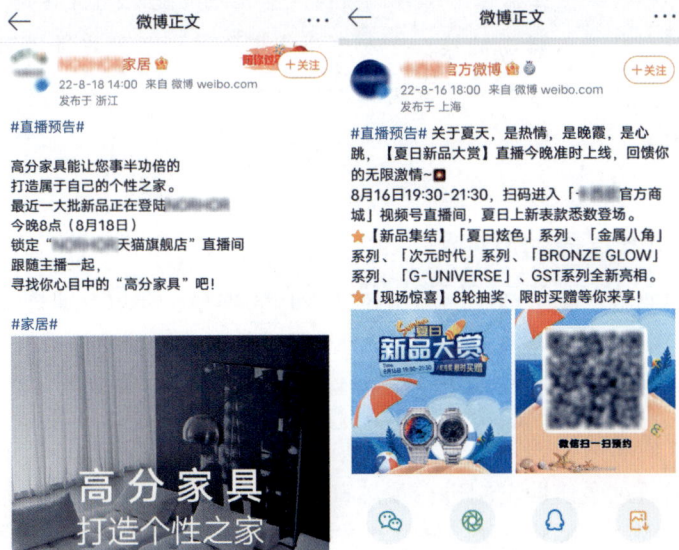

图 14-15　微博直播预热示意图

二、预热内容

预热的具体内容是用户是否进入直播间的重要原因，可以集中在商品的卖点和营销内容亮点两个方向来准备。

1. 商品卖点

商品的卖点主要体现商品核心卖点，充分包装直播间产品才能吸引用户。

2. 营销活动亮点

制造活动噱头，例如主播的才能表演或者明星、网红助阵直播，抓住用户眼球。

利用提前准备好的福利活动进行营销预热，对参与活动的方式和具体形式进行简单展示叙述，强化用户对直播间的认知和消费黏性。

● 案例分析

案例背景

安徽省某公司近日携手无为市农业农村局举办了"品味无为，惠农邮我"大型惠农直播活动，累计销售特色农产品 20.18 万元，吸引在线观众流量 164.39 万人次。这是无为市分公司首次涉足"直播带货"领域。

为确保活动成效，该分公司认真谋划、精心组织，在获得地方政府大力支持后，及时成立了惠农直播活动专组，由专组牵头，政府、邮政、农产品生产企业三方密切配合。通过洽谈，无为市分公司挑选了8款特色农产品上架到直播平台，由该分公司副总经理担任主播，并邀请当地网红主持联手在线推荐。此外，依托无为网、无为论坛、无为市信息网等当地主流媒体平台，提前发布活动信息进行宣传造势；同时，将6大直播间专属福利包嵌入活动链接，发动企业员工通过微信朋友圈进行宣传预热。此次活动有效发挥了邮政品牌的力量，树立了良好的社会形象，也为进一步推进惠民助农工作扩展了空间。

案例分析

一、积极做好直播前邀约

做好直播前邀约，邀请当地网红主持联手在线推荐。通过专业性建立初期信任，对于当地有一定知名度的网红，可以通过产品促销等方式，促进订单形成。

二、做好直播预热

该公司在开播之前，频繁发布直播预热。在各个主流媒体平台进行宣传造势，同时发动企业员工通过微信朋友圈进行预热宣传，将直播信息尽可能广泛地宣传出去。一方面是为了告诉已有的粉丝自己即将开播，另一方面也是为了反复造势和预热，让更多未关注的用户看到直播预告，然后进入自己的直播间，引爆直播间。通过直播预热最终让本次直播获取更多流量，让活动有效地进行，也为进一步推进惠民助农工作扩展了空间。

● **任务实施**

【任务书】

请学员通过查阅教材、上网搜索、听课、讨论等获取任务书中的答案或案例，并进行自我评价，确保项目顺利实施。

任务分组：4 ~ 6 人一组。

任务内容	任务要求	验收方式
撰写直播标题	根据直播标题要点以及爆款直播标题文案特征撰写本场直播的直播标题	直播标题
直播封面制作	根据直播封面相关规范制作本场直播的直播封面	直播封面图
直播预热	规划本场直播的直播预热方式、内容，并以文档的形式呈现	直播预热计划文档

【获取信息】

扫描下方二维码，获取本节课程教学课件、微课视频进行知识点学习。

教学课件

微课视频

【知识点梳理】

一、直播标题的撰写

好的直播标题可以吸引到更多用户点击进入直播间。直播标题的撰写需要掌握的内容包括直播标题要点、爆款直播标题文案特征、直播标题示范。

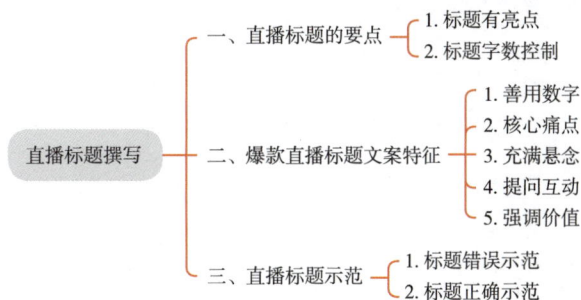

二、直播封面制作

一张好的直播封面图，理应能清晰地、概括性地把直播间的核心内容传递给用户。直播封面制作需要掌握的内容包括淘宝直播封面发布要求与行为规范、淘宝直播封面一般违规发布不当信息场景、淘宝直播封面优质案例。

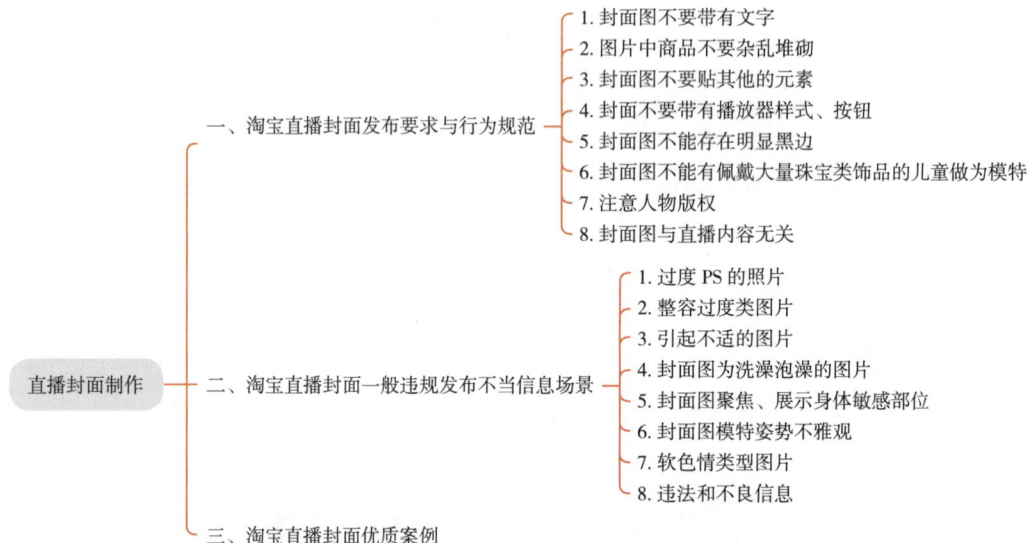

```
直播封面制作
├── 一、淘宝直播封面发布要求与行为规范
│     1. 封面图不要带有文字
│     2. 图片中商品不要杂乱堆砌
│     3. 封面图不要贴其他的元素
│     4. 封面不要带有播放器样式、按钮
│     5. 封面图不能存在明显黑边
│     6. 封面图不能有佩戴大量珠宝类饰品的儿童做为模特
│     7. 注意人物版权
│     8. 封面图与直播内容无关
├── 二、淘宝直播封面一般违规发布不当信息场景
│     1. 过度 PS 的照片
│     2. 整容过度类图片
│     3. 引起不适的图片
│     4. 封面图为洗澡泡澡的图片
│     5. 封面图聚焦、展示身体敏感部位
│     6. 封面图模特姿势不雅观
│     7. 软色情类型图片
│     8. 违法和不良信息
└── 三、淘宝直播封面优质案例
```

三、直播预热

做好直播预热，可以让粉丝提前知道直播时间，在开播时更及时地进入直播间。直播预热需要掌握的内容包括预热途径、预热方式、预热内容。

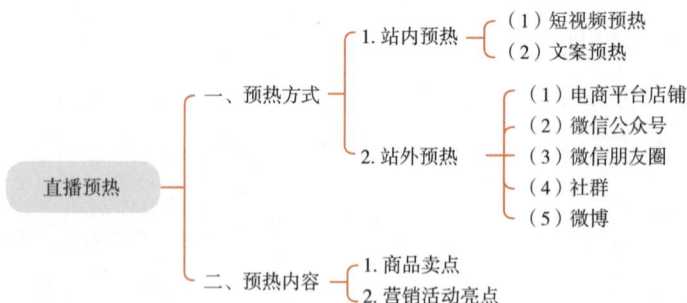

```
直播预热
├── 一、预热方式
│     ├── 1. 站内预热
│     │     （1）短视频预热
│     │     （2）文案预热
│     └── 2. 站外预热
│           （1）电商平台店铺
│           （2）微信公众号
│           （3）微信朋友圈
│           （4）社群
│           （5）微博
└── 二、预热内容
      1. 商品卖点
      2. 营销活动亮点
```

【工作计划】

工作目标

本次工作内容为直播预热。结合企业背景，为企业做好开播前的预备功课，进行直播预热等系列操作，掌握直播标题撰写、直播封面制作、直播预热。

马上就要到元旦了，店铺想在元旦做"零食大促"带货直播，主推店铺的曲奇饼干。

店铺运营团队商量，在本次大促直播前，团队要策划好与主题对应的直播标题以及直播封面，并对本次"元旦大促"做预热宣传，这样一来，可以更好地给直播间带来曝光。

工作步骤

（1）完成知识点的学习，了解与巩固直播预热相关知识。

（2）请按照直播预热工作过程依次完成工作计划与实施。

（3）工作过程中可采用线上线下混合学习方式，学生以小组为单位协同合作，运用所学知识，共同完成工作任务。

背景资料

企业信息：重庆某零食公司主要依托互联网电商平台，销售各种零食、鲜果，开店已有半年。当前店铺销售商品有灯影牛肉、麻花、全麦面包、曲奇饼干、柑橘、血橙等，零食类为店铺主要经营销售商品，鲜果类则会应季上市。随着直播电商兴起，店铺也开启了直播带货。

但是公司电商团队开设直播带货的时间只有一个月，在抖音带货直播，发现每次开播直播间的人流量很少。由于没有做好直播预热，有些店铺粉丝也不清楚开播时间，没有通过直播间购买，后面发现直播间没有优惠，导致部分客户退款，不仅好评率低还错失了一些订单。

引导问题 1：撰写直播标题，需思考直播标题要点以及爆款直播标题文案有哪些特征，才能更好地结合产品撰写直播标题。请根据直播标题相关要点撰写本场直播的直播标题。

答题区：

引导问题 2：制作直播封面，直播团队需了解直播封面的要点以及直播封面规范，才能更好地结合直播主题设计直播封面。请根据直播封面相关规范，制作本场直播的直播封面，以图片的形式提交。

答题区：

引导问题 3：做直播预热，直播团队需了解直播预热有哪些方式，以及直播预热内容可以从哪些方面进行准备，才能更好地预热直播。思考一下，本场直播的直播预热方式、内容是什么？以文档的形式撰写一份针对本场直播的预热计划。

答题区：

● 评价反馈

根据考核内容，学生完成自我小结并进行自评打分。教师根据学生活动情况进行点评并完成教师打分。最后按小组自评分 ×30%+ 学生互评 ×30%+ 教师评分 ×40% 计算得分。

表 14-2　任务综合评价表

类别	考核内容	分值	评分			得分
			自评 30%	学生互评 30%	教师评分 40%	
知识储备	了解直播标题的要点	15				
	了解直播封面的规范	15				
	掌握直播预热途径及方式	20				
技能训练	逻辑思维能力	25				
	场景设计能力	25				
合计		100				

● 课后测试

一、单选题

1. 小王的直播封面使用美图软件让人脸过度扭曲拉伸，属于哪个发布不当信息场景？（　　）

A. 整容过渡类　　　　　　　　　B. 过度 PS 的照片

C. 封面图模特姿势不雅观　　　　D. 图片过于恶心

2. （　　）是指除了所在直播平台以外的其他第三方平台发布预热内容。

A. 公域预热　　　B. 私域预热　　　C. 站外预热　　　D. 站内预热

二、多选题

1. 直播封面要求有哪些？（　　　　）

A. 高清　　　　　B. 完整　　　　C. 一致性　　　　D. 与封面标题呼应

2. 站外预热可哪里预热？（　　　　）

A. 微博　　　　　B. 电商平台店铺　C. 社群　　　　　D. 微信公众号

三、判断题

1. 标题中的数字可以迅速引起用户注意。　　　　　　　　　　　　（　　）

2. 标题不能有谩骂词、低俗词语。　　　　　　　　　　　　　　　（　　）

3. 标题中有错别字不影响系统推荐。　　　　　　　　　　　　　　（　　）

4. 预热的具体内容是用户是否进入直播间的重要原因，可以集中在商品的卖点和营销内容卖点两个方向来准备。　　　　　　　　　　　　　　　　（　　）

四、简答题

1. 爆款直播标题文案特征哪些？

2. 淘宝直播封面发布要求与行为规范有哪些？

任务 15
实施执行：电商直播

》 任务简介

2020 年起，直播电商成了品牌营销的标配。各领域企业开始进入直播电商领域，借助直播方式对内容和流量的存量进行争夺，成为品牌在市场中竞争力越来越强的后盾力量。实施执行电商直播是直播带货最重要的环节之一，在执行过程中需要掌握一些重点技能。通过本任务的学习，了解直播账号 IP 打造，更清晰地打造直播账号。了解直播间销售技巧，能够利用技巧给直播间带来更多销售额。了解直播过程中突发事件应对方式，能够在出现突发事件时及时应对。

》 学习情境描述

实习生小杜在某公司担任电商运营助理岗位，该公司直播电商团队刚成立一个星期，最近团队准备做带货直播，直播账号也是刚创建不久。实施执行一场直播，塑造直播账号 IP 尤为重要，可以提高直播账号的辨识度。直播团队也需掌握直播间销售技巧，以及学会处理直播过程中遇到的突发事件，才能更好地促进直播间销售。

现在直播团队需要掌握直播电商执行相关内容：如何对打造直播账号 IP，直播间有哪些销售技巧、直播过程中遇到突发事件该如何应对等。

》 学习目标

◆知识目标

1.了解直播账号 IP 打造相关方法。

2.掌握直播间销售技巧。

3.熟记直播过程中突发事件的应对方式。

◆技能目标

1.能够根据运营需求打造直播账号 IP。

2.能够使用直播间销售技巧来提升直播间销售额。

3.能够在直播间遇到突发事件时准确合理地做出应对。

◆素质目标

1.培养正确的行业价值观、遵守职业行为准则。

2.具备直播场次的统筹能力和执行能力。

3.具备团队合作精神、沟通协调能力。

4.具备企业实践活动基础。

》　思政园地

资深主持人杨某某：新闻直播遇突发事故，三招处理

杭州电视台因提词器突然出现故障，致使新闻直播出现主持人赵某某出现紧张猛按提词器按钮的尴尬现象，杨某某将自己多年直播新闻的宝贵经验和盘托出。

一是，作为主持人，在新闻直播中，千万不能完全依赖提词器。自己手里必须提前向导播要一份纸质或备用电子设备作为安全播出的备份新闻内容。

二是，主持人在新闻直播过程中，假如遇到突发的紧急情况，比如提词器坏了，甚至直播间灯光熄灭了，应该沉着冷静应对，首先自我尝试调整。可以将播过的新闻，以口播形式或讲故事的方式重新说一遍。一般来说，观众是看不出来的。观众以为这是今晚的重要新闻。但这个方式，要靠主持人的扎实基本功。我有一次直播新闻，就遇到过突然出现直播间的播出台的一盏灯灭的情况。因为看不清手稿，所以我就以口播形式，将我前面直播的一条新闻，以讲故事的方式重新说出来，当时，直播效果很好。很快，导播就把灯重新弄亮了。但电视观众中没有人看出任何问题。

三是，在新闻直播中，如果突然出现提词器故障，甚至直播新闻灯光灭了，或者直播新闻前方没有信号了。这时，主持人千万不要慌张，一定要冷静。主持人可以通过话筒，干脆直接如实告诉观众和导播团队，我们新闻直播的提词器出故障了，请观众朋友稍等一下，一会儿就好了，这时看电视的观众一般是会原谅理解主持人的。

文章来源：封面新闻

● **知识点学习**

15.1 直播账号 IP 打造

一、直播账号类型

直播账号类型通常会分为三大类：品牌型账号、商品型账号、IP 型账号。

①品牌账号，就是比较强调品牌的账号，为品牌主力打造，该账号建设的目的，除了商品销售，还承担着展示品牌形象和实现品牌价值沉淀等目标。

如：小米官方旗舰店，会发布与品牌创始人相关的视频。

图 15-1　品牌型短视频账号发布内容示意

特点：账号因商业属性比较强，导致整体流量会更为依赖付费流量，且账号的页面装修也会更精致，与其对标的是旗舰店页面。

运营方式：以宣传品牌为主，销售带货为辅。其是品牌变换的一种广告宣传方式，在这个层面比其他媒介方式更直接，而且通过带货可以达到品效合一，让品牌能够以最短的途径接触到最终用户群体，收集到有用的信息反馈，方便品牌升级、改造自己的产品和服务。

②商品型账号，是以商品的售卖为核心。

如：特步旗下账号，会发布商品相关直播。

特点：内容与商品高度匹配，覆盖人群的精准度比较高，获取精准用户的边际成本较低。

图 15-2　商品型短视频账号发布内容示意

运营方式：以售卖商品为核心定位，直播的内容与商品的属性是强关联的，追求的第一目标是商品的销售转化。

③ IP 型账号。IP 型账号的核心是树立一个被众多用户所认可的人设，核心诉求是基于粉丝积累带来更高的变现能力。通常而言，粉丝认可度、粉丝黏性是它最大的优势。

如：酒仙网某某哥，就是一个典型的 IP 型账号。

特点：该账号极强的账号 IP 人设，所发布的内容能够引起共鸣，更具传播力。口碑得到认可，粉丝信任感倍增。

运营方式：专注打造可被大众广泛认可和接受的人设。根据账号定位，结合粉丝群体，做专属的定制内容。营造出评论区良好的互动生态，实现口碑和数据双赢。使粉丝黏性相对较高，让账号的综合变现的能力越强。

图 15-3　酒仙网某某哥

二、直播账号主播人设

一般来说，直播账号主播人设分为五种：导购促销类、技能专家类、品牌人格化、网红达人类、娱乐类人设。

1. 导购促销类

此类型主播能帮助用户缩短消费决策时间，在达成相互信任后，就能形成强大的带货力。

想要打造导购促销类型的人设，要求主播必须对产品熟悉，也要有非常老到的经验，不然直播间冷场的话就难热起来了。

一方面能从价格、品牌、竞品等多个角度说明产品卖点；另一方面能从用户的消费场景、心理需求等角度匹配合适的商品。这种人设的局限则在于，主播所推荐的商品必须是极具性价比和专业度的，一旦推荐出错则人设崩塌。

2. 技能专家类

专家类角色都是用来帮助用户完成消费决策和商品消费的。这类专家通过塑造一个资深专家形象，利用纯干货内容知识来建立用户之间的信任，最后吸引用户消费。

像抖音目前力推的线上教育，大量专业的机构人才涌入抖音，这些达人人设最核心的东西就是产品背书和专业赋能，专家身份让产品更可信，专业技能让用户更受益。通过专业的经验分享让用户有收获，然后通过部分商品，让用户驱动自己去学习，成长。

比如售卖蜂蜜等保健食品，营养师主播可以详细介绍产品的营养成分和保健效果；售卖面膜等护肤类商品，美容师主播可以传授用户护肤技巧。

3. 品牌人格化

在现在这个社交媒体时代，用户越来越倾向于和品牌直接对话，表达自己的喜爱和愤怒。

老板、企业家是品牌人格化的最好载体。

要想打造 BOSS 店长类人设，主播在直播间必须是非常具有话语权的，用户的问题可以直接解决，包括免单、降价等优惠福利可以直接给到用户。

这种人设的局限则在于，要么老板亲自上阵，要么给到主播充分授权，否则人设很难立起来。同时亲近感和权威感需要拿捏好，否则会对品牌本身造成伤害。

4. 网红达人类

要打造网红达人类人设，主播必须既有内容又有趣，既有专业知识又能讲故事段子，既能对产品如数家珍，又有自己独特的消费主张。

这种人设的局限则在于，网红达人的不可控性。一方面网红达人没办法标准化复制，另一方面具有强烈个性色彩的主播有极大流失风险。

对于部分用户来说，消费不仅仅是为了满足物质需求，还有精神需求。消费本身代表了用户对美好生活的期待和向往，买什么东西意味着自己是什么样的人。

网红达人类人设最核心的就是成为用户的理想化身，进而与商品相关联，让商品成为用户理想的载体。

5. 娱乐类人设

大家常见的各平台娱乐主播，这类人设的主播通常都有某种特定才艺，如游戏、搞笑、脱口秀、舞蹈、唱歌、健身、颜值等。

通常这类人设的主播都是以才艺为主，本身需要有出众的才艺，才能吸引喜欢该才艺的用户群体。同时主播对于自己的才艺也需要不断地创新和学习。这类主播的收入大多为直播间观众的礼物分成，还有一部分是接广告、商务合作，不过这一般都是拥有一定粉丝量的大主播，小主播还是基本靠礼物分成。

三、直播间场景定位

直播间的场景分为三大类型：产品型、人设型和陪伴型。

1. 产品型

就是我们以在直播间展示产品为主，这类场景也是目前商家进行电商直播最常见的场景类型，更适合为导购促销类主播人设搭配使用。需要注意的是，在产品型的直播间场景搭建的过程中，要尽量放大产品的卖点，锁定核心目标消费群体。

2. 人设型

更常见于品牌人格化及网红达人类的主播人设，我们在搭建直播间场景的过程中，要更加突出主播人设的特点。

3. 陪伴型

这类电商直播间会比较少见，用户在直播间产生停留的决定性因素并不在于商品和主播人设，更多取决于直播间的主题以及相应玩法。

15.2　直播间销售技巧

一、直播带货技巧

有了直播流程的引航，主播在直播过程中也并非一本万利，如果没有带货能力和方法的支撑，仍然很难完成最终的销售目标。

引导用户下单，可以经过以下 5 个步骤：

①提出问题：提出消费痛点及需求。

②放大问题：将问题代入到粉丝身上，强调痛点，增强共识。

③引入产品：推出问题的解决方案。

④提升高度：详细介绍商品，强调产品竞争力。

⑤降低门槛：用优惠促进粉丝下单购买。

二、直播间常规互动工具

指用于增加主播与观看用户之间的互动，提高用户停留和转化。直播间挂件、贴纸、红包，均是直播间出现频率较高的互动工具。

1. 直播间挂件

根据节日、节点，为账号设置主题头像挂件，可以更好地展现主播的个性和亲和力，拉近与粉丝的距离。

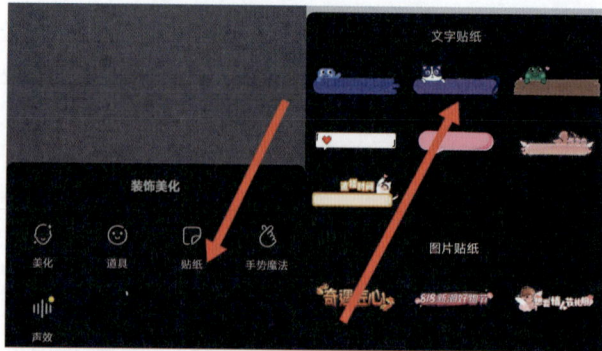

图 15-4　抖音直播间装饰美化

2. 直播间贴纸

主播可以在直播贴纸上写上商品信息、优惠信息、活动信息、引导关注，以及常见问题解答，让进入直播间的粉丝能够一目了然。例如淘宝直播间会在侧边贴上本场直播专属优惠商品、特价秒杀商品。

图 15-5　淘宝直播间贴纸

3. 主播红包使用

直播间可以设置红包，吸引新加入直播间的用户关注、互动，以及持续留存。

4. 直播间背景音乐

背景音乐，是直播间场景的一部分，可以向观看用户传递直播间氛围，并激发他们参与互动。

三、直播排品

1. 过品顺序

过品顺序多为"肉夹馍过品法则"，所谓的"肉夹馍过品法则"其实就是按照"馍—肉—馍"的形式构成，在此过程中最为重要的"肉"就是跑量款和利润款，而夹住关键内容的馍则可以代表引流款和福利款。

图 15-6 肉夹馍过品法则

具体过品顺序如下：

①一场直播通常以引流款和福利款的上架开始，根据过品节奏穿插跑量款和利润款，再讲解、上架引流款和福利款，形成过品循环。

②在保障用户体验的同时有效加强用户停留，以提升下单转化效率。

③根据商品的多少，直播流程可分为过款型直播流程、循环性直播流量。

④两类流程，没有绝对的优劣，而是根据商品排布进行调整。甚至在一场直播中，主播可以根据商品的重要性，选择一次带货或者多次循环带货该类商品。

⑤直播的目标以卖货为主，在直播流程设计上，我们需要合理安排内容节奏，以产品介绍为主，并穿插各个环节维持直播间人气，同时根据实时人气情况进行调整。

2.过品节奏

过品顺序不会千篇一律，不同的直播目标、主力推广商品有不同的过品顺序，但过品节奏是每个直播间在过品循环的关键要素。

可参考以下流程细则：

①福利款开局：很多主播在正式开播后通常会以福利款开局，目的是培养粉丝守候开播的习惯。

②前 1 小时准备引流款：引流款是多数主播在开播后的 30 ~ 60 分钟内的必备商品。

③合理保证用户留存：跑量款和利润款是直播间销售的重要来源，会花费较长的时间讲解展示，所以前后需要上福利款吸引用户避免流失。

④玩法促成高光时刻：想要打造出爆款可以通过场控互动、砍价等玩法促成高光时刻，提升爆款的销售，让直播间形成高潮。

⑤福利款结束并做预告：在最后结束直播时，通过秒杀福利款，或者与粉丝互动聊天等形式结束直播，为下一场直播做预告引流，提升下一场直播开播观众人数。

15.3 直播过程中突发事件应对方式

在直播过程中，或多或少会遇到突发事件，下面归纳一些最常见的直播突发事件：

一、设备问题

1. 没有声音没有图像

往往是我们的拍摄设备出现了故障，这个时候可用口播的方式和粉丝交流，介绍自己的产品，介绍自己的一些直播的理念，同时还可以加入一些唱歌的方式、快板的方式来让粉丝集中到你的画面当中来。

2. 没有声音只有图像

这个问题的出现，往往是我们的无线麦克风出现了接收方面的故障。这时候我们要充分利用我们的纸和笔，用书写的方式和粉丝们进行沟通交流，同时也可以增加一些肢体语言，增加可视性。

3. 直播卡顿

有时候直播间突然涌进来很多的人会造成卡顿现象，如果在一分钟内还是没有恢复正常，可以强制退出 APP 然后再重新打开，只要在两分钟内重新点击直播，就可以接着继续直播。

4. 网络中断

很多时候会因为特殊情况造成无线网的突然中断，建议第一时间在直播间内调出菜单栏，切换到 4G 网络模式，保证直播继续进行，不要退出直播间来设置网络，如果手机没有流量了，就迅速地重启路由器，看一下是否能及时恢复。

二、其他问题

1. 身体不适

在直播的时候我们可能会突然想上厕所，或者身体不太舒服，如果不是很严重的情况，而且你的身边正好有人，你可以让别人先陪粉丝聊会儿，然后再去解决你的个人问题。如果是一个人你可以让粉丝先等一会儿，然后告诉大家你大概多长时间能回来，同时让你的管理陪大家聊聊天，也帮你给新进直播间的粉丝解释一下，告诉他们一会儿你就回来了。

2. 粉丝对直播内容质疑

如遇到粉丝对直播内容产生怀疑，如产品价格、品牌相关问题等，这个时候主播首先要保持理智的精神状态，并进行沟通和交流。如果发现粉丝的那种交流和质疑是一种恶意的，应该及时把他拉黑。如果整个场面已经失控，那么及时停止直播是最好的选择。

⬣ 案例分析

案例背景

2018 年双十一，李某某因为与马某（某平台创始人）同台 PK 卖口红，成了家喻户晓的带货主播。近几年的时间里，直播电商行业规模以惊人的速度保持增长，新兴的带货主播也层出不穷，而李某某牢牢地坐稳了带货一哥的位置。

李某某直播间已经不再单单是一个购物平台，而变成了一个 IP 孵化器。在传统 MCN 机构流量见顶的今天，美★（上海）网络科技有限公司通过 IP 孵化赋能品牌，创造了新的商业价值。公司负责人表示公司将推出自有品牌，初期产品是包包、文具等为主的生活周边，未来还会继续深化，提供更多样化的产品。

案例分析

一、以"共情"为出发点陪伴粉丝

李某某直播内容的创新都是以"共情"为出发点，希望自己的快乐，可以变成无数份快乐，分享给大家，希望可以像大家的朋友一样彼此陪伴着对方。

和众多的动漫卡通一样，主播的自有品牌也带着强烈的陪伴成长性，但相比之下，迪士尼等知名 IP 等多为虚拟形象，而没有实物。主播的自有品牌从实体萌宠衍生而来，既有像知名 IP 的开发价值，又占据萌宠赛道的中心，具有更大的情感价值。

二、孵化 IP 赋能品牌突破流量天花板

直播间中跟家人、朋友聊天的氛围，让直播间的参与者有了展示自己的机会，让直播间粉丝更能深入地了解每一个鲜活的形象。品牌的天猫旗舰店围绕"爱与陪伴"的核心做整个产品的延展，以生活类为主。

在用户角度，天猫旗舰店是重要触点，通过店铺，用户可以了解到品牌背后传递的"爱与陪伴、温暖和治愈"的精神，感受更多服务，也可以参与线下项目和活动，加深对周边商品的了解和体验，后期能接触到更多喜欢品牌 IP 的人，大家互相做交流和沟通。

● **任务实施**

【任务书】

请学员通过查阅教材、上网搜索、听课、讨论等获取任务书中的答案或案例，并进行自我评价，确保项目顺利实施。

任务分组：4 ~ 6 人一组。

任务内容	任务要求	验收方式
直播账号 IP 打造	描述该公司直播账号 IP 打造相关内容，并以文档形式呈现	直播账号 IP 打造文档
直播间带货技巧	描述该公司直播过程可运用的直播间带货技巧，以表格的形式呈现	直播间销售技巧表
直播间互动工具	描述该公司直播过程可使用的直播间互动工具，以表格的形式呈现	直播间互动工具表
直播过程中突发事件应对方式	描述直播过程中有哪些突发事件以及相关的应对方式，以文档的形式呈现	直播过程中突发事件应对方式文档

【获取信息】

扫描下方二维码，获取本节课程教学课件、微课视频进行知识点学习。

教学课件

微课视频

【知识点梳理】

一、直播账号 IP 打造

塑造账号 IP，可以提升账号的辨识度。直播账号 IP 打造需掌握账号类型、账号人设定位、直播间场景定位。

直播账号 IP 打造
- 一、直播账号类型
  - 1. 品牌账号
  - 2. 商品型账号
  - 3. IP 型账号
- 二、直播账号主播人设
  - 1. 导购促销类
  - 2. 技能专家类
  - 3. 品牌人格化
  - 4. 网红达人类
  - 5. 娱乐类人设
- 三、直播间场景定位
  - 1. 产品型
  - 2. 人设型
  - 3. 陪伴型

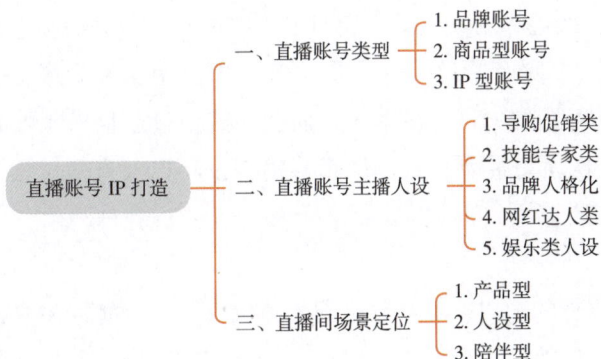

二、直播间销售技巧

掌握直播间销售技巧可提升直播间销售率，需了解直播带货技巧、直播间常规互动工具、直播排品的顺序及节奏。

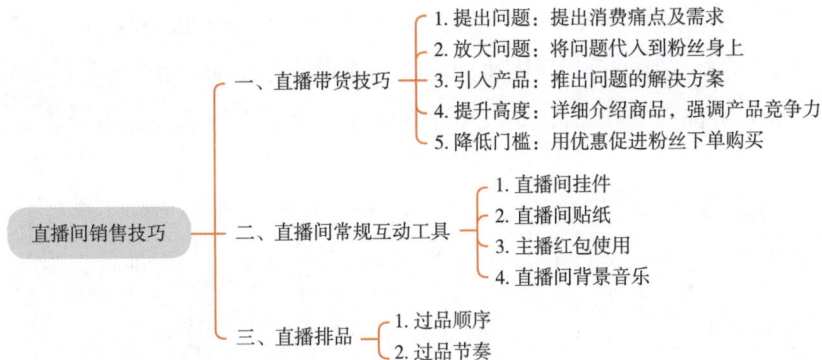

直播间销售技巧
- 一、直播带货技巧
  - 1. 提出问题：提出消费痛点及需求
  - 2. 放大问题：将问题代入到粉丝身上
  - 3. 引入产品：推出问题的解决方案
  - 4. 提升高度：详细介绍商品，强调产品竞争力
  - 5. 降低门槛：用优惠促进粉丝下单购买
- 二、直播间常规互动工具
  - 1. 直播间挂件
  - 2. 直播间贴纸
  - 3. 主播红包使用
  - 4. 直播间背景音乐
- 三、直播排品
  - 1. 过品顺序
  - 2. 过品节奏

三、直播过程中突发事件应对方式

在直播过程中，需掌握突发事件应对方式，常见的突发事件包括设备问题以及其他问题。其中设备问题包括没有声音没有图像、没有声音只有图像、直播卡顿、网络中断。其他问题包括身体不适、粉丝对直播内容质疑。

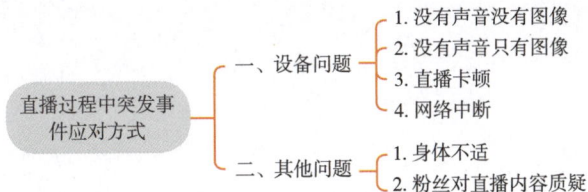

直播过程中突发事件应对方式
- 一、设备问题
  - 1. 没有声音没有图像
  - 2. 没有声音只有图像
  - 3. 直播卡顿
  - 4. 网络中断
- 二、其他问题
  - 1. 身体不适
  - 2. 粉丝对直播内容质疑

【工作计划】

工作目标

本次工作内容为实施执行电商直播。通过结合企业背景，做好直播账号 IP 打造，

直播间销售技巧、直播过程中突发事件应对方式的准备，掌握实施执行电商直播全过程。

马上就到"三八妇女节"了，公司打算在"妇女节"当天进行一场"女神来了"直播带货。公司电商团队决定，在本次直播前，需要打造直播账号 IP，让新建立的账号更有辨识度。其次就是需要了解直播带货销售技巧以及直播过程中会遇到哪些突发事件，才能更好地促进直播间销售。

工作步骤

（1）完成知识点的学习，了解与巩固实施执行电商直播相关内容。

（2）请按照实施执行电商直播工作过程依次完成工作计划与实施。

（3）工作过程中可采用线上线下混合学习方式，学生以小组为单位协同合作，运用所学知识，共同完成工作任务。

（4）工作结果需要整理到相关表格或以报告形式呈现。

背景资料

企业信息：重庆某零食公司主要依托互联网电商平台，销售各种零食、鲜果，开店已有半年。随着直播电商兴起，店铺也开启了直播带货。当前店铺销售商品有灯影牛肉、麻花、全麦面包、曲奇饼干、柑橘、血橙等，零食类为店铺主要经营销售商品，鲜果类则会应季上市。店铺商品消费人群在 24 ~ 30 岁居多，其次是 18 ~ 23 岁、31 ~ 40 岁，女性消费者较多。商品定价在 9.9 ~ 35 元，根据克数 / 口味分设多个 SKU，满足不同人群需求。还有两周的时间就到"三八妇女节"了，公司准备在当天发起一场直播。

引导问题1：请自主观看3个以上的零食类直播间（如三只松鼠、旺旺、良品铺子），分析这些品牌直播间是如何定位的，包括账号类型、主播人设定位、直播场景定位。再思考重庆某零食公司该如何打造直播账号 IP。请使用文档形式描述该公司直播账号 IP 打造相关内容。

答题区：

引导问题 2：在直播开播前，团队还需要掌握直播间的销售技巧，才能更好地提升直播间销售率。思考一下，作为零食类的直播间，可以用到的直播带货技巧有哪些？以表格的形式一一列举出来。

答题区：

引导问题 3：在直播过程中，还可以使用直播互动工具来让直播间更加有氛围。思考一下，作为零食类的直播间，可以用到的直播互动工具有哪些？以表格的形式一一列举出来。

答题区：

引导问题 4：在直播开播前，还需要考虑到在直播过程中会遇到哪些突发事件，这样一来遇到突发事件能够及时应对。思考一下，直播过程中有哪些突发事件以及相关的应对方式？请以文档的形式一一列举出来。

答题区：

● 评价反馈

根据考核内容，学生完成自我小结并进行自评打分。教师根据学生活动情况进行点评并完成教师打分。最后按小组自评分 ×30%+ 学生互评 ×30%+ 教师评分 ×40% 计算得分。

表 15-1 任务综合评价表

类别	考核内容	分值	评分			得分
			自评 30%	学生互评 30%	教师评分 40%	
知识储备	了解直播账号 IP 打造	10				
	掌握直播间销售技巧	15				
	学会处理直播间突发事件	15				
技能训练	控场协调能力	30				
	直播执行能力	30				
合计		100				

● 课后测试

一、单选题

1. （　　）是比较强调品牌的账号，为品牌主力打造，该账号建设的目的，除了商品销售，还承担着展示品牌形象和实现品牌价值沉淀等目标。

A. 品牌型账号　　　　　　　　　B. 商品型账号

C. 直播型账号　　　　　　　　　D. IP 型账号

2. 以下哪个不是直播间常规互动工具？（　　　）

A. 直播间挂件　　　　　　　　　B. 直播间贴纸

C. 主播红包使用　　　　　　　　D. 直播间抱枕

二、多选题

1. 账号类型通常会分为哪三大类？（　　　　）

A. 品牌型账号　　　　　　　　　B. 商品型账号

C. 直播型账号　　　　　　　　　D. IP 型账号

2. 直播账号直播人设分为哪些？（　　　　）

A. 导购促销类　　　　　　　　　B. 技能专家类

C. 品牌人格化　　　　　　　　　D. 网红达人类

三、判断题

1. 一场直播通常以引流款 + 福利款的上架为开始，根据过品节奏穿插跑量款和利润款，再讲解上架引流款福利款，形成过品循环。　　　　　　　　　　（　　　）

2. 在直播中，遇到任何突发事件的处理方式都是马上关闭直播。　　　　　（　　　）

3. 想要打造出爆款可以通过场控互动、砍价等玩法促成高光时刻，提升爆款的销售，让直播间形成高潮。　　　　　（　　　）

4. 背景音乐是直播间场景的一部分，可以向观看用户传递直播间氛围，并激发他们参与互动。　　　　　（　　　）

四、简答题

1. 小张在某场直播过程中，突然感觉身体不适，小张该如何处理？

2. 直播间带货技巧，引导用户下单，可以经过哪 5 个步骤？

任务 16

复盘优化：直播间的开源"截"流

》 任务简介

直播复盘，就是对数据进行深入的分析，发现直播方案有哪些地方需要改进、存在什么问题，不断地积累经验，持续地优化直播方案。做好了复盘，直播效果才会越来越好，直播间的销售额才会越来越高。

通过本任务的学习，了解直播间复盘优化，包括对直播间各项数据的分析，以及直播复盘要点。了解制定直播间数据优化方法，各阶段直播流程提升方向以及运营重点，提升直播间变现能力。了解直播间不同类型粉丝的心理需求，掌握提升粉丝黏性的方法。

》 学习情境描述

实习生小杜在某电商公司实习，该团队在近一周的时间里进行了五场直播。接下来团队需要对直播数据进行复盘。直播数据不仅体现了直播效果，还决定了运营者接下来应该通过什么方式来改善运营。无论是新人还是熟手，无论是头部账号还是尾部账号，都要经常做数据分析的工作。运营者从一开始就必须养成良好的习惯，每天查看相关数据，并对数据进行深入的分析。

现在直播团队需要掌握直播复盘的内容：直播数据都有哪些，复盘有哪些要点，对直播数据进行优化，如何做好粉丝运营等。

》 学习目标

◆ 知识目标

1. 了解直播间相关数据及复盘要点。

2. 熟记直播间数据优化方法。

3. 掌握直播间粉丝运营要点。

◆ 技能目标

1. 能够观察直播间数据并进行数据分析。

2. 能够运用数据优化方法来优化直播间数据。

3. 能够运用直播间粉丝运营方法来做好粉丝运营。

◆素质目标

1. 培养学生团队协作能力和沟通能力。

2. 培养学生分析问题、解决问题的能力。

3. 培养数据分析观念，增强创新意识。

≫　思政园地

直播带货数据造假

2020 年 11 月，A 公司与 B 公司签订《直播服务合作协议》，约定 B 公司安排主播李某某在某音直播平台为 A 公司商品进行直播推广服务，推广费为人民币 25 万元，B 公司应完成的保底销售额为 250 万元，若未达到保底销售额，应按比例向 A 公司退还推广费。合同还约定，B 公司及其主播不得存在刷单、下单后恶意退货等行为，否则应支付 A 公司相当于退货订单所涉金额 30% 的违约金。

直播当天，B 公司的直播数据很不理想，直播场内实际销售额仅为 25.57 万元。A 公司遂起诉要求 B 公司按比例退还推广费 22.48 万余元，并支付刷单行为的违约金 42.9 万余元。

B 公司辩称 A 公司没有证据证明其主播存在刷单行为，造成退货的原因是 A 公司的货物存在质量问题及消费者冲动消费。即便要计算违约金，A 公司主张的违约金标准也过高，请求法院予以调整。

上海奉贤法院经审理认为，被告存在刷单、下单后恶意退货等行为。主要理由如下：

首先，根据复盘直播数据来看，退款率高达 85.25%，人均退单 2.02 单，数据明显异常。其次，消费者在直播内消费还未收到货物，甚至货物都未发出，不可能知晓货物存在质量问题。再次，A 公司在直播临近结束时及结束后次日均向 B 公司提出 B 公司主播存在刷单行为，B 公司从未进行过否认。

最终，上海奉贤法院判决 B 公司退还 A 公司推广费 22.44 万元，并综合双方协议的实际履行情况、B 公司的违约程度及 A 公司预期利益等因素，酌情判决 B 公司支付 A 公司违约金 3 万元。

文章来源：潇湘晨报（文章有删减）

● **知识点学习**

16.1 分析直播数据及复盘要点

一、分析直播数据

1.流量数据

①直播推荐：想提高直播广场来源地的话，要在直播间引导互动，包括留言、礼物、小心心、关注；

②视频推荐：想提高视频推荐来源的话，直播前 30 ~ 60 分钟发布预热视频；

③同城：想提高同城的来源的话，直播前打开定位；

④关注：关注就是粉丝看到你在直播，然后进来，除了要有固定的直播时间段和时长，还要设置预告直播时间；

⑤其他：其他来源指的主要是小时榜、PK 连麦、粉丝分享。

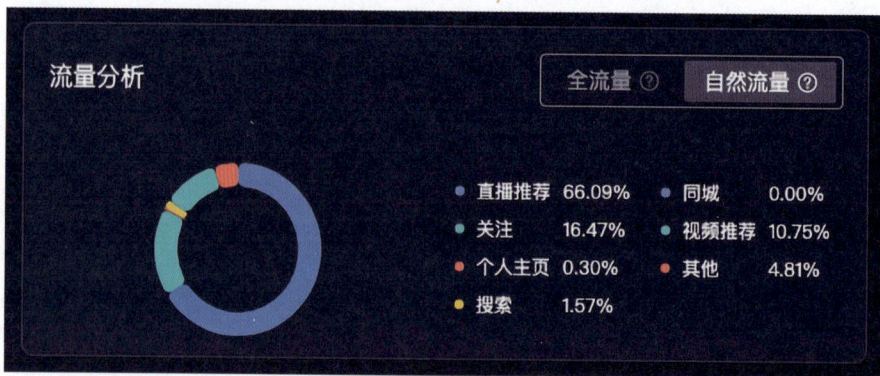

图 16-1 直播间流量分析

视频 / 直播点击率 =（观看总人数 × 视频推荐占比）/ 短视频播放量

此数据代表视频引导进直播间的效率，同时这个数据也可以反映出短视频的质量，以及种草的产品或者直播的画面有没有足够的吸引力吸引用户点击进入直播间。

2.直播数据

（1）平均停留时长

即用户在直播间的停留时段，计算公式为：

平均停留时长 = 用户观看总时长 / 观看总人数

平均停留时长与很多原因有关，如直播内容无趣、主播没有激情、节奏过慢、和自己同类别的竞品大主播的存在，都会造成完播率在某一个时间段断崖式下降。

要解决这个问题就要错开高峰，或者在直播中把整体的话术和激情、节奏提快，还可以通过直播间场景布置来增加直播间吸引力。

图 16-2 直播间数据示意图

（2）互动率

计算公式为：

$$互动率 = 评论人数 / 观看总人数$$

如果互动率较低，我们可以通过主播引导增加互动。抖音直播间福袋发放是一个很好的互动活动，不仅可以增加观众和直播间的互动，还能拉高直播间平均停留时长。

图 16-3 直播间数据示意图

（3）转粉率

计算公式为：

$$转粉率 = 新增关注数 / 累积观看数$$

一个陌生用户，从进入直播间到最后购买的路径是：进入直播间—观看—感兴趣—关注—购买，所以直播的转粉率是衡量一场直播是否做得好的指标。提高转粉率主要是通过激励或者是互动来提醒用户关注直播间，互动方法可以参考直播间的互动。

图 16-4　直播间数据示意图

①新粉丝：通过此次直播间关注账号的粉丝。
②老粉丝：此次直播活动前就关注账号的粉丝。
③非粉丝：非该账号的粉丝。

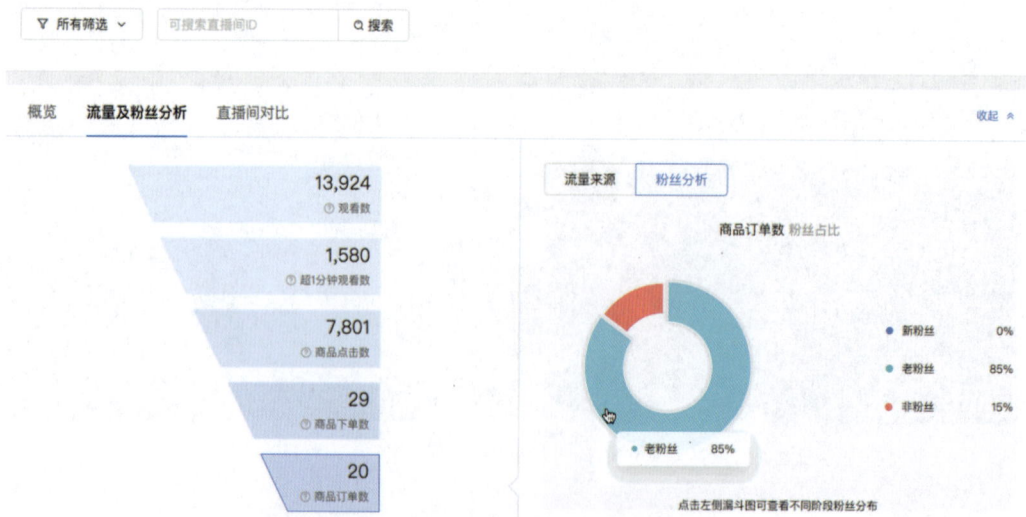

图 16-5　直播间粉丝数据

3. 电商数据

（1）商品点击曝光率

指在直播过程中商品被别人见到的频率。计算公式为：

$$直播间用户实际点击商品的次数 / 直播间所有观众$$

（2）商品点击付款率

指在直播过程中，消费者付款产生订单的频率。计算公式为：

$$商品点击付款率 = 直播间用户实际点击付款商品的次数 / 直播间观众点击商品的次数$$

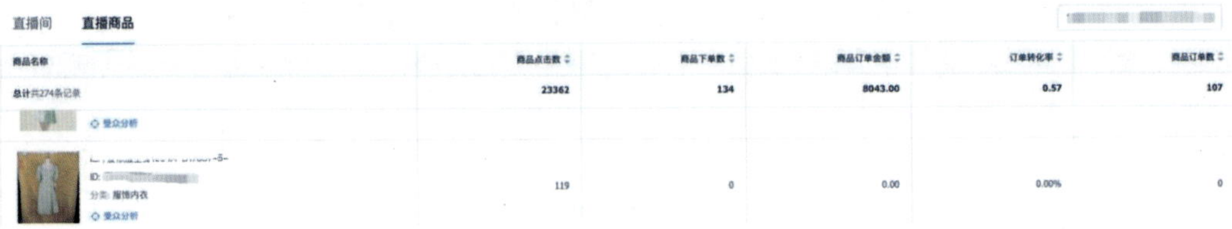

直播间　直播商品					
商品名称	商品点击数	商品下单数	商品订单金额	订单转化率	商品订单数
总计共274条记录	23362	134	8043.00	0.57	107
ID:　　　　　　　分类: 服饰内衣	119	0	0.00	0.00%	0

图 16-6　直播间商品数据

当点击率和付款率之间存在明显差异时，可能是产品 SKU 不丰富、产品价格不够有优势、主播的销售话术还能优化。

商品点击曝光率代表主播的引导能力和货品的吸引力，能够让用户从商品详细介绍页到订单的转化也是对产品本身的吸引力最好证明。

（3）客单价 = 全场销售额 / 成交订单数

（4）客单件 = 成交订单数 / 成交人数

（5）销售额 = 流量 × 转化率 × 客单价

（6）UV 值 = 销售额 / 访客数（平均每个访客给你的直播间产生的价值）

（7）GMV = 销售额 + 取消订单金额 + 拒收订单金额 + 退货订单金额

（8）净利润 = 销售额 − 商品成本 − 退货金额 − 物流成本 − 投放成本

二、复盘要点

1. 直播复盘的概念

直播复盘，是一个"查漏补缺"的过程，其重要程度并不亚于直播准备和直播带货。因为，做直播是一个长期的事情，直播团队只有通过复盘，优化直播环节和技巧，才能持续提升能力与带货水平。

2. 直播复盘步骤

①复盘整体直播表现：主播状态总结，团队配合情况等；

②问题盘点：直播间问题汇总反馈，并进行针对性话术整理；

③直播数据分析：通过全面的数据分析了解整场直播选品、互动、人气等优劣情况，便于后期改善、查漏补缺、扬长避短。

16.2　制定直播间数据优化方法

一、各阶段直播流程提升方向

1.新手期直播流程与运营重点

表 16-1　新手期直播流程与运营重点

直播阶段	阶段特点	关注指标	运营重点	主播方向	投放目的
新手期	初始人群不稳定 没有稳定的观众	人均看播时长 人流 CTR CVR	引流款促互动 爆款商品提升转化 快节奏的BGM 用好官方工具	情绪饱满 节奏带劲 福利留人 互动力强 语速快、有重点 直播间10分钟完美流程	确立账号标签

2.发展期直播流程与运营重点

表 16-2　发展期直播流程与运营重点

直播阶段	阶段特点	关注指标	运营重点	主播方向	投放目的
发展期	每场直播成交量不稳定	涨粉率 粉丝看播率 粉丝支付转化率	直播间留人玩法配合 大额福袋留人 模板视频打爆款 根据不同环节配合不同BGM	直播间20分钟完美流程	带动自然流量

3.成熟期直播流程与运营重点

表 16-3　成熟期直播流程与运营重点

直播阶段	阶段特点	关注指标	运营重点	主播方向	投放目的
成熟期	已有大量粉丝沉淀 粉丝黏性和购买力较强	ROI GMV GPM	粉丝团玩法策略 模板化短视频批量输出 爆款拉新—新款怀旧 上新日/上新场/上新时	主播特色＋直播间差异化输出放大爆款 多直播多场次 常态化直播	放大全场GMV

二、三个方向快速提升直播间变现能力

1.直播内容质量分析

直播吸引力指标：平均停留时长、新增粉丝数量、评论人数、互动率。

通过以上指标可分析流量精准度、选品吸引力、产品展现力、营销活动力、主播引导力等问题。

表 16-4　直播内容质量分析

直播内容质量分析		
直播吸引力指标		关联因素
平均停留时长		流量精准度
新增粉丝数量		选品吸引力
转粉率		产品展现力
评论人数		营销活动力
互动率		主播引导力

2. 直播销售率分析

销售效率指标：转化率、订单转化率、客单价、客单件、UV 价值。

通过以上指标可分析流量精准、产品给力、关联销售、直播展示、主播引导等问题。

表 16-5　直播销量效率分析

直播销售效率分析		
销售效率指标		关联因素
转化率		流量精准
订单转化率		产品给力
客单价		关联销售
客单件		直播展示
UV 价值		主播引导

3. 直播流量优化分析

分析流量来源，包括视频推荐、直播推荐、其他、关注、同城、付费流量总数、DOU+ 短视频、DOU+ 直播间、feed 直播间、自然流量总数，可观察占比及人数以对直播流量进行优化。

表 16-6　直播流量优化分析

直播流量优化分析		
流量来源	占比	人数
视频推荐		
直播推荐		
其他		
关注		
同城		
付费流量总数		
DOU+ 短视频		
DOU+ 直播间		
feed 直播间		
自然流量总数		

16.3 粉丝运营

一、不同类型粉丝的心理需求

让新粉丝心甘情愿地下单的要素包括行业知识专业性、消费引导和互动能力。洞察粉丝心理，不同类型粉丝拥有不同心理需求。

1. 高频 / 消费多的粉丝

①粉丝心理：对主播已经信赖和认可，大量的购买行为、后续反馈以及长期线上互动积累出来的社交关系，已经培养了客户稳定且习惯的购物环境和购物预期。

②针对策略：保证 SKU 的丰富度、保证价格和质量优势、直播间遇见时强唤醒、沟通畅通、售后和服务都要到位。

2. 低频 / 消费少的粉丝

①粉丝心理：不知道喜欢的商品或近期消费额度已超。新粉丝的前期低成本试错，还在确定主播是否值得信任。主播未对该粉丝进行有效引导，或未重视到。

②针对策略：丰富直播间的 SKU[1] 数、新客专属福利。

3. 其他电商主播粉丝

①粉丝心理：低价钩子商品、新客专属福利、对主播尚未建立认知和信任度，对主播的货品质量、丰富度以及售后都处于观望状态。

②针对策略：低价钩子商品、新客专属福利。

4. 小白粉丝

①粉丝心理：对平台购物的心智还不够，对平台商品的信任感还不够；对平台的操作规则还不了解；因主播的非电商相关特点（颜值、搞笑等）进入直播间，或误操作看播。

②针对策略：专业性、强消费引导与互动力。

二、增强粉丝黏性

1. 提高粉丝活跃度与黏性

①粉丝教育：定时开播、持续开播、建立粉丝认知；

②保持新鲜感：产品不断更新 SKU、玩法推陈出新；

③主播 IP：粉丝团专属福利留住粉丝、粉丝团归属感、粉丝团签到、等级优惠等。

2. 直播间粉丝团的作用

①粉丝加入粉丝团，在关注页内、气泡、视频、直播流增加曝光展现；

②营造评论区氛围。

---

1 SKU: 指 Stock Keeping Unit（最小存货单位），定义为保存库存控制的最小可用单位。在电商销售中，SKU 是指一款商品，每款都有一个 SKU，便于电商品牌识别商品。例：一款零食有三种重量包装，则 SKU 编码也不相同，如相同则会出现混淆，发错货。

3. 如何引导加入粉丝团

①口播欢迎粉丝团 / 铁粉老粉；

②优先解答粉丝团成员的问题；

③宠粉产品，给到粉丝团专属福利。

● 案例分析

案例背景

2020 年知名电器品牌首席执行官（CEO）作为主播已直播了 12 场，收获了 451.1 亿元的销售额和数不清的话题热度。随之而来的还有巨大的争议。

4 月 24 日，该品牌 CEO 在抖音直播首秀"翻车"登上微博热搜。品牌 CEO 直播带货当晚，全网累计观看人数 431 万，销售额却只有 23.25 万元。直播时出现卡顿达 5 次以上。

5 月 10 日晚，品牌 CEO 现身"让世界爱上中国制造"直播间。现身直播间带货 30 分钟后，3 个产品成交额破亿。3 小时后，成交额破 3.1 亿。

5 月 15 日，品牌 CEO 作为主播在京东直播成交额突破了 7.03 亿元，创下了家电行业直播带货史上最高成交纪录。该品牌 CEO 从"话题女王"变身为"带货女王"。

据财视传媒不完全统计，与该品牌 CEO 作为主播相关联的热搜在微博、抖音、头条等平台超过 10 个，时间最长的一次在榜时间超过 16 小时。知名电器企业在打造老板主播带货成功的印象，这种印象更像是为传播造势，而非真正带货成功。

案例分析

一、过于自信、准备不足，首秀翻车引唏嘘

4 月 24 日，品牌 CEO 直播带货当晚，全网累计观看人数 431 万，销售额却只有 23.25 万元。直播间出现卡顿达 5 次以上，表现出在直播策划阶段缺少设备检查、直播问题处理预案等问题。直播的失败与品牌口号"精益求精"的理念背道而驰。

二、暴涨数倍，直播间刷单遭质疑

品牌 CEO 第二次直播的成交额破 3.1 亿，暴涨了 1 375.94 倍。对于"一夜之间"暴涨的成交数据，坊间质疑声音不小。

三、CEO 形象也是"硬实力"，过度透支要不得

CEO 是企业的"第一门面"，CEO 形象正面积极向上，企业的声誉及形象也肯定水涨船高。由于 CEO 与企业品牌的深度绑定，无论是在直播带货方面的或过于大意或用力过猛，都会带来极大的负面影响，并引发各种其他联想，企业需对 CEO 形象进行专业维护。

任务实施

【任务书】

请学员通过查阅教材、上网搜索、听课、讨论等获取任务书中的答案或案例，并进行自我评价，确保项目顺利实施。

任务分组：4～6人一组。

任务内容	任务要求	验收方式
累积成交额分析	累积成交额分析，包括数据、分析方向、解读。并使用文档形式——列举	累积成交额分析文档
UV值分析	计算本场UV值，UV价值能决定什么因素？如何提升直播间的UV值	UV值分析文档
直播人气趋势分析	分析本场直播人气趋势，流量下降时该如何调整	直播人气趋势分析文档

【获取信息】

扫描下方二维码，获取本节课程教学课件、微课视频进行知识点学习。

教学课件

微课视频

【知识点梳理】

一、分析直播数据及复盘要点

做直播复盘，必须要学会看直播数据，以及懂得直播复盘要点。直播数据包括流量数据、直播数据、电商数据。直播复盘要点需掌握直播复盘的概念以及直播复盘的步骤。

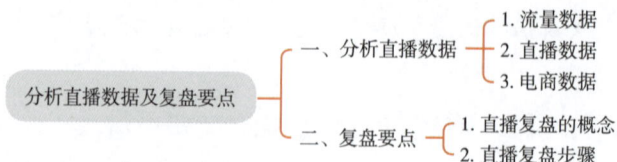

二、制定直播间数据优化方法

制定直播间数据优化方法需掌握各阶段直播流程提升方向以及快速提升直播间的变现能力。各阶段包括塑造期、成长期、成熟期。可从直播内容质量、直播销售率、直播流量优化分析，来提升直播间变现能力。

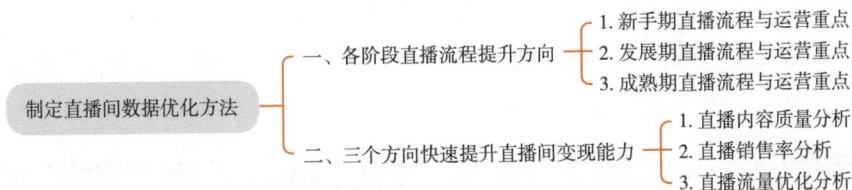

```
                            ┌─ 1. 新手期直播流程与运营重点
              ┌─ 一、各阶段直播流程提升方向 ─┼─ 2. 发展期直播流程与运营重点
制定直播间数据优化方法 ─┤                    └─ 3. 成熟期直播流程与运营重点
              │                           ┌─ 1. 直播内容质量分析
              └─ 二、三个方向快速提升直播间变现能力 ─┼─ 2. 直播销售率分析
                                          └─ 3. 直播流量优化分析
```

三、粉丝运营

做好粉丝运营，需要掌握不同类型粉丝的心理需求，以及如何增强粉丝黏性。

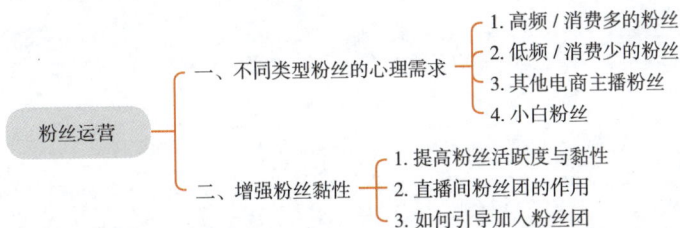

```
                                  ┌─ 1. 高频 / 消费多的粉丝
              ┌─ 一、不同类型粉丝的心理需求 ─┼─ 2. 低频 / 消费少的粉丝
              │                          ├─ 3. 其他电商主播粉丝
粉丝运营 ─┤                          └─ 4. 小白粉丝
              │                   ┌─ 1. 提高粉丝活跃度与黏性
              └─ 二、增强粉丝黏性 ─┼─ 2. 直播间粉丝团的作用
                                  └─ 3. 如何引导加入粉丝团
```

【工作计划】

工作目标

本次工作内容为直播复盘。通过结合企业背景及直播情况，进行直播复盘，数据分析优化等系列操作，掌握直播复盘相关工作。

马上就要开始做直播复盘的工作，团队打算先对直播各项数据进行分析，然后进一步地做数据优化，也想通过对直播数据的分析优化，做好接下来的粉丝运营工作。

工作步骤

（1）完成知识点的学习，了解与巩固直播复盘内容。

（2）请按照直播复盘工作过程依次完成工作计划与实施。

（3）工作过程中可采用线上线下混合学习方式，学生以小组为单位协同合作，运用所学知识，共同完成工作任务。

（4）工作结果需要整理到相关表格或以报告形式呈现。

背景资料

企业信息：重庆某零食公司主要依托互联网电商平台，销售各种零食、鲜果，开店已有半年。随着直播电商兴起，店铺也开启了直播带货。当前店铺销售商品有灯影牛肉、麻花、全麦面包、曲奇饼干、柑橘、血橙等，零食类为店铺主要经营销售商品，鲜果类则会应季上市。店铺商品消费人群在 24 ~ 30 岁居多，其次是 18 ~ 23 岁、31 ~ 40 岁，女性消费者较多。商品定价在 9.9 ~ 35 元，根据克数 / 口味分设多个 SKU，满足不同人群需求。团队想要分析最近一期抖音直播带货的数据，想要通过对直播数据复盘，从中吸取经验。

以下是本场直播的数据图，本场直播最终累计场观 2.77 万。能有过 2 万的场观，说明这个直播间是能够得到系统的认可的，下面请以这个数据为出发点，分析本场直播的累积成交额、UV 值、直播人气趋势。

图 16-7　企业直播数据图

引导问题 1：请对本场直播的累积成交额（GMV）进行分析，包括数据、分析方向、解读，并使用文档形式——列举。

答题区：

引导问题 2：综合本场直播数据分析图，可以得出本场直播的 UV 值（UV 值＝销售额 / 访客数，即平均每个访客给你的直播间产生的价值）。思考一下，UV 价值能决定什么因素？如何提升直播间的 UV 值？

答题区：

引导问题 3：请对本场直播人气趋势进行分析，分析留人情况，实时在线人数是否稳定？在人气上升的时候和人气下降的时候，需要如何调整才能让系统给到流量？

答题区：

● 评价反馈

根据考核内容，学生完成自我小结并进行自评打分。教师根据学生活动情况进行点评并完成教师打分。最后按小组自评分 ×30%+ 学生互评 ×30%+ 教师评分 ×40% 计算得分。

表 16-7　任务综合评价表

类别	考核内容	分值	评分			得分
			自评 30%	学生互评 30%	教师评分 40%	
知识储备	了解直播间相关数据及复盘要点	15				
	掌握直播间数据优化方法	15				
	掌握直播间粉丝运营要点	10				
技能训练	数据分析复盘能力	20				
	直播内容策划能力	20				
	粉丝运营能力	20				
合计		100				

课后测试

一、单选题

1. 如果（　　）较低，我们可以通过主播引导增加互动。

    A. 互动率　　　　B. 观看数　　　　C. 转粉率　　　　D. 销售额

2. 一个陌生用户，从进入直播间到最后购买的路径是（　　）。

    A. 观看—进入直播间—感兴趣—关注—购买

    B. 感兴趣—关注—购买—观看—进入直播间

    C. 进入直播间—观看—感兴趣—购买—关注

    D. 进入直播间—观看—感兴趣—关注—购买

二、多选题

1. 下面属于流量数据的是？（　　　　）

    A. 直播推荐　　　B. 视频推荐　　　C. 同城　　　　D. 关注

2. 一场直播中，用户平均停留时长过短，可能和什么有关？（　　　　）

    A. 直播内容无趣　　B. 主播没有激情

    C. 节奏过慢　　　　D. 同类别的竞品大主播同时直播

3. 当（　　　　）之间存在明显差异时，可能是产品 SKU 不丰富、产品价格不够有优势、主播的销售话术还能优化。

    A. 点击率　　　　B. 转粉率　　　　C. 互动率　　　　D. 付款率

三、判断题

1. 商品点击曝光率代表主播的引导能力和货品的吸引力，能够让用户从商品详细介绍页到生单的转化也是对产品本身的吸引力最好证明。　　　　　　（　　）

2. 只要做好直播前期准备，可以不用做直播复盘。　　　　　　　　（　　）

3. 塑造期直播间的运营重点，可以用引流款促互动、爆款商品提升转化、快节奏的 BGM、用好官方工具。　　　　　　　　　　　　　　　　　　（　　）

四、简答题

1. 直播复盘步骤有哪些？

2. 请分析低频/消费少的粉丝心理以及针对策略？

课后测试参考答案

任务1　新手入门：认识短视频

一、单选题：1. B　2. C　3. C

二、多选题：1. ABD　2. CD　4. ABC

三、判断题：1. ×　2. ×　3. ×

四、简答题：略

任务2　内容定位：明确创作思路

一、单选题：1. D　2. A

二、多选题：1. AD　2. AB　3. ABC

三、判断题：1. ×　2. √　3. ×

四、简答题：1. 关键需要从两个方向去推导：第一是从自身角度去推导，第二是从用户角度去推导，然后双向互推。

2.（1）垂直原则（2）价值原则（3）深度原则（4）差异原则（5）持续原则

任务3　拍摄制作：视频创意的实现

一、单选题：1. C　2. A　3. B

二、多选题：1. ABCD　2. ABC　3. AB

三、判断题：1. ×　2. √　3. ×

四、简答题：略

任务4　内容策划：构建视频核心竞争力

一、单选题：1. B　2. C

二、多选题：1. ABC　2. ABCD　3. AB　4. BCD

三、判断题：1. √　2. √　3. ×

四、简答题：略

任务5　内容输出：短视频发布关键点

一、单选题：1. D　2. A

二、多选题：1. ABCD　2. ABC　3. ABC　4. AB

三、判断题：1. ×　2. √　3. ×

四、简答题：略

任务6　运营推广：助推短视频热度

一、单选题：1. A　2. C

二、多选题：1. ACD　2. ABD　3. ABCD　4. BC　5. ACD

三、判断题：1. ×　2. √　3. ×

四、简答题：略

任务7　数据复盘：解析短视频存在的问题

一、单选题：1. A　2. C

二、多选题：1. ACD　2. BCD　3. ABC　4. ACD

三、判断题：1. √　2. ×　3. √

四、简答题：略

任务8　流量变现：挖掘短视频商业价值

一、单选题：1. D　2. A

二、多选题：1. ABCD　2. BC　3. BCD　4. ABCD

三、判断题：1. ×　2. ×　3. √

四、简答题：略

任务9 入门认知：认识直播电商生态

一、单选题：1. C　2. B　3. C

二、多选题：1. ABC　2. ABCD

三、判断题：1. ×　2. √　3. √

四、简答题：

1.（1）快速成长期（2015—2017）：在该阶段，内容主题以娱乐为主，刺激荷尔蒙成为主要消费特征。监管不严，行业规范尚不成熟导致违规违法现象普遍。

（2）商业变现期（2017—2019年）：直播平台开始谋求商业变现，礼物打赏和广告是这一阶段的主要变现模式。直播平台开始探索直播电商模式，直播成为新的营销工具。

（3）商业爆发期（2019年至今）：2019年，直播电商行业进入了爆发期，一个人人皆可直播带货时代的序幕正式拉开。

2. 直播营销平台即在网络直播营销中提供直播服务的各类平台，包括互联网直播服务平台、互联网视频服务平台、电子商务平台等。直播营销平台应当与直播营销人员服务机构、直播间运营者签订协议，要求其规范直播营销人员招募、培训管理流程，履行对直播营销内容、商品和服务的真实性、合法性的审核义务。直播营销平台应当对直播间运营者、直播营销人员进行基于身份证件信息、统一社会信用代码等真实身份信息认证，并依法依规向税务机关报送身份信息和其他涉税信息。直播营销平台提供付费导流等服务，对网络直播营销进行宣传、推广，构成商业广告的，应当履行广告发布者或者广告经营者的责任和义务。

任务10 账号创建：开启电商直播大门

一、单选题：1. B　2. A　3. D

二、多选题：1. ABC　2. ABCD

三、判断题：1. ×　2. √　3. √

四、简答题：

1. 直播平台可以分为综合类直播平台、电商类直播平台、短视频类直播平台和教育类直播平台4种类型。

2. 快手开通直播权限所需要条件分别为：实名认证，账号无异常，要满18岁以上；注册时间大于7天；粉丝数达到6个及以上；前一周观看直播大于1分钟；作品无违规；实名认证；发布公开的作品数大于等于1；需要绑定手机号。满足条件后，可打开直接开。

任务11 设备配置：直播间前期搭建

一、单选题：1. C　2. D

二、多选题：1. ABC　2. ABCD　3. AD

三、判断题：1. √　2. ×　3. √

四、简答题：

1.（1）直播营销场景的选择思路：根据直播主题、营销活动、特殊节点等，搭建呼应活动场景的直播间，譬如宠粉节、116品质购物节、38女神节等。

（2）直播产品导向场景选择思路：以产品为整个直播间的核心，打造与产品呼应的场景，如美食派对、服装上新周等。

（3）直播主播导向选择思路：根据主播的带货类目及人设特征，打造为主播加分的直播间场景，譬如服饰主播在女装工厂直播，就能体现主播的专业性。

2. 一个合格的直播间场景，应该具备三个部分：展示区、产品区、道具区。

（1）展示区：展示区的核心作用是突出主播讲解及展示的产品。

（2）产品区：通过货架陈列等方式，向用户展示更多商品，延长观众在直播间的停留时间。

（3）道具区：用于摆放奖品及各类道具，如小黑板等；道具可辅助主播进行产品说明、释放福利信息等。

任务 12 直播选品：商品为本

一、单选题：1. C　2. B

二、多选题：1. AD　2. ABCD　3. ACD
　　　　　　4. ABC

三、判断题：1. √　2. √　3. ×

四、简答题：略

任务 13 脚本策划：把控直播间全流程

一、单选题：1. B　2. A

二、多选题：1. ABCD　2. ABCD

三、判断题：1. √　2. ×　3. √　4. ×

四、简答题：

1. 直播脚本的要点包括直播目标、人员安排、直播时间、直播主题、流程细节、主推产品的选择、优惠和活动、直播分享。

2. 直播话术的分类包括商品介绍话术、购物车点击话术、引导成交话术、促单话术、促付话术。

任务 14 直播预热：开播前预备功课

一、单选题：1. B　2. C

二、多选题：1. ABCD　2. ABCD

三、判断题：1. √　2. √　3. ×　4. √

四、简答题：

1. 爆款直播标题文案特征

（1）善用数字（2）核心痛点（3）充满悬念（4）提问互动（5）提问互动

2. 淘宝直播封面发布要求与行为规范

（1）封面图不要带有文字

（2）图片中商品不要杂乱堆砌

（3）封面图不要贴其他的元素

（4）封面不要带有播放器样式、按钮

（5）封面图不能存在明显黑边

（6）封面图不能是儿童佩戴大量珠宝类做模特

（7）注意人物版权

（8）封面图与直播内容无关

任务 15 实施执行：电商直播

一、单选题：1. A　2. D

二、多选题：1. ABD　2. ABCD

三、判断题：1. √　2. ×　3. √　4. √

四、简答题：

1. 如果不是很严重的情况，而且身边正好有人，小张可以让别人先陪粉丝聊会儿，然后再去解决个人问题。如果是一个人直播，可粉丝先等一会儿，然后告诉大家大概多长时间能回来，同时让管理陪大家聊聊天，也给新进直播间的粉丝解释一下，告诉他们一会儿就回来了。

2. 引导用户下单，可以经过以下五个步骤：

（1）提出问题：提出消费痛点及需求；

（2）放大问题：将问题代入到粉丝身上，强调痛点，增强共识；

（3）引入产品：推出问题的解决方案；

（4）提升高度：详细介绍商品，强调产品竞争力；

（5）降低门槛：用优惠促进粉丝购买下单。

任务 16　复盘优化：直播间的开源"截"流

一、单选题：1. A　2. D

二、多选题：1. ABCD　2. ABCD　3. AD

三、判断题：1. √　2. ×　3. √

四、简答题：

1. 直播复盘步骤

（1）复盘整体直播表现：主播状态总结，团队配合情况等；

（2）问题盘点：直播间问题汇总反馈，并进行针对性话术整理；

（3）直播数据分析：通过全面的数据分析了解整场直播选品、互动、人气等优劣情况，便于后期改善，查漏补缺、扬长避短。

2. 低频 / 消费少的粉丝

（1）粉丝心理：不知道喜欢的商品或近期消费额度已超；新粉丝的前期低成本试错，还在确定主播是否值得信任；主播未对该粉丝进行有效引导，或未重视到。

（2）针对策略：丰富直播间的 SKU 数；新客专属福利。

参考文献

［1］梅琪，王刚，黄旭强.新媒体内容营销实务［M］.北京：清华大学出版社，2021.

［2］黄旭强，梅琪，洪文良.直播运营实务［M］.北京：清华大学出版社，2021.

［3］华迎.新媒体营销：营销方式＋推广技巧＋案例实训（微课版）［M］.北京：人民邮电出版社，2021.

［4］一白.短视频策划、拍摄与后期制作全流程详解(Premiere+After Effects)［M］.北京：机械工业出版社，2021.

［5］南京奥派信息产业股份公司.直播电商基础［M］.北京：高等教育出版社，2021.